〈改訂版〉
成熟社会の病理学

米川茂信・矢島正見　編著

学 文 社

執 筆 者 （執筆順）

- ＊米川　茂信　元淑徳大学（序, 第1部1, 3―3）
- ＊矢島　正見　中央大学（第1部2, 第2部9）
- 広瀬　卓爾　佛教大学（第1部3―1, 2）
- 横山　　実　國學院大學（第1部4）
- 田島　博実　雇用開発センター（第2部5）
- 北村　　薫　順天堂大学（第2部6）
- 下山　昭夫　淑徳大学（第2部7）
- 野田　陽子　淑徳大学（第2部8）
- 増田　周二　東北学院大学（第2部10）

（＊は編者）

―――― **はしがき** ――――

　故那須宗一先生の指導の下に門下生が集まって本を出版するのはこれで3冊目である．1冊目は那須宗一編著『社会変動の病理学』（学文社，1975），2冊目は同じく那須宗一編『現代病理の社会学』（学文社，1983）である．今回第3冊目が出版されたわけであるが，実はこの企画，那須先生がまだご存命中の1990年の4月に，先生ご自身によってなされたものである．2冊目の『現代病理の社会学』が1冊目から8年経過して出されたので，3冊目も8年後の1991年をめどに出そう，ということになったのである．

　ところが，その年の9月に那須先生が急逝され，一時は企画倒れになる危険性すらあった．しかし，この企画に参加した門下生の間で，先生の作られた企画を是非とも世に出したいという強い意志が改めて確認され，研究会を続けるかたわら，米川，矢島が編者となって編集作業にとりかかり，最初の企画から数えて3年目にしてようやく出版されるに至った次第である．

　そのようなわけで，中身も那須先生が当初企画されたものとは，若干異なってしまったがとにかく出来上がったことを先生にご報告し，この本を捧げたいと思う．

　さて，今回の『成熟社会の病理学』も1冊目，2冊目と同様に，社会変動を対象に，そこに内在する病理を考察している．1冊目の『社会変動の病理学』が3部構成で，その第II部を「社会変動の病理」として，産業化，都市化，官僚機構，核家族化をとりあげ，それぞれの病理を考察したのにたいして，2冊目の『現代病理の社会学』では，その後の時代変化に応じた新たな社会変動の局面に取り組んでいる．那須先生の言を借りれば，「本書の構成の特色をあげれば，目次でみるように，従来の社会変動の病理だけでなく，中流意識化，高齢社会化・地方主義化・小家族化など新しいテーマに取り組んでいる」（はしがき）ということである．

今回の『成熟社会の病理学』も，こんにちの時代を背景にさらに「新しいテーマ」を追究している．すなわち，「成熟化」「高齢化」「高学歴化」「国際化」という現在のわが国をおおっている4つの大きな社会変動を抽出し，第Ⅰ部で，これらの変動とその病理性を考察している．この第Ⅰ部は，いわば総論的性格をもたせてあり，全体的な把握と理解が可能となるように配慮してある．第Ⅱ部は各論的性格をもたせてあり，第Ⅰ部の理解に基づき，限定されたテーマの下で，さらに深い理解が得られるように配慮した．

　上記の4つの社会変動は，突き詰めれば，「成熟化」という1つの概念に集約しえるものと考えられる．成熟化をより広義に解するとき，現在のわが国をおおっている社会変動（本書ではとくに取り上げていない「情報化」なども含めて）は，成熟化として総括することが可能であろう．われわれはこうした理解にたって，第3冊目のこの本のタイトルを『成熟社会の病理学』とした．

　ところで，那須先生は『社会変動の病理学』の「はしがき」において，「各執筆者のあいだには，論旨のくいちがいや同じ論証のくりかえしが若干みられるかもしれないが，私の編集方針として，個人の創意や見解をしいて一つの型にはめこむことを極力さけた．また文体についての不統一が目立つかもしれないが，文体はその人のパーソナリティであるので，各執筆者のニュアンスをできるだけ損なわぬようこころがけたつもりである」と記している．18年前のわれわれがいかに各人各様であったかがよく分かる．そして18年たった現在，われわれの論旨も文体もやはり各人各様である．これは，しかし那須先生とその門下生の個性の表われだともいえるかもしれない．ご容赦いただきたい．

　最後になるが，学文社社長田中千津子氏には心から感謝の意を表したい．氏の叱咤激励がなかったら，この本はおそらく日の目をみなかったのではないかと思われる．

　1993年3月9日

編　者

改訂版へのはしがき

　当書の初校を那須先生の墓前にささげたのは，1993年の3月9日，先生の生誕の日であった．

　以来すでに10年の歳月が流れており，本書の枠組みそのものは，なお現実を捉える有効性をもち続けているとはいえ，各章の記述が依拠する資料にやや古さを感じることは否めなくなった．そこで，今回，これまでの本書の枠組みはそのままとし，必要な資料を差し替える形で，改訂版をだすことにした．もし，初版のものと読み比べていただければ，この10年間の日本社会の変化のなかにも，なお変わらぬ部分が日本社会の病理として残存し続けていることに気づかれることと思う．

　本書は，さまざまな方々のお蔭をもって，初版以来，版を重ねて今日にまで至った。これは，本書が日本の社会病理現象を読み解こうとされる読者諸氏に多少なりとも有用な知見を提供できたことによっていると考える。本改訂版もまたそのようでありたいと，願うものである．そのためにも，種々の観点から，読者諸氏の忌憚のないご意見を頂戴できれば幸いである．

2002年12月1日

編　者

―――――― 目　　次 ――――――

序　成熟社会の概念と病理認識の枠組み …………………………………… 1
　1　成熟社会の概念とその具体像 ………………………………………… 1
　2　病理認識の枠組み ……………………………………………………… 5
　3　本書の構成 ……………………………………………………………… 9

第Ⅰ部　成熟社会の諸局面とその病理性

1　成熟化の社会病理……………………………………………………………12
　1　成熟化の概念と成熟化の諸傾向……………………………………………12
　2　成熟化過程の病理性へのアプローチ法……………………………………14
　3　日本社会の成熟化過程の病理状況…………………………………………19
2　高齢化の社会病理……………………………………………………………28
　1　高齢化の概念…………………………………………………………………28
　2　高齢社会の病理………………………………………………………………32
　3　高齢者観の病理………………………………………………………………36
3　高学歴化の社会病理…………………………………………………………43
　1　学歴社会の概念………………………………………………………………43
　2　高学歴化の推移………………………………………………………………49
　3　高学歴化の社会病理…………………………………………………………53
4　国際化の社会病理……………………………………………………………65
　1　第一次産業と国際化…………………………………………………………66
　2　第二次産業と国際化…………………………………………………………71
　3　第三次産業と国際化…………………………………………………………80
　4　働いている外国人との共生…………………………………………………85

第Ⅱ部　成熟社会の病理状況

5　「働きすぎ」社会の病理 ……………………………………………92
　1　成熟社会の到来と労働時間問題……………………………………92
　2　「働きすぎ」の実態とその弊害………………………………………97
　3　「働きすぎ」の形成要因と変革の契機……………………………103

6　スポーツ参加の社会病理 ……………………………………………110
　1　成熟社会とスポーツ参加…………………………………………110
　2　スポーツへの社会化………………………………………………111
　3　「遊び」とスポーツ参加……………………………………………114
　4　人間の成長とスポーツ……………………………………………120
　5　スポーツの社会病理現象…………………………………………123
　6　スポーツ参加の社会病理…………………………………………127
　7　結びにかえて………………………………………………………132

7　高齢者の社会的扶養・介護と福祉・介護マンパワー問題 …………136
　1　人口構成の高齢化と高齢者の社会的扶養・介護………………136
　2　労働力需給と福祉・介護マンパワーの必要量の試算…………141
　3　福祉・介護マンパワーの確保と労働条件………………………146
　4　福祉・介護マンパワーの確保と公共政策の諸問題……………153

8　学校化社会の病理 ……………………………………………………157
　1　社会変動としての学校化…………………………………………157
　2　学校化社会における価値の制度化と価値意識の諸相…………162
　3　学校化社会における子どもの逸脱行動…………………………174
　4　おわりに……………………………………………………………182

9　資格化の病理 …………………………………………………………187
　1　資格の概念と機能…………………………………………………187
　2　資格制度の歴史……………………………………………………190

3　資格化の現状とその病理 …………………………………196
10　国際化と環境問題 ……………………………………………208
　　1　環境問題の国際レベルでの顕在化 ……………………210
　　2　環境問題の解決困難な要因 ……………………………225
　　3　地球環境問題への国際的な対応 ………………………230

索引 ……………………………………………………………………238

序　成熟社会の概念と病理認識の枠組み

1. 成熟社会の概念とその具体像

　1980年代から21世紀初頭へと連なる日本社会を捉え，これを成熟社会として位置づける試みが社会学の世界においてもみられている．本書も，こんにちの日本社会を成熟社会として位置づけ，その観点から現代日本社会の諸状況を考察するものであるが，成熟社会を，経済と人口の成長の低下ないし鈍化を基底としながらも，現代社会の種々の基本的動向を内在した全体社会の包括的，全体的状況として捉え，そして，このような基本的動向を成熟社会の部分的局面として位置づけ，そこに内在する病理性とそれが作り出す社会状況を社会病理学の枠組みにおいて分析しようとしている点に，特徴を有している．

　ところで，成熟社会の概念は，これまでどのように定義され，その具体像はどのように示されてきただろうか．以下に，その代表的な例を簡単に紹介しておく．

　成熟社会という用語が最初に用いられたのはガボール（Gabor, D.）の著書『成熟社会』（*The Mature Society*, 1972）においてだといわれているが，そこでは，「成熟社会とは，人口および物質的消費の成長はあきらめても，生活の質を成長させることはあきらめない世界であり，物質文明の高い水準にある平和かつ人類（homo sapiens）の性質と両立しうる世界である」（ガボール，p.5）として，成熟社会の概念が定義されている．これを言い換えれば，成熟社会とは，「人口と物的生産は安定し，地球上の資源は生態学的均衡状態」（同，p.263）にあり，平和で，高度に発達した物質文明と人類との適合的な状態において，生活の質の向上が求められている社会だと定義することができる．

　このような成熟社会の具体的な姿を，ガボールは，以下のように構想する．

1. 教育，公共福祉および老人保護の完備と公共部分の拡充．
2. 個々人の欲求や願望と高度に発達した技術社会の要請とが一致．
3. 人びとの知能指数および倫理指数——人の倫理的性格を計る尺度——と職業の機会とが一致．
4. 人びとが余暇を有効に利用できる程度に労働時間が短縮．
5. 生活の質を改善するためのサービス労働の重視．
6. 私的利益と公共利益との矛盾を生み出す「無制限な」競争からの脱却．
7. 社会の安定と両立しうる限りで最大限の自由をつねに維持しており，開かれた自由な社会という意味で放任社会（この意味での放任社会は，強制力が内的な規律と責任感におきかわってはじめて存在しえ，そのためには人びとへの適切な教育が不可欠である）．
8. 人口とGNP以外が停滞する必然性はなく，人びとの努力は成功を生み出すものとして，努力の価値を社会的に認知．
9. 行政，科学，芸術，スポーツ，娯楽，その他の多くの価値の実現が可能な価値多元的な世界．
10. すべての人びとに高等教育の機会を拡大．ただし，専門家を養成する大学は少数の人びとのみを受け入れ，大多数の人びとは，高等学校の延長でありかつ生涯教育への入門としての役割をもつ一般大衆向けの大学で，教養ある市民となるための教育を受ける．
11. 人びとへの希望，遊戯，多様性の提供と幸福への方向づけ．

ガボールの成熟社会論を念頭におきつつ，日本社会の特殊性を考慮して日本型の成熟社会をイメージしたのは，林雄二郎である．林は，「高度工業社会が，自ら，それらの諸問題を解決し得た時，私は，そのような社会を成熟社会と名づけたい」（林，1975, p.3）と述べて，高度工業社会のうち，自らが生み出した諸問題を自ら解決しうる段階に到達しえているような社会を成熟社会と定義している（ただし，1982年に刊行された『成熟社会日本の選択』では，成長の時代と対応させて，エントロピーつまり無秩序が増大し，エネルギーつま

り活力の減少する歴史的時期を成熟の時代として捉え，そしてこのような成熟期の社会を工業社会のみならず農業社会にも認めている）．そして，「今日，さまざまの好ましからざる現象が社会のいろいろな面に出てきている理由は，現代の社会がリサイクル機能に欠けているからではないかと思われる」（同, p.7）と述べ，工業の機能のなかに農業的機能すなわちリサイクル機能——くり返しの機能であり，直線的なリニア機能に対して歯止めの機能をもつ——を追求していくような農業化工業社会を構想する．このような農業化工業社会が林のいう日本型成熟社会であり，その具体像は以下のとおりである（同, pp.143-254）．

1. 単なる廃物利用ではなく，予めリサイクルを考えた製品作りのプロセスが開発されているような，もののリサイクルが行なわれる社会．
2. 情報のフィードバック機能の強化と参加のシステムが重視されるような，情報のリサイクルが行なわれる社会．
3. 文明の利器が提供する便益に社会的費用が支払われるような，社会的便益のリサイクルが行なわれる社会．
4. 古いものと変化とが調和のとれているような，環境のリサイクルが行なわれる社会．

天野郁夫は，成熟社会を，「もうあまり成長はしなくなって，豊かに美しく年をとっていく社会」（天野, p.81）と規定し，その諸相をつぎのようにあげている：「ものがたいへん豊かになった社会」，「平等化がすすんだ社会」，「あまり競争しない社会」（同, pp.82-83），「安定成長の社会」，「物をつくることよりも物を消費するほうが重要視されるような社会」，「高度福祉社会」，「高齢化社会」（同, p.131），「高学歴社会」，勉強することが手段でなく目的となり，またおとなの学習が重視されるような「学習社会」，「情報化社会」（同, pp.137-138, 154）．

以上に対して，内外の成熟社会論を広く検討した佐原洋は，ガボールの定義に依拠しながらも，「成熟社会とは経済社会における物質的生産と消費が国民

の大部分の基礎的欲望水準を満足させ，これにともなって社会の活力，あるいは成長が鈍化するに至った社会．またある側面からみれば，いわゆる先進国病に冒された，または冒されつつある社会である」（佐原，p.2）と規定する．そして，1980年代以降の現代日本社会を日本的成熟社会として把握し，その特殊性を，一方で世界最強の技術経済大国としての側面を有し，他方で人間性の空洞化・地縁血縁の消滅・家庭の空洞化といった病理的側面を有するような「アンビバレントな」二面性に求めている（同，pp.67-70）．

もっとも，成熟社会の病理的側面の認識は，佐原にのみみられているわけではない．林にしても，「……社会が成熟化してくると，次第に先進国病的な状況になってくるのではないかと思っている．言いかえれば，先進国病の社会とは，つまり成熟社会の別の呼称なのではないかと思っている」（林，1982，p.3）と述べて，成熟社会の病理的側面を認めている．この場合，先進国病とは，「生産性の慢性的な低下が続いて，社会全体が極めて活力のない状態になってしまうこと」（同，pp.2-3）を意味している．ガボールの成熟社会論も，さきにみた成熟社会の具体的構想を描く前提として，20世紀後半以降の自由西欧諸国に現われている「文明の中の不安」に着目しており（ガボール，pp.9-21），大学の若者たちの反抗，無断欠勤，麻薬常用癖，そして犯罪といった社会現象を成熟社会に内在的な一面として捉えていると，解することができる．

以上を踏まえて，本書では，成熟社会を，経済と人口の成長の低下ないし鈍化を基底に，高齢化，経済のソフト化・サービス化，福祉社会化，高学歴化，学習社会化，個人主義化，生活における余暇や健康志向，国際化，情報化等々といった経済・人口・社会・文化の各領域の成熟とそれに応じた社会病理状況の拡大がみられている社会で，先進諸国において20世紀後半頃から出現した，あるいは21世紀の初めにかけて出現が予測されている社会だとして，ひとまず定義しておく．

2．病理認識の枠組み

　まず，社会病理とは，「病理」の語源的意味——病気の原因や過程についての理論という意味——と病的な社会現象ないし病的な社会状況を意味する現実的用法とを統合して定義すれば，人びとの日々の生活において生起する病的な現象や状況と，その発生原因としての社会的ありよう，および後者から前者が発生する過程的状況の三者の連関的様態として定義される．病的な現象や状況を病理現象，発生原因としての社会的ありようを病因，病因から病理現象が発生する過程的状況を病理過程とよべば，社会病理は，病因，病理過程，病理現象の三者の連関に言及する概念として規定されるのである．この場合，種々の事象が病因，病理過程もしくは病理現象として捉えられるが，それらはけっして固定的に把握されるべきではない．ある病理現象が病因的事象に影響をおよぼしたり，病理過程に介在的な事象へと転化したりすることもあれば，別の病理現象を生み出す病因として作用することなどもあるからである．したがって，成熟社会の病理としてかりに特定の病理現象——その多くは社会問題として扱われる——が重点的に取り上げられる場合でも，その病因や病理過程が留意されなければならないのはもちろんのこと，当の病理現象に関しても，病因や病理過程への影響とか，別の病理現象の発生への影響等々といった病理的作用もまた着目されなければならないのである．

　ところで，病的な現象や状況というときの「病的」の主たる実質的意味内容としては，機能障害（あるいはアノミー＝社会的無規範や解体）と逸脱があげられる．そして，どの程度の機能障害や逸脱が「病的」だとして問題とされるかといえば，それは，一定の社会単位——さまざまな地位にある個人の生活体系，集団や集合体，地域社会，全体社会等——において望ましいとされている価値の損減ないし侵害が，当の社会単位もしくはこれと関係する他の社会単位から，ある種の特殊的な社会的反作用——改善，改良，救済，治療，罰，制裁等々や，これらを求める運動など——を惹起する程度でもたらされた場合だと

いってよい．

　ここで，機能障害（functional disorder）とは，所与の社会単位においてその体系の適応もしくは調整に支障が生じている状態，つまり，所与の社会単位において当該体系がその存続，発展に支障をきたしている状態だといえる．このように定義される機能障害には，機能不全（malfunction）と逆機能（dysfunction）の2つが識別される．機能不全とは，順機能の不全のことであり，一定の社会単位において本来順機能的に作用するはずの一定の社会的事項——社会的役割，制度的型式，社会過程，文化型式，文化的に型式化された情緒，社会規範，集団組織，社会構造，社会統制の方策等々といった標準化された（型式化され，反復される）社会的要素（マートン，p.45）——が，十分にそのような作用を遂行しえていない状態をさしている．これに対して，逆機能とは，ある一定の社会単位に対して，その体系の適応もしくは調整を実際に減少してしまうように作用することによって，その体系の存続に支障を生ぜしめてしまうような，社会的事項の作用をさしている（米川，pp.57-62）．なお，一定の社会単位に対して，順機能的結果も逆機能的結果もともにおよぼさないような社会的事項の作用は没機能（nonfunction）とよばれているが，本来は順機能的結果が客観的に想定されうるにもかかわらず，実際にはそのような順機能的結果がみられていないような事態は，機能不全として理解される．

　以上から，成熟社会の病理の主たる中身として成熟社会ないし成熟化の機能障害——逆機能と機能不全，ただし，第1章で述べられるように，この2つとは別に，さらに成熟社会ないし成熟化の未成熟といった点も問題となる——と，成熟社会においてあるいは所与の社会の成熟化の過程で生じてくる逸脱の状況が措定される．そして，このような成熟社会の病理が，所与の社会の成熟状況ないし成熟化の過程それ自体を問題とする原因論的アプローチ，成熟社会ないし成熟化の過程にある社会に生じる個々の病理現象を詳述しようとする現象論的アプローチ，所与の社会の成熟状況ないし成熟化の過程から種々の病理状況や病理現象が結果し，種々に社会問題化していく社会過程の状況を解明しよう

とする社会過程論的アプローチなどから考察されうることがわかる．成熟社会の病理の全体像を明らかにするには，これらのアプローチのいずれもが不可欠であるのは，いうまでもない．しかし，本書では，紙数の制約もあり，また，主たる関心が成熟社会がそのうちに含む病因や病理過程の解明にあるため，原因論的アプローチまたは社会過程論的アプローチが中心となる．とはいえ，このいずれのアプローチを採るにしても，機能障害と逸脱を中心とした病理状況の考察が成熟社会の部分的局面ごとに要請されるわけであるから，この限りにおいて現象論的アプローチも無関係であるわけではない．

なお，逸脱（deviance）とは，個人あるいは集団の行動，精神的・身体的状態，信念，態度，さらには生活様式や慣習，規範等々が，個人の属する集団や，これらの集団（下位集団）を包摂する上位集団，あるいは全体社会等の規範（norms）なり標準（standards）なりから，特殊の社会的対応（societal or social reaction）を特殊的に喚起するほどに離脱している状態をいう．このように当該事実が逸脱であるか否かは，種々の社会規範ないし社会的標準を規準として決定されるのであるが，このような規範ないし標準は，時や所によって多種多様であり，それゆえ，逸脱は，時や所に応じて多種多様に規定される．逸脱は，さらに，逸脱規準の実際の適用つまり逸脱の判定においても相対的である．すなわち，形式的には同一の規準が適用される同一の事実であっても，実際には，当該事実の主体と判定主体の社会的属性とか当の事実の状況等の条件に応じて，当の規準が適用されて逸脱と判定されたり，そうでなかったりするのである．

以下の諸章では，病理認識についての以上の枠組みを念頭におきながら，成熟化の諸過程に内在する病理性や成熟社会の各局面にみられる病理状況がそれぞれの観点から具体的に考察されることになるが，さきにも述べたように，具体的な病理現象の1つひとつについての詳細な考察は本書の強調するところではない．したがって，ここで，個々の病理現象を成熟社会の産物として規定する手順について，以下のように簡単に触れておく．

第1に，現代社会とりわけ1980年代以降の日本社会に生じている種々の病理現象を識別する．

　第2に，以上のように識別された現象と現代日本社会とりわけ1980年代以降のそれとの関連性を実証的に明確化する．そのためには，①これらの現象が現代社会においてはじめて生じたものかどうかとか，②現代社会以前にもみられた現象については，それらの現象が，現代社会において，量的に増大している，質的な変化がみられている，現われ方に変化がみられている，社会や人びとの評価や対応に変化がみられている，新たな原因や条件が識別される，原因や条件に変化がなくてもそれらがおかれた社会的脈絡とその意味内容に変化がみられている，等の特徴を有しているかどうかなどが検討されなければならない．

　第3に，以上のようにして現代社会との関連が識別ないし実証された現象について，それらが成熟社会ないし成熟化の過程の諸局面なり諸特徴なりと論理的，実証的に関連づけられるかどうかの検討を試みる．

　現代社会の病理は，さまざまな形をもって種々に現象している．保険金殺人・営利誘拐・売春・悪質商法などにみられる人間の物象化，利己主義や他者への無関心として現象する疎遠な人間関係，人間の管理化と個人の自由や主体性の剥奪，心身の疾病や傷害等の健康破壊，労働強化と過労死，犯罪・非行・薬物乱用・アルコール依存・自殺・家庭内暴力・校内暴力等の逸脱行動，組織暴力団とその犯罪活動，家族内の葛藤と家族解体，単親世帯における子の養育上の困難，母子世帯・傷病者世帯・高齢者世帯などにみられる貧困，傷病高齢者の看護・介護の困難と家族員の生活障害，過疎・過密・スラム等にみられる地域解体，拝金主義，ローン禍，資産格差，学歴偏重主義の風潮と受験中心の教育・学習体制，災害，公害，環境や自然の破壊，国際間の葛藤や戦争等々と，枚挙にいとまがない．

　これらの病理現象を成熟社会の産物として規定できるか否かは，さきに示した手順による検討の結果次第である．以下の各章において，個々の病理現象が必要に応じて言及されるさいにも，このような検討が黙示的にせよ試みられて

序　成熟社会の概念と病理認識の枠組み　9

いるのは，いうまでもない．

3．本書の構成

　本書は，成熟社会日本の成熟化過程や成熟状況が内在しているさまざまな病理性を成熟社会ないし成熟化の部分的局面ごとに考察する第Ⅰ部「成熟社会の諸局面とその病理性」と，そのような病理性がさまざまな社会的条件との絡み合いのなかで種々多様に顕現している日本社会の現実の状況を，成熟社会ないし成熟化の特定の局面から考察する第Ⅱ部「成熟社会の病理状況」との2部構成となっている．

　第Ⅰ部では，日本社会の成熟化の傾向を全体的，概括的に考察したうえで，その部分的局面として高齢化，高学歴化，国際化の3つを取り上げる．高齢化は，20世紀末から21世紀にかけての日本社会におけるもっとも基底的で急進的な変動であり，そして，これと対応して，福祉社会の構築が急務な社会的課題となってきている．高学歴化の傾向もかなりの進展をみてきている．このような高学歴化傾向は，たんに，人びとの高学歴志向のいっそうの拡大とこれにともなう大学進学率のいっそうの上昇のみをその中身としているのではない．学校歴格差（学校間格差）のいっそうの拡大とともに，学校化や資格化といった社会構造の変化や人びとの価値志向の動向とも密接な関連をもつ多様な中身を有しているのである．国際化は，各国の経済や政治，文化，国民の日常生活などが一国の内部のみでは完結しえないほどに発展，拡大してきているため，世界レベルにおいて今後もいっそう進展していくものと予測される．また，地球規模での自然破壊や環境破壊も急速に進んでおり，地球保護対策の国際化も切実に求められている．

　第Ⅱ部では，まず，日本社会の成熟化との関連をとくに意識したうえで，成熟社会日本の未成熟状況の典型例として，「『働きすぎ』社会の病理」を，また，日本社会の未成熟とその成熟化過程の逆機能とがいりまじった病理的状況の典型例として，「スポーツ参加の社会病理」をとりあげる．ついで，高齢化，高

学歴化そして国際化といった日本社会の成熟化の各局面がそれぞれに内在している病理状況を「高齢者の社会的扶養・介護と福祉・介護マンパワー問題」,「学校化社会の病理」,「資格化の病理」,「国際化と環境問題」といった各論的テーマのもとで, 多面的な観点から検討する.

引用・参考文献

天野郁夫『かわる社会かわる教育——成熟化日本の学習社会像——』有信堂高文社 1989
ガボール, D. 著（林雄二郎訳）『成熟社会——新しい文明の選択——』講談社 1973
佐原 洋『日本的成熟社会論——20世紀末の日本と日本人の生活——』東海大学出版会 1989
林雄二郎『日本型成熟社会——われらどこへゆくべきか——』中央経済社 1975
林雄二郎『成熟社会日本の選択』中央経済社 1982
マートン, R.K. 著（森東吾他訳）『社会理論と社会構造』みすず書房 1961
米川茂信『現代社会病理学——社会問題への社会学的アプローチ——』学文社 1991

第Ⅰ部　成熟社会の諸局面とその病理性

1 成熟化の社会病理

1．成熟化の概念と成熟化の諸傾向

(1) 成熟化の概念

　成熟社会の概念とその具体像については序にあるとおりであるが，本章では，日本社会の成熟化過程に注目し，そこに内在する病理性を総論的に考察する目的から，成熟化の概念がどのように規定され，そして，そこに先進社会のどんな傾向が含意されているか，といった検討が改めて必要となる．

　まず，成熟化の概念であるが，これは，全体社会におけるつぎの2つの傾向のいずれかを意味する概念として規定される．そのひとつは，成長期の段階にある社会がその人口や経済，社会，文化等を中心に全体的に成熟期段階の社会（成熟社会）へと移行していくような傾向――成熟期への移行――である．他のひとつは，人口，経済，社会，文化等の面で成熟社会の指標となる種々の傾向の成熟度の深化である．しかし，以上のいずれに着目するにしても，成熟化の概念には，先進社会における人口，経済，社会，文化等の諸傾向が含意されており，したがってこの点に着目し，かつ「成熟」ということばに共通して付されている文字どおりの意味内容を考慮するならば，成熟化とは，すでに成熟期の段階にある，あるいはそこへの移行過程にある先進社会において，20世紀後半ごろからみられだした，人口と経済の量的成長の停止とこれへの対応としての社会構造や文化，経済，生活面等での質的向上のいっそうの追求といった社会的諸傾向の総称だということができる．

　たとえば，経済企画庁編『2000年の日本――国際化，高齢化，成熟化に備えて――』では，産業構造，技術革新，国民生活等の面で欧米先進国に範を求め，それを積極的にわが国に取り入れて前進を図るという従来のキャッチアップ型の段階から，経済的にも社会的にも独自に自らの進む道を切り開いていかなけ

ればならないようなポスト・キャッチアップ型の段階への今日的移行を日本社会の成熟化として捉え，その中身として，人口の安定化，中成長の経済成長，国際的地位・責務の自覚化という日本社会の今日的方向を指摘する．そして，このような日本社会の成熟化の今日的進行の姿を経済的側面と社会的側面の両面から具体的に捉え，前者については，工業化やモノ中心の経済から知識・サービス中心の経済への移行（経済のソフト化），消費の個性化や多様化などを，後者については，所得の向上や物質的満足よりも多様な価値観の下でのゆとりや調和の重視，高齢化の進展などを指摘している（pp.12-13, 124-125）．

(2) 成熟化の諸傾向

序でみてきた成熟社会の具体的諸相を整理する形で，成熟化の概念が含意している種々の社会的局面ないしその一部にみられる諸傾向——成熟化の諸傾向——を列挙すると，以下のとおりである．

1．人口の成長の停滞と高齢化
2．物質的生産と消費が大部分の人びとの基礎的な欲求を充足しうる水準での，経済成長の停滞あるいは鈍化と社会の活力の低下
3．労働時間の短縮と余暇時間の増大
4．知識・サービス中心の経済の重視（経済のソフト化）
5．所得の向上や物質的満足以上に生活の質の向上の追求
　ア．健康への関心の増大，福祉の発達・拡大（福祉社会化）
　イ．生涯学習の普及（学習社会化）
　ウ．消費の個性化と多様化，消費者の主体性と創造性の回復
　エ．遊びやスポーツ参加の増大，ゆとりや他者との調和への志向
　オ．人間の生活と物質文明と環境との調和
6．価値の多元化
7．高学歴化
8．情報化の進展と情報のフィードバック化（コミュニティ・メディアの発達）

9. 技術化のいっそうの進展，社会的便益とそれに支払われる社会的費用の増大
10. 国際化の進展と国際的地位・責務の自覚化
11. 個性ないし自由のいっそうの尊重とパーソナリティの柔軟化，差別の解消
12. 成長期社会の社会問題の克服と先進国病の社会問題化

　以上の成熟化の諸傾向のうち，成熟社会の概念に留意するならば，1の「人口の成長の停滞と高齢化」と2の「人びとの基礎的欲求を充足しうる水準での，経済成長の低下・鈍化と社会の活力の低下」の2つは，所与の社会の成熟期への移行にとって必要不可欠でかつその成熟度の深化を示す基本的傾向として位置づけられる．これに対して，他の3から12までの諸傾向は，所与の社会の成熟度の深化を示すものではあるが，上記の基本的傾向を前提ないし与件とすることによってはじめて成熟化の傾向として位置づけられるような二次的ないし派生的傾向である．

2．成熟化過程の病理性へのアプローチ法

(1) 成熟社会論の立場からのアプローチ

　所与の社会の成熟化過程がその内に含む病理性については，すでに成熟社会論の立場から種々にアプローチされているので，最初にそれを概観しておこう．
　成熟社会論の立場からアプローチした場合，成熟化の社会病理は先進国病として総括される．先進国病について一般にいわれている内容は，つぎのとおりである．①勤労意欲の減退．②出生率の減退と人口の高齢化．③麻薬，アルコール中毒などの増加．④生産面では技術革新の停滞や投資意欲の減退，企業家意欲（entrepreneurship）の低下．⑤各種の社会規範の弛緩．⑥以上の現象にともなって各種の犯罪の増加（佐原，p.3）．これらのことがらが日本社会にも妥当するかどうかについては個々に実証的に検討しなければならないが，出生率の減退と人口の高齢化，薬物乱用者の増加，社会規範の弛緩などは，現代日本

社会にも認められる現象である．また，バブル崩壊後に限れば，技術革新の停滞や投資意欲の減退などの現象も顕在化している．フリーターの増加なども，学卒者の勤労意欲の減退を示すものといえるかもしれない．

　佐原は，人間性の空洞化，地縁血縁の消滅，家庭の空洞化といった側面を日本的成熟社会の一面として捉えたうえで，日本的先進国病の症状として，青少年アパシー，社会的規範の衰退，柔弱な個人主義の3つをあげている．青少年アパシーとは，青少年の無気力症として捉えられているが，このような無気力症は中・高生から30歳代の壮年にまでみられているという．社会的規範の衰退とは，人びとの行為規準としての規範やその基礎としてのエートスの衰退を意味しており，最近の拝金風潮などに典型的にみられているという．社会病理学の用語でいえば，アノミーにあたるものだとされている．柔弱な個人主義とは，伝統的に西欧文化の基底にある強烈で剛直な個人主義でも，山崎正和のいう「柔らかい個人主義」（山崎正和『柔らかい個人主義の誕生』1984）でもない個人主義で，日本社会が伝統的にもっていた集団主義や家族主義の衰退ないし崩壊によって生み出された個人の確立を欠いたままの個人主義のことで，たとえば，精神医学者の笠原嘉が「退却神経症」と名付ける青年の「やさしさ業」志望の傾向（笠原嘉『退却神経症――無気力・無関心・無快楽の克服――』1988）などが，これにあたるという（佐原，pp.87－92）．なお，アノミーについては，米川茂信『現代社会病理学』が詳しい．

　このように日本的先進国病として総括される1980年代の具体的な社会病理現象として，佐原はつぎのような事件や現象を指摘する：金属バット両親殺害事件，イエスの方舟事件，新宿西口バス放火事件，金の延べ棒預り商法などの悪質商法の横行，サラ金による家庭破壊，中学生の暴行・いじめ等々（佐原，p.42）．もっとも，これらの事件や現象が1980年代の日本にみられたからといって，そのことから即これらが成熟化の病理現象として捉えられるわけではない．これらの事件や現象が成熟化の病理現象として捉えられるかどうかは，「序」においても示されているように，成熟社会の特徴なり成熟化の諸傾向なりとの

間になんらかの関連が認められるか否かにかかっており，そのための検証が個々の事件や現象ごとに必要となる．

　村上泰亮が指摘する産業社会の第3の危機としての「慢性の病」の認識も，成熟社会論からのアプローチとして位置づけられる．「慢性の病」が，基本的には，「地球的限界につきあたりつつある」(村上, p.7)ような産業社会の経済活動の限界とともに，「産業社会のなかのすべての一人一人が，生存の必要から自由になろうとしている」(同, p.4)ような消費生活の成熟に起因せしめられているからである．とくに，後者の「生存の必要から自由になろうとしている」ような消費生活の成熟が問題とされ，そして，個人主義の高まり・尖鋭化・多様化とこれに支えられたさまざまな要求に対する社会の政治システムと経済システムの対応が産業社会の課題だとされる．村上によれば，実際の対応策として，政治システムと経済システムとの相互浸透および政治システムと行政システムとの相互浸透が採られている．前者はインフレーションの形をとって，後者は政治システムの官僚制による肩代りという形をとって実施されている(同, p.162, 173)．

　「慢性の病」は，直接には，以上の帰結である．村上は，その著『産業社会の病理』のなかでこう述べている．「しかしインフレーションは，経済システムにおける能動主義の最善の部分（技術革新の意欲）を退化させてしまうかもしれない．官僚制の覆面的支配は，個人主義の最善の部分（社会への参加の意欲）を窒息させてしまうかもしれない．もっと具体的にいえば，これまでの常識では欠陥と分類されてきたさまざまな現象が，間歇的局部的に頻発するであろう．欠勤や山猫ストライキ，公益事業（公共輸送機関，電力，ゴミ処理など）の劣化，立地に関する住民運動の多発，大学紛争などが，破局的とならない程度でつづくだろう．インフレーションと行政介入との黙認が慣行となり，成長率はかなり鈍化する．人々は不幸せではないまでも，不満やいらだちを蓄積させていく．これらは当面は慢性の不快感程度のことであり，社会もそれなりに進行する．しかしそれらはやはり慢性の病である．／このような病が十分な自

覚なしに放置されるならば，ついには急性の病変が現れるかもしれない．社会システムの能動性低下が，ついに衣食住水準の低下にまで及び，古典的な大衆社会状況が現れ，全体主義が支配するかもしれない」(p.173).『産業社会の病理』が刊行されたのは1975年のことだから，以上にあげられた「病」のなかには，こんにちではそれほど問題とならなくなったものも含まれているが，以上の叙述には，成熟社会の病的側面が，衣食住水準の低下までも予測して照らし出されている．

(2) **社会病理学の立場からのアプローチ**

所与の社会の成熟化過程の病理性は，以上のように，成熟社会論の立場から種々にアプローチされているが，他方で，社会病理学の立場からのアプローチも可能である．成熟社会論の立場では，成熟化過程の病理性は，すでにみたように，一般的には先進国病としてアプローチされ，経済の生産性の慢性的な低下や出生率の低下，人口の高齢化などを基底とする社会の活性力の低下とこれに起因する社会病理現象が種々に問題にされている．なお，先進国病とは，定義上，それなくしては当の社会が成熟社会として把握されえないような，成熟社会そのものの構造的一部だとして位置づけられる．

これに対して，社会病理学の立場からのアプローチにおいては，以上のような成熟社会論の観点も含めて，所与の社会の成熟状況ないし成熟化過程とそこから生起する人びとの社会生活上の病的現象や病的状況および前者から後者が結果する社会過程の状況の三者がとくに着目される．したがって，成熟化過程の病理性へのアプローチには，序にも示されているように，所与の社会の成熟状況ないし成熟化過程それ自体を問題とする原因論的アプローチ，成熟社会ないし成熟化の過程にある社会に生じる個々の病理状況や病理現象を詳述しようとする現象論的アプローチ，所与の社会の成熟状況ないし成熟化過程から種々の病理状況や病理現象が結果し，種々に社会問題化していく社会過程の状況を解明しようとする社会過程論的アプローチなどが考えられる．本章では，全体社会としての現代日本社会の病理性が問題とされているので，以下，原因論的

アプローチにしぼって，日本社会の成熟化過程に含まれている病理性を総論的に概観することにし，他の2つのアプローチについては，個々の現象や状況を各論的に考察するさいに必要であることを示唆しておくにとどめる．

　所与の社会の成熟状況ないし成熟化過程を問題とする場合，言い換えれば，原因論的に，種々の社会病理状況や社会病理現象の背景にある成熟化過程の病理性にアプローチする場合，所与の社会の成熟化の基本的傾向そのものに着目したアプローチが可能であるのはいうまでもない．つまり，経済成長率の低下とこれにともなう社会的活性力の低下や人口の高齢化などを取り上げ，この過程に内在する病理性をとくに問題とするアプローチである．しかし，他方で，成熟化ないし成熟社会の機能的，積極的側面——人びとの価値観や知識，能力，行動，社会関係，生活様式等々の拡大や質的向上に寄与する側面——が社会的に期待されるようには機能しえていない状態，つまり成熟化の機能障害に着目して，ここに種々の社会病理状況や社会病理現象の原因を求めようとするアプローチもまた可能であり，この両者を含む点に，成熟社会論からのアプローチを越えた，社会病理学の立場からのアプローチの広がりが見い出される．

　成熟化の機能障害には，成熟社会の機能不全，成熟化の未成熟および成熟化の逆機能の3つが識別される．成熟社会の機能不全とは，成熟段階にある社会ないしその部分的局面が，社会的に期待された方向に，つまり人びとの価値観や行動，知識，能力，社会関係，生活様式等々の拡大や質的向上に寄与するように機能してはいるが，それが十分ではない状態をさしている．

　成熟化の未成熟とは，社会全体や個々の社会的局面ないしその一部が十分に成長ないし成熟しえておらず，したがって成熟社会に期待された機能が十分に遂行されえていない状態をさしている．成熟社会の機能不全が量的側面での成熟はみられていても質的側面での充実が十分にみられていない状態を意味しているのに対して，成熟化の未成熟は，成熟社会の特徴とされる社会的傾向（ただし，派生的，関連的傾向）が質的にはもちろん量的にも十分に成長しえていない状態を意味している．

成熟化の逆機能とは，すでに成熟段階にある社会ないしその特定の局面や，所与の社会において現に成熟化の過程にある社会的局面が，一面では社会的期待を充足しうるように作用しながら，同時に，他面では社会的に望まれていないような結果をもたらしてしまうように作用している状態をさしている．

以上を念頭において，次節では，成熟社会の機能不全，成熟化の未成熟，成熟化の逆機能のそれぞれの観点から，日本社会の成熟化の過程が生み出している病理状況や病理現象を例示してみよう．なお，その場合，同一の社会的局面や社会的傾向が，ある点では成熟社会の機能不全の状況にあるものの，他の点では成熟化の未成熟や成熟化の逆機能の状況にあることが多々みられることに，あらかじめ留意しておかれたい．

3. 日本社会の成熟化過程の病理状況

(1) 成熟社会の機能不全とその病理状況

現代日本社会を成熟社会として捉え，その病理的側面を成熟社会の機能不全の観点から明らかにする場合，すでに成熟段階に到達していながらも，人びとの価値観や知識，能力，行動，社会関係，生活様式等々の拡大や質的向上といった社会的期待に十分にこたえていないような日本社会の特定の局面の一定の傾向が問題とされる．その典型として高学歴化と情報化があげられる．

高学歴化に関してみれば，大学教育に寄せられている社会的期待として，たとえば，幅広い教養や将来の仕事に役立つような専門的な知識・技術の教授などがあげられるが，このような教養や専門的な知識・技術の修得は，高学歴化によって増加してきた大学生の多くの部分で十分になされているわけではない．また，大学で学んだ専門的な知識や技術が卒業後の実社会において十分かつ適切に生かされているわけでもない．これは，必ずしも職場での仕事に限定された現象ではないが，職場での仕事についてみれば，このような現象は，大学進学率の上昇傾向がとくに顕著な女子においてとりわけ問題となる．

情報化については，必要な情報を必要な時に迅速かつ正確に入手しうること

がもっとも大きな社会的期待だとみてよい．たしかに，こんにちは，パソコン利用者に対するホーム・ページの開設の拡大，パソコンによるインターネットや携帯電話によるメール交換の普及などによって，情報の入手・交換量は飛躍的に増大したといってよい．しかし，行政や企業，マス・メディア等との関連でみれば，こんにちの情報化は，依然として，情報供給者から情報消費者への一方通行的な流れとして基本的に進展してきており，情報の消費者は過剰に供給される情報のなかから必要なものを適宜選択しなければならなくなっている．しかし，消費者の側でのこの情報の選択は，つねに迅速かつ適切になされるという保証はない．ここから，情報洪水のなかの情報不足といった現象が依然として生じている．情報はさまざまなメディアから過剰に供給されながらも，人びとが実際に必要としている情報を必要なときに迅速かつ正確に入手しうることが困難であるような場合が少なからず生じているのである．そして，このことが，人びとの日常生活におけるさまざまな不利益や不都合，困難な事態を生ぜしめてもいる．

(2) 成熟化の未成熟とその病理状況

　成熟化の未成熟の観点から成熟化過程の病理性にアプローチする場合，人口の成長の停滞と高齢化および経済成長の停滞ないし鈍化といった成熟化の基本的傾向を前提としたうえで，つぎの1～9に示すような社会的傾向の未成熟さが問題となる．

1. 物質的生産と消費が大部分の人びとの基礎的な欲求を充足
2. 労働時間の短縮と余暇時間の増大
3. 生活の質の向上
4. 価値の多元化
5. 高学歴化
6. 情報化や情報のフィードバック化
7. 国際化
8. 自由のいっそうの尊重

9．成長期社会の社会問題の克服

　これらの社会的傾向が未成熟状態にある場合，まず，それぞれの社会的傾向の成熟化に寄せられた種々の社会的期待が充足されえていないという点が問題となるが，これに加えてさらに，これらの社会的傾向の未成熟さからひきおこされる種々の社会病理状況や社会病理現象もまた，さまざまに問題となる．

　1の物質的生産と消費が大部分の人びとの基礎的な欲求を充足という社会的傾向はさまざまに指摘されているが，それにもかかわらず，こんにちの時点ではまだ十分に成熟しているとはいえない．この点での未成熟とその病理現象としては，たとえば，首都圏でとくに顕著に現象している土地・住宅問題——依然として世界的に高い地価とこれに起因する住宅難——などがある．貧困問題も，母子世帯や高齢者世帯，傷病者世帯等の少なからぬ部分に依然としてみられている．狭少で不良な住宅に住み，食生活さえも質量ともに不十分な来日外国人の衣食住の問題もある．

　労働時間の短縮と余暇時間の増大については，バブル崩壊後の構造的不況期に，失業の増大や「景気変動部分」としての残業の減少という状況もみられているが，他方で「恒常的部分」としての残業は依然として存続し，加えてサービス残業としての長時間労働も残存しており，長期休暇や余暇時間の少なさだけでなく，働きすぎないし過密労働による過労死の問題なども依然として生じている．

　生活の質の向上に関していえば，本格的な高齢社会を迎えて，福祉の発達・拡大と質的向上は，種々の社会福祉施設の拡充とか社会福祉の専門家やボランティア等の福祉マンパワーの育成等も含めて，依然として不十分である．在宅福祉や地域福祉の質的向上を困難としている状況も依然として存続している．一般の人びとの間では，いまだ福祉についての理解や素養が十分には育成されていない．こうしたことから，介護保険制度が導入されたとはいえ，他方で依然として種々の援助を必要としている人びとが放置されてしまったり，看護や介護を必要とする高齢者や障害者の自立が阻害されたり，その家族が解体状況

に陥ってしまったりしている事態が存続している．

　生涯学習の普及（学習社会化）も不十分である．生涯学習の普及つまり学習社会化とは「おとながだれでも勉強できる社会」となり，「平等な，しかも魅力的な学習の機会」が提供されるようになることを意味しているが，この点は現在のところまだこれからの社会的課題としてとどまっており，こんにちの状況では，「学歴が高くて，おかねも暇もある人たちだけが教育を受け，あるいは学習をして，そうではない人たちは学習するチャンスにあまり恵まれない」社会となる危険性が残されている（天野，p.141）．

　生活の質の向上という点では，さらに，消費の個性化と多様化，消費者の主体性と創造性の回復も一般的傾向となっているかどうか疑問である．働きすぎの傾向が指摘されたり，反対に失業や残業の減少が増大したり，景気の変動により収入が大きく左右されるなかで，人びとの生活に遊びやゆとり，スポーツへの参加などが質的にはもちろん，量的にも拡大しているかどうかも疑問である．他者との調和は，他者への無関心や集団内での人間関係の回避の傾向をみると，むしろ逆行しているとさえいえる．人間の生活と物質文明と環境との調和についていえば，地球的規模での環境・自然破壊が，その防止を求める動きが世界的に広がってはいるが，必ずしもそれに歯止めがかかっているとはいえない．

　価値の多元化に関していえば，これは社会的分化にともなって次第に現われてはきているが，その実態はかなり限定されたものである．すなわち，価値の多元化といっても，必ずしも個人個人の価値観が個人の生活史等に立脚して十分に多様化しているわけではなく，むしろ，いくつかの限定された価値観が多くの人に共通して志向されていたり，また，たとえば同世代といったような一定の社会的属性を共有する社会集団や社会的成層において，ひとつの価値観が大多数のメンバーによって志向されるといった傾向にあり，それゆえ個人主義が確立するほどに集合的価値の拘束から個人が自由になっているわけではない．

　高学歴化の傾向はすでに認められているが，経済的条件とか性別等の本人の

帰属的地位にかかわる属性的条件，さらには本人の生活する地域の違いなどによって，大学進学率等に大きな格差がみられているなど，未成熟の部分を残している．

情報化に関しては，パソコンの所有や私的利用に，階層差，地域差，年齢差等が残されている．コミュニティ・メディア等による情報のフィードバック化も局地的，試験的な域を脱していない．

国際化については，日本の国際的地位・責務の自覚が国際社会から強く期待されており，その一環として，留学，研修，就業等々の面で来日外国人——とりわけアジア系来日外国人——のわが国への受け入れが強く求められている．しかし，現状では，公費による留学生や研修生あるいは労働者の受け入れは量的にもけっして期待された要求を十分に満たしているわけではない．そのため，経済的負担が多大な私費の留学生や就学生が相当数に上り，しかもその多くが生活費と学費を得るためにアルバイトに多くの時間を割かざるをえない状況にある．非合法的な来日者や合法的に来日した後の不法滞在者もかなりの量にのぼっている．現に来日している外国人の受け入れ体制も十分に整えられているわけでもない．こうしたことを背景に，以下のような問題が生じている．①来日外国人の日本社会への適応阻害と，日本社会の来日外国人への適応阻害．②来日外国人の劣悪な生活状態と劣悪な健康管理の状況．③来日外国人による不法就労や非合法的職業への従事と，これへの日本人ブローカーの介入の問題．④外国人労働者の劣悪な労働条件と外国人労働者からの収奪の問題．⑤来日外国人による犯罪と来日外国人に対する犯罪の増加．

労働力の国際化も1つの国際的動向として捉えられる．日本社会が相対的に繁栄している時期には，開発途上国の貧困を背景に，開発途上国の労働力が日本社会に流入してくることになるが，わが国の労働政策は，依然として単純労働市場からの外国人労働力の締め出しを強化しており，その結果，好況期には，零細企業を中心に労働力不足の問題が深刻化し，不法就労者の潜在化が促進される．また，不況期には外国人不法就労者の首切りがまっさきに行われたり，

搾取がいっそう徹底される．さらには，加害者あるいは被害者として犯罪に巻き込まれる不法就労者の増大も予測される．

　自由のいっそうの尊重に関しては，組織社会での管理体制の強化や計画化などによって，逆に制約されてきている側面もある．

　最後に，成長期社会の社会問題についても，全体的にみれば，十分に克服されてはいないし，克服の方向に向かっているともいえない．たとえば，ゴミ問題や交通問題はいっそう深刻化し，拡大化さえしている．公害問題にしても，今や地球的レベルで新たな問題（環境問題）が生じてきている．

(3) 成熟化の逆機能とその病理状況

　成熟化の逆機能の観点から成熟化過程の病理性にアプローチする場合，以下の1〜7のような成熟化傾向の逆機能とそれに起因する社会病理状況や社会病理現象が問題となる．

　1．物質的生産と消費が大部分の人びとの基本的な欲求を充足
　2．生活の質の向上の追求
　3．高学歴化
　4．情報化
　5．技術化
　6．国際化
　7．自由のいっそうの尊重

　物質的生産と消費が大部分の人びとの基本的な欲求を充足という傾向については，いまだ未成熟の点を多々残しながらも，同時に，少なからぬ人びとの基本的な物質的欲求を充足しうる水準にまで進展してきていることも事実であり，その意味でこんにちの日本社会は豊かな社会だといえる．しかし，このような豊かな社会をもたらした物質的生産と消費の進展は，人びとに無限の欲望を喚起するような一種のアノミー現象を深化・拡大するなどの病理現象をも生み出している．食生活の面でも，飽食やグルメ志向を生み出し，このことから肥満症や生活習慣病などの健康破壊が進行している．

生活の質の向上の追求に関しては，健康への関心の増大や社会福祉の発達・拡大などが問題となる．人びとの健康への関心の増大は，人びとの間に健康神話を生み出し，「健康」価値が社会規範化され，社会統制の手段に転化されている側面もみられている．健康産業の隆盛のなかで，みせかけの健康食品や健康飲料を売りつけたりする悪質商法も出現している．こうした問題は，スポーツへの関心の増大についてもいえる．社会福祉の発達・拡大については，社会福祉の専門化ないし職業化や援助技術の高度化にともなって，社会福祉の供給者と利用者との間で地位－役割関係が優位となり，全人格的接触が希薄化されることなどが懸念される．また，生活保護費の組織暴力団員への支給問題などが問題となることもある．

　高学歴化に関しては，成熟化の逆機能の観点からすれば，大学教育のレベルダウンや大学生の学力水準の低下，高校・中学教育における受験中心化と全人教育の放棄，中・高生の受験偏重の生活体系，偏差値による能力評価の一元化と偏差値の低い生徒に対する落ちこぼれのラベリング，これらに起因する中・高生世代でのさまざまな問題行動の発生などの病理現象や病理状況が指摘される．

　情報化に関しては，コンピュータの普及によって，1人ひとりの個人的情報の収集と処理が大量に可能となり，人間管理の強化やプライバシーの可視化などの問題が生じている．

　技術化に関しては，高度で大がかりな技術製品の開発とその日常生活への導入による社会的費用や家計の負担の増大といった経済的問題のほかに，コンピュータによる人間労働の支配や高速交通手段による各種公害の発生等に例示されるように，人間生活や環境等の破壊などが問題となっている．また，医療技術の進歩は，医療の専門化を招き，総合家庭医──開業医──の役割の軽視と地域医療の衰退をもたらしている．そのほかにも，軍事技術の進歩と平常時での生命・財産・プライバシーの危機の拡大といった問題も指摘できる．

　国際化に関しては，外国人労働力の受け入れによる国内労働者の失業・就職

難——とくに，高齢者や障害者の労働市場からの締め出し——，日本企業の海外進出による現地企業・労働者・住民とのトラブル，日本企業の大量輸入がひきおこす開発途上国の資源の乱開発とそれによる資源の枯渇や自然・環境破壊，わが国の輸出過剰による国際間の葛藤等々の問題があげられる．

　自由のいっそうの尊重に関しては，他者への無関心や利己主義を助長し，家族，地域，学校，職場等の基礎的な社会集団に対してでさえ，帰属意識を低下させたり，集団活動への参加を阻害したりして，集団の統合性や凝集性を脆弱にし，デュルケム（Durkheim, É.）のいう自己本位主義（égoïsme）の状態を生ぜしめている．

　以上，日本社会の成熟化過程が生み出している病理状況や病理現象を，成熟化の機能障害の観点から概括してきた．しかし，ここでは，人口の成長の停滞と高齢化，および経済成長の低下・鈍化と社会の活力の低下といった成熟社会の基本的傾向については，ほとんど言及していない．それは，第1に，これらの傾向は，それ自体成熟社会のネガティブな側面として，その病理性が，本章においても簡単に紹介してあるように，成熟社会論の立場からすでにさまざまに言及されているからである．第2に，ここでの主たる関心が成熟社会のポジティブな側面——人びとの価値観や知識，能力，行動，社会関係，生活様式等々の拡大や質的向上に寄与する側面——に焦点をあて，そこに内在している病理性を明確化することにあったからである．第3に，人口の成長の停滞と高齢化についていえば，「高齢化の社会病理」の章において，独自のテーマとして詳しく考察されるからである．

　また，本章では，種々の病理状況や病理現象を生み出している成熟社会の構造やその個々の局面の実態や具体的中身についての分析も，ほとんど行なっていない．これは，本章の主たる関心が，成熟化過程を独立変数としてみることによって，現代日本社会の病理状況や病理現象がどのようにみえてくるかといったパースペクティブの素描にあったからである．日本社会の成熟状況の実態は，

以下の各章において，個々の局面や個々の傾向ごとに，それぞれの観点から分析される．

引用・参考文献
天野郁夫『かわる社会かわる教育——成熟化日本の学習社会像——』有信堂高文社　1989
ガボール，D.著（林雄二郎訳）『成熟社会——新しい文明の選択——』講談社　1973
経済企画庁編『2000年の日本——国際化，高齢化，成熟化に備えて——』（『2000年の日本シリーズ1』）大蔵省印刷局　1984
佐原　洋『日本的成熟社会論——20世紀末の日本と日本人の生活——』東海大学出版会　1989
林　雄二郎『日本型成熟社会——われらどこへゆくべきか——』中央経済社　1975
林　雄二郎『成熟社会日本の選択』中央経済社　1982
村上泰亮『産業社会の病理』中央公論社　1975
米川茂信『現代社会病理学——社会問題への社会学的アプローチ——』学文社　1991

2 高齢化の社会病理

　わが国において，高齢化もしくは高齢化社会ということがマスメディアを通して言われ出したのは1970年代であり，すでに30年ほどになるであろうか．この間，老人問題も含めて高齢化社会さらに高齢社会に関しては，行政および医学，社会学，経済学，社会福祉学等から，おびただしいほどの著書・論文・資料が出されている．もはや問題等の指摘はすべて出揃い，いまさら何を述べることがあるのか，と思われるほどの状況である．

　しかし，わが国における高齢化が終わったわけでもなく，また問題が解決したわけでもない．それどころか，わが国の高齢化はこれからますます本格化していくのであり，近年の社会変動は高齢社会の病理をますます悪化させる方向にすらある．

　本章では，高齢化を所与の独立変数とし，高齢社会に内在する病理性と諸病理現象について論じていくことにする．第Ⅰ部は総論という性格を有しているので，まず高齢社会とそこに内在する諸病理について概観し，その後，高齢社会の諸病理の1つである「老い」観について論及することにする．

　なお，第Ⅱ部の第7章は，本章と対をなす各論であり，そこではより焦点を絞り，高齢者にたいしての社会福祉の現状，とくに扶養の現状に迫り，そこからマンパワー政策について考察する．

1. 高齢化の概念

(1) 高齢化と高齢化社会の概念

　高齢化とは，当該社会において人口構造に占める高齢者の比率が増大することである．高齢化社会とは，いうまでもなく高齢化が進行している社会のことである．WHO（世界保健機構）では一応の目安として，65歳以上の人を高齢者とし，人口の7％以上を高齢者が占め，しかもこの比率が上昇し続けている

社会を高齢化社会（aging society）とよび，人口の14％以上が高齢者によって占められ，その比率が恒常化している社会を高齢社会（aged society）とよんでいる．ここでなぜ「一応の目安」と記したかというと，「65歳以上」「7％以上」「14％以上」という設定が，便宜的に設定されたものであるからである（『高齢社会白書』平成14年版, p.3）．

いったい何歳頃から高齢者（もしくは老人）とよばれる年齢になるのかということは，1つは「加齢」（aging）の問題として位置づけることができる．加齢とは，人が歳を取っていく過程のことであり，医学的・生理学的概念であり，広義には，人の誕生から成長，衰退，そして死までのすべての過程を含んでいる．しかし狭義には，衰退から死に至るまでの「老化」の過程を意味する．しかし肉体的生理的衰退はすでに壮年期には始まっており，どの時点を取って高齢者とするのかはきわめて規定しづらい．また老化の個人差は大きいし，時代・社会によっても大きな違いが見受けられる．したがって，加齢は高齢者を規定する1つの目安にしかすぎない（今堀, pp.9-73）．

いま1つは，「老年期」の規定の問題として位置づけられる．これは社会学的・社会心理学的な概念であり，当該社会が何歳くらいの年齢をもって，なにゆえに人を高齢者と認識するか，ということである．那須宗一は老年期の規定根拠として，社会離脱説，社会的役割喪失説，制度的規定論，家族周期的規定，ライフ・サイクル的規定の5つを挙げているが（長谷川・那須, pp.23-30），那須自身も論及しているように，いずれの規定も決定的ではなく，また説により年齢にずれが生じる．

実際歴史的にみても，江戸時代では，50歳以上が前期高齢者，65歳以上が後期高齢者とみなされていたようであるし，さらに40歳でも高齢者とみなされることすらあった（利谷ほか, pp.180-185, 氏家, pp.9-28）．また，戦前は55-60歳ですでに老人とみなされていたようである．現在わが国では，年金制度等の諸制度および国連の規定にかんがみ，老年期を65歳以上とし，65歳から75歳未満を「前期高齢者」（young old），75歳以上を「後期高齢者」（old old）と一

般に位置づけている．したがって，本章でもこれに準じることにする．

(2) 高齢社会とは

　高齢社会とはいかなる社会なのであろうか．人口構造が高齢化するためには，死亡率の低下と出生率の低下という2つが同時に出現しなくてはならない．さらに時として，この2つに人口の流出が加わる．死亡率の低下は人びとの長寿化を意味する．2001年のわが国の平均寿命は男性が78歳に，女性は85歳になっており，世界最高の長寿国となっている（『厚生労働白書』平成14年版，p.11）．出生率の低下は子どもの数の減少を意味している．いわゆる少子化である．したがって，高齢化とはただ単に人びとが長生きするというだけのことではなく，次世代を担う子どもも少なくなるという現象が付随しているのである．さらに，65歳未満の人びとの流出も高齢化の一要因であるので，地域における高齢化という場合には，労働力人口の流出という，いわゆる過疎化現象も問題になる．

　このように，高齢化にはいくつかの問題とみなされる社会変動がともなっているわけであるが，そもそも社会が高齢化するためには，その社会がかなり高度に産業化された豊かな社会でなくてはならない．したがって，高齢化とは，人類が有史以来求め続けてきた社会の帰結なのであり，この点からみれば，きわめてありがたいことであるといわざるをえない．未だ新生児の死亡率が高く，平均寿命の低い社会では，夢のようなことなのである．

　ところで，高齢社会を人口構造上において高齢者の占める比率の高い社会と単純に規定してしまっては，問題を見誤ることになる．わが国において考えると，わが国はある一定の社会・文化構造を有し，さまざまな社会状況をともない，また多様な社会変動に遭遇している．高齢化を独立変数としつつも，こうしたさまざまな構造・変動・状況が媒介変数として位置づけられるところに，わが国の高齢社会という概念が形成されうるのである．高齢社会の実状と病理を考察する場合，こうした媒介変数が与える高齢社会への影響性を無視することはできない．したがって本章で高齢社会という場合は，社会・文化構造，高齢化以外の多様な社会変動，社会諸状況からの影響性をも含めた概念として用

いることにする．

　高齢社会への影響性の強い社会・文化構造としては，たとえば，資本主義，業績主義・効率主義，定年制，社会・福祉資本などがあげられる．社会変動としては，たとえば，家父長制家族制度の崩壊や夫婦家族制への移行および核家族化といった家族変動，地域共同体の崩壊や都市化といった地域変動，個人主義化もしくは人間存在の拠点を私生活に求めようとする私化（privatization）といった価値規範の変動，技術革新，生活様式の変容，そして情報化などである．状況としては，たとえば，居住空間の貧困，人間関係の希薄化・皮相化，余暇の貧困，高齢者蔑視などがあげられる．

　こうした媒介変数は，わが国の高齢社会の現状をより複雑化し，また高齢化による病理をより顕在化・深刻化させているのである．しかし病理現象の記述は次節において展開するとして，次にわが国の高齢化の推移について概観する．

(3) 高齢化の推移

　1960年から2001年までのほぼ40年間で，日本人の平均寿命は男女ともおよそ13年延びている．1947年の平均寿命が男性で50年，女性で54年なので，それからみると，50年間強で男女ともおよそ30年ほど延びていることになる（『長寿社会対策の動向と展望』p.3,『厚生労働白書』平成14年版，p.11）．縄文時代の平均寿命が約15年で，江戸末期が約40年と推定されるので（利谷ほか，pp.21−24），その間数千年かけて25年延び，100年ほどかけてさらに10年延びたことになる．このことから，近年のわが国の平均寿命の延びがいかに急激であったかということがよく分かる．欧米諸国に比べてもわが国の平均寿命の延びは急激であるし，また現在では世界最高の水準に達しているのである．まさにわが国は長寿国家である．

　わが国の高齢者人口の比率の推移と予測をみてみると，1950年までわが国の高齢者人口の比率は5％程で一定していたが，その後急激に比率が上昇し，1970年には7.1％となり，高齢化社会に突入し，1994年に14.1％を越えて高齢社会となっている．その後も高齢化は進み，2005年には19.9％とほぼ20％とな

り，5人に1人は65歳以上のお年寄りという時代に突入する．さらに2035年には30％となり，2050年頃まで高齢化は進行し，ピーク時には人口の35％以上が65歳以上の高齢者（20％以上が75歳以上の高齢者）となるものと推定されている（『高齢社会白書』平成14年版，p.67）．これも欧米諸国ではみられない急激な高齢化といえよう．

ただし，こうした推移に捕らわれすぎるのも問題である．というのも，わが国の場合確かに平均寿命の延びも高齢化も急激ではあるが，高齢化の傾向それ自体は欧米諸国も同じであるし，また中国，韓国，タイ，オーストラリア，メキシコ，シンガポールといった国も近いうちにわが国と同じ推移を示すと予測されるし，開発途上国もいずれは同じような推移をたどることが予測されているからである．つまり，平均寿命の延びと高齢化は全世界的な変動というわけである（川口・川上，pp.30-44）．ただわが国の場合，欧米より遅く始まったものの欧米を追い越すほどの急激さで変動するという，かつてない特徴を諸外国に先駆けて示してしまったということなのである．

2．高齢社会の病理

高齢社会は高齢者自身にたいしてさまざまな病理現象を出現させると同時に，高齢者を抱える家族にも，また地域や社会にも多様な病理現象を出現させている．ここではそうした病理現象を概観したいと思う．

(1) 高齢者の抱える病理

平均寿命の伸びは人びとのライフサイクルに大きな変化をもたらした．老後期間の延長である．大正時代（大正9年）のライフサイクルをみると，男性の定年（55歳）後の余命は平均6～7年ほどしかない．また末子の学卒後の余命もやはり6～7年しかない．女性の場合は，末子の学卒および夫の定年後平均でおよそ余命10年，また夫死亡後の余命は4.5年である．ところが1985年では，男性は定年（60歳）後およそ16年，末子の学卒後およそ23年生き続けることになる．女性はそれぞれ24年，31年生き続けることになり，また夫死亡後はおよ

そ8年間余命を生きることになる（『厚生白書』昭和61年版）．2000年の65歳の平均余命でみても，男性は17.5年，女性は22.4年，高齢者として生き続けることになる（『高齢社会白書』平成14年版，p.72）．

　こうなるともはや老後は「余命」とはいえなくなる．老後をいかに生きるかということが家族設計・生涯設計の大きな課題とならざるをえない．ところが，現在の高齢者ならびに現在向老期にいる人達は，時代背景に制約され，老後のことなど考える余裕もなく現在に至ってしまっているのが実状であり，こうしたことが老後の生活適応障害を生み出す1つの要因になっているのである．

　戦後の家父長制家族制度の崩壊は，老父から家父長権を奪い，高齢者の家族内の地位を低下させた．また，子どもへの平等の財産分与は子の老親への扶養の平等性をもたらしたが，逆に扶養義務の分散化とあいまい化を生み出す結果となった．さらに核家族化の進行がそれに拍車をかけることになった．こうした家族の変動の結果，老親は子どもに経済的な扶養を期待しえなくなってきただけでなく，日常生活におけるサービス扶養や精神的な人間関係すら期待しえないような状況が出現するようになってきている．少子化，結婚しない女性や子どもを作らない夫婦の増加，女性の社会進出とキャリアウーマン化といった現在進行している社会変動を考えるならば，これからは，子どもには経済的扶養のみならず，サービス扶養もますます期待しえなくなるであろう．そのときになっても，未だに家族の愛情に期待しようとする考えが強い場合，高齢者の生活に多くの障害が噴出することは目にみえている．

　人間関係を家族に求められないとしたら，地域はどうなのであろうか．確かに地域の老人クラブはそれなりに組織化されている．また，コミュニティ創りや社会福祉・生涯教育のネットワーク創りなども，行政中心に行なわれてはいる．しかし，地域における人間関係の希薄化は未だに進行中である．老夫婦2人がもしくは老単身者が地域のなかだけで充実した人間関係を築くことはきわめてむずかしい．しかも会社人間として生きてきたサラリーマンの場合は，定年後すぐに地域に溶け込もうとしてもうまく溶け込めるものではない．結局は，

孤立・孤独という帰結が待ち構えているのである．

　ただし，こうした高齢期の危機も，経済的に安定しており，しかもそれなりに健康でさえあれば，まだ十分に乗り越えることが可能であろう．しかし低所得階層の者の場合，老化によって生活保護世帯に容易に転化する．また，病弱になった場合，老単身者の生活はたやすく崩壊するし，老夫婦2人家族の場合でも生活の危機に直面する．このようなときに家族の扶養が期待しえず，さらに社会福祉にも期待しえないならば，高齢者の生活解体は決定的なものになろう．

(2) 家族が抱える病理

　老親が比較的健康である場合には，子夫婦の抱える老親問題の主要は，いわゆる嫁・姑問題に代表される老親と子夫婦との葛藤である．とくに老親と同居している場合には，葛藤が起こりやすい．しかし老親が比較的健康である場合は子夫婦にとっても老親の存在はなにかと都合がよく，むしろ老親のほうが子夫婦に対して，経済的にも生活上のサービスにおいても，提供を行なうことが多い．

　ところが，老親が健康を害し，日常生活での行動に支障をきたすようになると，老親にたいしての扶養の度合いが急激に高まり，子夫婦の生活に障害が発生する．それでも老夫婦の一方が健在の場合は，他方の面倒をみることができるので，生活障害の度合いはさほど高くはないが，老親が1人（その大半は老母）の場合には問題は深刻化する．さらに寝たきりになったり痴呆症になった場合には，問題はきわめて深刻である．孫まで巻き込んでの介護体制が必要になってくる．ところが，長寿化の進行により，病弱な老親や寝たきり・痴呆症の老親の介護をしている子夫婦彼ら自身が，すでに向老期・高齢期にさしかかっていることが多く，孫はそれぞれ独立して不在であり，向老期・高齢期の子どもだけで老親の介護をしなくしてはならないというケースも多くみられるのである．

　またわが国においては，寝たきり老人や痴呆症の老人の介護を直接している

のは，多くの場合嫁である．舅・姑に仕えることが嫁の美徳であるという倫理観が当り前であった頃はいざ知らず，現在では嫁1人にこうした老人の世話をさせるということはきわめて困難なことである．さりとて仕事人間の夫の手助けはさほど期待しえないのが現状であろう．したがって，施設福祉と共に近年導入された介護福祉が実質的に十分機能しないかぎり，生活機能の解体に陥る家族は続出するはずである．

(3) 社会が抱える病理

　高齢者の多くが生活障害に陥るならば，また高齢者を抱える家族の多くが生活障害に陥るならば，それは結局社会システムの機能障害を導く．社会自らが社会福祉を充実させ，こうした人びとの生活障害を克服していかないかぎり，社会は危機的な状況に直面せざるをえなくなる．

　現在わが国においては，遅ればせながらも，高齢者にたいしての社会福祉体制は整備されてきている（たとえば，高齢者の人材活用化，年金制度などの諸制度の整備，諸福祉・医療ケアーのシステム化，等）といえよう．しかし，ようやく大枠の体制ができたばかりであり，福祉体制を維持し充実させていくための具体的な政策実現がさらに求められている．そのためには，第7章で展開しているように，行政・民間（ボランティア・民営）を含めてのマンパワー確保は，社会が病理を克服するか否かの大きな分岐点になるであろう．

　ところで，これからは現役世代に高齢者の扶養負担が重くのしかかるとよくいわれる．これは20歳から65歳未満の人口と65歳以上の人口の比が2000ではほぼ3対1，2020年では2対1になる，という予測に基づいている（『厚生労働白書』平成14年版，pp.15-16）．そして，こうした社会では，生産性は低下し，しかも高齢者を扶養するために税金等人びとの支出は増え，生活水準の低下を招く，といわれている．

　しかし20歳未満の人口も少子化により減少傾向にあり，こちらに対しての扶養負担は軽減されるわけであるし，また，女性の社会進出や，高齢者の労働促進政策（食べるために高齢者が働かざるをえないというのではなく，まだ働き

たい人には働ける条件を整えるという政策）により，就業者人口がいわれるほどに大幅に減少するということもないであろう．事実，65歳以上の労働力人口（当該年齢人口中の就労者人口率）は1980年の4.9％から2001年の7.3％と上昇しているし，2010年には9.4％になると予測されている．したがって，確かに扶養負担が増加することはさけられないが，高齢化における生産性の低下，国民の生活水準の低下ということは，さほど深刻な問題にはならないであろう（川口・川上，pp.45-56．清家，松谷・藤正，清山）．

3．高齢者観の病理

急ぎ足で高齢化とその病理について述べてきたが，ここでいま1つの病理を指摘したい．これから述べる病理は，たとえ社会福祉が充実しても，また家族に恵まれていても，地域の人間関係にうまく溶け込んでいても，克服しえない病理である．したがって，この病理の克服をもって初めて豊かな高齢期が実現するものと考える．

(1) 「老い」観

『老いの人類史』（全5巻）の「まえがき」に，現在の我が国は老いの意味を失っている，ということが書かれている．事実，かつては「還暦」（60歳），「古稀」（70歳），「喜寿」（77歳），「米寿」（88歳），「卒寿」（90歳），「白寿」（99歳）と，長寿は畏敬の念をもって迎えられていた．しかし現在，こうした概念は畏敬の念を喪失させ，単なる祝いの儀式になり果てている．現在のライフサイクルにおいて重要な意味をもつのはこうした概念ではなく，「定年・引退」であり，子どもの「独立・離家」である．そして，これらにはなんら畏敬の念はない．平均寿命が80歳前後となった現在にあっては，確かに還暦も古稀も畏敬の念を起こすような年齢ではない．しかし「老いの意味」の喪失は，単に長寿が稀ではなくなったということだけではなさそうである．

かつて長寿がもっていた畏敬の念の喪失の第1の要因（ただし最大の要因ということではない）は，上記のように長寿が稀ではなくなったということであ

ろう．第2もすでに記したことだが，家父長制家族制度の崩壊による老親の権威・地位の弱体化であろう．そして第3は，儒教倫理の衰退による「孝」「敬老」観念の希薄化であろう．

　しかし第4に，近代以降（とくに戦後）における業績主義・効率主義の人間観・社会観をあげなくてはならない．業績主義・効率主義の社会では，人の評価をその人の業績と生産効率で評価する．こうした社会では，当然働き盛りの壮年は最も価値が高く，次いで若年成人，さらに将来の業績と生産効率が期待される青少年，そして最後にもはや期待すらできない高齢者という評価の序列が形成される．したがって，老いるということは，畏敬でも「めでたいこと」でもなく，逆に，長く生きれば生きるほど，人としての価値は喪失していくことになる．高齢者を保護・介護の対象とみなす観念は，一見ヒューマニズムにあふれているように見受けられるが，ここにも「老い」を負としてみる業績主義・効率主義の人間観・社会観が横たわっている．つまり，業績主義・効率主義の人間観・社会観そのものは正当なものとみなし，そこから高齢者を「社会的弱者」と位置づけるのである．

　確かに，業績主義・効率主義社会観の過度の強調は逆機能を招く，ということを人びとはすでに気づいている．「働きすぎ」「過労死」「ゆとりある生活」「心の豊かさ」といった表現で，その逆機能はマスコミにおいて批判の対象とされている．しかしこれらの批判は，現に業績主義・効率主義社会の渦のなかにいる青少年から壮年を想定しての批判であり，すでにリタイアした高齢者に対してはなんの配慮もされていない．いやそれどころか，高齢者に対しては，「社会的弱者」「無能の存在」（もしくは「かつて有能だった存在」）という業績主義・効率主義社会観に基づいた観念がはびこっており，当の高齢者すらこの観念を正当なものとみなし，疑うことがないのである．

　「まだまだ現役」「いつまでも若い」という言葉が，高齢者にとっては自慢であり，また高齢者への誉め言葉になっているのは，また，年寄りとみなされたり年寄り扱いされると不快に感じたり時には憤慨したりするのも，若いとい

うことに価値があり，老いるということはその価値を減少させるだけで，それを補って余りある価値はない，ということを意味している．そしてこのことは，業績主義・効率主義社会観に基づいて人を評価するかぎり，当然のことなのである．

　ところで，上記の「若い」ということが自慢であり誉め言葉であり，「年寄り」ということが負であるということは，第5の「若さは美しく，老いは醜い」という価値観の帰結でもある．

　「私が最初に日本に来たのは25年前だが，その時は年寄りには住みよい国のように思われた．若さを賛美し，老年を恥とみる国から来ると，日本は際立って異なっていると思ったのだ．（中略）私が特に強い印象をうけたのは，美意識の違いであった．私が育った頃の米国では，人間美という観念は性的能力（セクシュアリティ）と結びついていた．つまり美しいということは若々しいということを意味したのだ．年をとっていてしかも美しいなどということはありえなかった．（中略）私が着物に関して感心したのは，どんな年代の人が着ても美しく見えることだった．（中略）容姿の美しさが年齢と共に増す道もあり得るなどということは，私は日本に来るまで思ってもみなかったのである」（ダグラス・ラミス「若者が年をとるということ」『老いの発見1　老いの人類史』pp.73-74）．これは1960年頃にわが国に来日した政治学者の言である．

　アメリカ人のラミスは，「老いの美」というものが近年（1960年頃）までわが国に存在していたと指摘する．しかし現在ではほとんど喪失しているといわざるをえないであろう．若いことは美しいことであり，老いることは醜いこと，というのが定着した観念である．若いということだけで価値がある（もしくは，あると思い込んでいる）のが現状である．これも1つのアメリカナイズの結果であろうか，いつの頃からか，「若さ」が絶対的な価値をもつようになってきた．若者だけでなく，壮年も老年も若さを追求する．男も女も自己を若くみせることに努力する．しかし白髪を黒く染め，厚化粧でしわを伸ばし，若作りの服装をし，下着で身体の崩れを隠し，美容整形をし，若者の行動をまねたとて，

結局は空しい努力であり，いつかは「老い」という負のアイデンティティを受け入れざるをえないのである．空しい努力の結果は，惨めさと諦めが待ち受けているだけである．

ラミスの指摘はアメリカとの対比であり，やや誇張されていると思われる．しかしわが国にはかつて，若さに迎合しない，老いの美というものが存在していたということも事実であろう．和服の美もそうであるし，能の美もやはり老いの美である．またわが国の伝統的な立ち居・振る舞いの美しさも，茶道の形の美しさも，若さの美ではなく老いの美である．

こうした伝統的な老いの美をそのまま復活させよ，というのではない．しかし，現在老いは老醜であり，若さに迎合するしか老醜を隠し切れないという文化が続くかぎり，老いの真の豊かさというものは実現するはずがない．こうした文化的風潮が高齢者にとっては大きな病理であるということを指摘し，そのうえにたって，老熟の美・老熟の文化を創造していく必要があろう．

近年，こうした老いを見直す傾向が現れつつある。『老人力』なる本がベストセラーになったのも，こうした傾向のひとつである。

ただし高齢者を「枯れた存在」と観念するのもまた問題である．高齢者の性をテーマとして，この問題を次に述べることにする．

(2) **高齢者の性**

かつては老人にはもはや性欲はないと思われていた．とくに女性の場合には，生理があがったあとは性欲がなくなるものと思われていた．しかし，生理的にもまた意識・経験的にも，高齢者であっても性欲があることが現在では実証されている．高齢者の性欲ならびに性的能力には個人差がきわめて大きい．しかし性欲をかなり広い概念でとらえ，性的関心と意味付けるならば，大半の高齢者には性欲があるし，生理的にも性欲があって当然とされている．また性的能力に関しても，それを男性性器と女性性器との結合能力や射精能力と限定せずに，性愛行為能力とするならば，高齢者にはその能力は十分に備わっている．しかも，性欲（性的関心）の保持や性愛行為の持続は老化を防ぎ，高齢者に活

力を与えるといわれている（大工原秀子「高齢者と性」濱口・嵯峨座，pp.115-138．瀬戸内晴美「老いと性」『老いの発見3　老いの思想』pp.127-152．長谷川・那須，pp.286-295)．

　しかし未だに人びとは高齢期の性に対して正当な（科学的な）認識を持ち合わせていない．多くの人びとは，人は歳を取るにつれ，性的能力も性欲・性的関心も減退し，そのうち無くなると思っている．それゆえ，高齢者の性欲や性的行為は，気持悪いもの不潔なものと思われているのである．とくに女性の高齢者の場合は，性欲の意思表示や性欲をともなった行為をすれば，「いろけばばあ」「いろぼけ」というレッテルが往々にして張られるのである．

　こうした高齢者にたいする性愛観念は，高齢者に対して「枯れる」ことを要求する．枯れた高齢者像を強制し，子どものように「ほほえましい」中性化した男女関係を強要する．年寄りの茶飲み友達はほほえましいこととして認めるが，そこに性愛が入ると，途端に認識は一変する．「不潔」「気持悪い」「あの年で，あきれてしまう」という認識になる．高齢者がポルノビデオを観ながらオナニーをすることや，高齢者どうしがセックスをし2人してオーガスムスに達する場面など，考えただけでも不快になるのが多くの人びとの意識である．

　仮に20歳代の男女がお互いの合意の下にセックスをしたとしたらどうであろうか．誰も異常とはみなさないであろう．それでは，70歳代の男女がお互いの合意の下にセックスをしたらどうであろうか．異常とみなす人びとはそれなりに多くなるであろう．70歳代の男性と20歳代の女性の場合はどうであろうか．そして70歳代の女性と20歳代の男性の場合はどうであろうか．異常と思う人の割合は順を追ってますます高くなることであろう．少なくとも好意的に受け止める人は順を追って少なくなることであろう．このように現在のわが国においては，高齢者が性愛感情を抱いたり性的行為を行なうことは不快・嫌悪なことであり，若い人が高齢者に対して性愛感情を抱いたり性的行為を行なうことはさらに不快・嫌悪なことなのである．

　若い人で高齢者にたいしてしか性愛感情がわかないことを精神医学では「老

人愛」といい,「性的異常」とされているが,ここにおいても,高齢者は性的対象にならないという観念が前提とされているのである.

しかし,こうした不快視・嫌悪視こそ高齢者に対する偏見であり,高齢者の性を抑圧するものである.それゆえに,高齢者を枯れた存在とみなし,当然備わっている高齢者の性愛を正しく認識しない高齢者観には大きな病理性が潜んでいるのである.そして,こうした病理性が社会にはびこっているかぎり,真に豊かな高齢期は望めえないのである.性の解放という思潮は,なにも若者だけの特権ではない.

引用・参考文献
赤瀬川原平『老人力』ちくま文庫　2001
伊東光晴・河合隼雄・副田義也・鶴見俊輔・日野原重明編『老いの発見』(全5巻)
　　岩波書店　1986-7
今堀和友『老化とは何か』岩波新書　1993
ヴォーボワール,S.de.著(朝吹三吉訳)『老い(上・下)』人文書院　1972
氏家幹人『江戸人の老い』PHP新書　2001
大工原秀子『老年期の性』(OP叢書)ミネルヴァ書房　1979
大工原秀子『性ぬきに老後は語れない－続・老年期の性──』(OP叢書)ミネルヴァ
　　書房　1991
オズグッド,N.J.著(野坂秀雄訳)『老人と自殺──老いを排除する社会──』春秋
　　社　1994
川口　弘・川上則道『高齢化社会は本当に危機か』あけび書房　1989
小室豊允編集代表『介護者のための老人問題実践シリーズ』(全10巻)中央法規出版
　　1988
社会福祉士養成講座編集委員会編『社会福祉士養成講座(2)　老人福祉論』中央法規
　　出版　1989
スキーアビ,L.C.著(吉井　弘訳著)『老いの始まりと終わりのない性』勁草書房
　　2001
清家　篤『高齢者の労働経済学』日本経済新聞社　1992
清山洋子『高齢社会を考える視角』学文社　1995
総務庁長官官房老人対策室編『長寿社会対策の動向と展望──第3回長寿社会対策
　　フォロー・アップ報告──』大蔵省印刷局　1990
土岐雄三『非行老年のすすめ』山手書房新社　1979

利谷信義・大藤　修・清水浩昭編『老いの比較家族史』（シリーズ家族史）三省堂　1990
長谷川和夫・那須宗一編『HAND BOOK 老年学』岩崎学術出版社　1975
バトラー，R.N.・ルイス，M.I.著（清水　信訳）『60歳からの愛と性』社会保険出版社　1986
濱口晴彦・嵯峨座晴夫編著『大衆長寿時代の生き方』ミネルヴァ書房　1990
松谷昭彦・藤正　巌『人口減少社会の設計──幸福な未来への経済学──』中公新書　2002
宮内博一『老いの生と性──人間らしく生きるために──』海竜社　1994
宮脇源次『老人福祉論』（新ライブラリー総合福祉）学文社　1990
ライニッシュ，J.M.・ビーズリー，R.著（小曽戸明子・宮原　忍訳）『最新　キンゼイ・リポート』小学館　1991

3 高学歴化の社会病理

1. 学歴社会の概念

(1) 「学歴社会」の概念

　本章では，わが国の高学歴化過程の分析とその社会病理を考察するが，ここにいう「高学歴化」とは，時代の推移にしたがって，社会構成員の学歴構造に占める「高等教育歴」保有者の比率が上昇する傾向，言い換えるなら，高等教育課程への進学率が上昇する傾向ないしその社会過程を意味している．そして，このような高学歴化がみられる社会を高学歴化社会と呼ぶことにする．

　さて，高学歴化社会と類似の用語に「学歴社会」がある．福田歓一は，「高学歴化社会」と「学歴社会」との語法上の混同について触れ，「学歴社会は明治以後の日本，戦前の日本に著しい特色であって，ある意味では当時のほうが現代よりもはるかに露骨な形でそうであったが，それは日本社会の成員の一部をとらえていた現象に過ぎず，それに対して今日の『高学歴化』を『学歴社会』と呼ぶ時には，高い進学率が示すように，社会成員の大部分をとらえる広範な現象を意味している．なぜ学歴社会が戦前に著しいにもかかわらず部分的現象であったかというと，戦前には学歴にかかわりなしに人間が生きていく，そういう領域や余地がいまよりも広く存在したからだ」と，「学歴社会」という言葉の意味内容の変容を指摘している（福田 pp.58-59）．そこで，まずこれまで「学歴社会」がどのように定義されてきたかをみてみよう．

　学歴社会に関する先駆的研究に，新堀通也の『学歴社会と学歴意識』がある．このなかで新堀は「学歴」には，①実質的な学歴（学歴を獲得するということは，ある教育を受けることを意味するから，その結果として，個人は新たに知識や教養を身につけるはずであり，こうして身につけたものが実質的学歴である）と，②レッテルとしての学歴（学歴を尊重する，評価するという場合，学

歴獲得の結果たる実質的内容ではなく，獲得された「学歴」自体がものをいうことがある）の二種類があるとの観点から，学歴をこの両面を備えるものとしてとらえている．そして，「人間の能力の評価，判定，したがってその地位の割り当てや待遇の基準として，形式，肩書き，レッテルとしての学歴を過度に重視するという傾向や制度」(pp.3-37)を「学歴主義」と定義し，この学歴主義によって生まれる社会を学歴身分制社会（＝学歴社会）と呼んでいる．

この他にも，「成員の社会的地位を決定する学歴の力が相対的に大きい社会」（麻生，1973 p.219），「学歴という指標が人員配分の支配的原理とされる社会」（潮木，p.80），「一般に能力・業績の指標として，とくに個々人の受けた教育の多寡，その質の高低が人材配分のルールとして重要視される社会」（藤田，1977 p.112），「人々の社会的地位の規定要因として，学歴が他の何よりも重要視される社会」（同，p.126）など，その定義はさまざまであるが，『社会学小辞典』(p.42)では，これらの定義に共通している「成員の社会的地位決定要因に占める学歴の比重の相対的大きさ」に加えて，「学歴獲得のための高等教育機会が開放的であるという条件が満たされている社会」（傍点，筆者）と定義づけている。このように，学歴社会を論じる文脈において使用される「学歴」という言葉は，被高等教育歴に力点を置いた意で説明されることが一般的である．また，先の福田の指摘にもみられるように，「学歴社会」という言葉の意味は，時代の推移にしたがって変化するが，こんにちでは最終卒業学校種別の意味よりも「どの大学に入学し卒業したか」という特定の「学校歴」が含意されることも多く，この概念の異同の不明確さが学歴社会論を複雑にしていることもある．

(2) 「日本社会＝学歴社会」論をめぐって

「学問ハ身ヲ立ルノ財本トモイウベキモノニシテ，自今以後一般ノ人民（華士族卒農工商及婦女子）必ズ邑ニ不学ノ戸ナシ，家ニ不学ノ人ナカラシメン事ヲ」期して1872（明治5）年に「学制領布」（被抑出書）が公布された．これを機会に門地門閥のような「属性原理」によって社会的身分や職業が運命づけら

れていた旧制度の残滓は一掃され，それが「学問」という実力・業績原理に取って代わられるようになった．言い換えるなら，この「学制序文」は，従来の封建制下の教育の在り方を強く批判して，個人主義，実学主義などの教育を標榜し，基礎的な学校教育をすべての人に付与しようとする制度の構想，それにたいする人びとの自発的参加を促すという点において，すぐれて近代的な教育宣言であった．人びとの立身，治産，昌業に役立つ教育を組織するところが学校であり，そこでの教育の内容は「日用常行言語書算」をはじめ，およそ「人の営むところの事」すべてにわたるものであるとしている．だが，学問を「身ヲ立ルノ財本」と位置づけ，「教育を受ける（あるいは授ける）機構の中軸に「学校（制度）」を置くこの考え方が，以後，日本型「学歴社会」を進展させることになるのである．

　欧米における日本研究の第一人者と目されているドーア（Dore, R.P.）は，『学歴社会――新しい文明病――』（pp.82-85）で，イギリスと日本の学歴社会化の差異を論じ，日本の急速な学歴社会化の要因を，文化的要因と後発要因にわけて以下のように分析している．①工業化直前の日本は，学習と学識が尊ばれる儒学の国であり，教育自体に高い価値がおかれていた（文化的要因1）．②社会よりも国家，事業家よりも官吏を重視する風潮を排除しようとする日本の功利主義者たちの努力にもかかわらず，武士の軍事と統治機能とが依然としてもっとも栄誉ある職業とみなされ，軍人と政治家が青年の野心の目標となっており，官職の威信が高く，この官吏登用の方法と規準が大企業の人材登用の方式にも採用された（文化的要因2）．③官吏を試験によって採用するという方式が早い段階で制度化されたのは，日本が発展の過程を遅れて開始した国であって，先進国から諸制度を輸入したからである（後発要因1）．④欧米先発工業化社会よりも，大企業が工業化の過程においてはるかに優勢な役割を演じた（後発要因2）．⑤日本は社会変革の達成のために，多年にわたって外国の技術と制度の大規模な輸入を続けた．イギリスにおいては幹部候補の採用は事業を維持継続していく人材を求める意識だが，日本では社会変革のための人材

確保が目指され，欧米の知識を取り入れ普及させるために大学や高専が設立された．就職前の公式の資格付与と取得が重要視された（後発要因3）．⑥支配階級の伝統に非連続性や断絶があり，教育による資格付けに代わり得る別の選別方法を採ることが出来なかった（後発要因4）．⑦学校制度の枠内において，断固として試験成績による選抜の原則が貫かれ，学校制度が1つの一般知能テスト機関として働いた（後発要因5）．

ところで，このドーアもその一員であった，1970年に日本の教育事情視察のために来日したフランスのフォール元首相を団長とするOECD教育調査団は，日本の教育施策に関する報告書のなかで次のように述べている．

「一般の人々からみると，大学には社会的評価による厳しい上下の序列が作られており，高校は高い評価をもつ大学にどれだけ多くの生徒を送り込むかによって順位付けられている．また雇用主の多くは卒業生を彼らがどのような知識や能力をもつかではなく，入試の結果どのような大学のどのような学部に入学したかによって判断する．18歳のある一日に，どのような成績をとるかによって，彼の残りの人生は決まってしまう．いいかえれば日本の社会では，大学入試が将来の経歴を大きく左右する選抜機構として作られているのである．その結果，生まれがものをいう貴族主義（aristocracy）は存在しないが，それに代わる一種の学歴主義（degreeocracy）が生まれている．それは世襲的な階級制度に比べれば，たしかに平等主義的であり，弾力性にとんでいる．しかし，他の制度——つまり長期間にわたる個人的業績が人々を適切な職業・地位へと振り分ける尺度とされ，また意欲あるものは必要に応じて教育を受け，さらには能力の発達に応じてその地位も上がっていくといった機会が用意された制度に比べれば，学歴主義は弾力性を欠いた専制的な制度である」（OECD教育調査団, p.90）．

OECD教育調査団報告書のこの文章は，日本の「学歴社会」を論じるさいにしばしば引用されるものである．たしかに，こんにちでは，この見解は実情をかなり誇張したものと受け止められているが，種々の国家的な資格制度が社会

的選抜機能として重要な役割を果たしているイギリスや，企業や産業界において，学校卒業後も個人のアチーブメント（業績）に基づいて，きびしい選抜が制度化されているアメリカなどに比べて，わが国では学校教育歴のもつ社会的選抜機能と地位配分機能は，近年その力を相対的に低下させつつあるとはいえ，まだまだ強くはたらいており，こうしたことから日本は学歴社会であるということができる．

　安田三郎は，学歴の社会的地位決定力を計量的に測定することを目的として，社会移動における純粋学歴効果値（係数）を計算し，イギリス，スウェーデン，デンマーク，アメリカ等の諸外国との比較を試みているが，これによれば日本は，学歴の社会的地位に与える効果が高い社会であり，「学歴社会」だということになる（安田，p.290）．

　また，人事興信録を利用して，エリートの学歴構成を分析した麻生誠の研究（麻生 1967, pp.220-221），ブラウ＝ダンカンらのパス解析手法を用いた社会移動研究を日本に応用して，階層地位形成過程の分析を試みた富永健一・安藤文四郎の研究をはじめ，学歴と社会的地位規定力との相関の大きさをもって日本社会が学歴社会であるととらえる研究が少なくない．

　このように日本社会を学歴社会であるとみる考え方にたいして，否定的な見解を示す研究もある．たとえば小池和男と渡辺行郎は，「賃金構造基本統計」を利用しながら，学歴別昇進の実態（役職就任率）や学歴別賃金格差の程度，大学入学における所得格差などを分析し，「学歴による差は決定的というほどのものではなく，学歴は単に一つの要因にすぎず，学歴が人生を決定するというのは根拠のない思い込みであり，日本が学歴社会であるというのは，自虐的な通念の一つですらある」とする見解を述べている（小池・渡辺，pp.58-117）．

　たしかに近年では，小池・渡辺が指摘するように「学歴」の社会的地位規定力は相対的に低下しており，その意味では「日本社会は学歴社会である」と断じることはできない．しかし，この指摘は，少なくとも小池・渡辺らが検証を試みた時点以降の日本社会について妥当するものであって，それ以前の日本社

会が「学歴社会」であったとする考えを否定するものではない.

また，岩木秀夫も，電気機器業種・科学業種の中間管理職の出身校類型別シェア分析をとおして，いわゆる銘柄大学のシェアが低下し，それ以外の大学が上昇する状態（傾斜構造化）の進行が認められることを指摘し，従来の学歴決定論的な学歴社会の考え方に否定的な見解を示したが（岩木, pp.178-189），岩木が扱っているのは，どこの大学のどの学部に入学したのか（そこでどのような教育を受け，何を研究し，卒業したのかではなく）という，いわゆる銘柄大学とそれ以外の大学という「学校歴」ないし「学閥」である．つまり卒業大学間における格差の縮小を論じているのであって，「被高等教育歴」のもつ社会的地位規定力について論じたものではない．

このように，日本社会を学歴社会とみるか否かについては，分析時点や観点による相違もあって定まってはいないが，属性主義に代わって業績主義による社会的人材配分機能としての「学歴」が，たとえば，①日本の近代化に必要な有能な人材を，門地出生にとらわれず広く全国から集め得た，②それによって単に国家社会に必要な人材の持続的供給が可能になっただけではなく，供給した人材が向上心と適応力の高い積極的な人材であり，その結果，欧米先進国の近代的な役割や技術を積極的に取り入れ，急ピッチで近代化・工業化を進めることができた等，相応の効能を有しながら機能した時期が，学制公布後130年間の日本社会にあったことは確かである．

しかし，社会の「学歴の効能」に対する期待が高まるにつれて，学歴至上主義的な風潮や，公教育を社会移動の手段とみなす学歴主義的教育観や学校観が形成される．そして，公教育を求めての競争すなわち進学熱を高め，この過度な進学熱が，地獄と呼ばれるほどに苛酷な受験競争を招き，学校教育の本来的機能を損なわせたり，子どもの社会的発達を阻害するといった，種々の社会病理現象を派生させることになる．

2. 高学歴化の推移

(1) 大学の急成長

　表3－1は，戦後の大学数ならびに在学者数の推移を示すものであり，表3－2は進学率の推移を示すものである．新制大学が発足した1949年，大学数は178校，学生数は12万7,000人であった．それが1999年には，大学数622校，学生数270万人に増えている．50年の間に，大学数で約3.5倍，学生数で21.3倍という伸びである．短期大学についてみると，1950年から1999年の間に学校数で約4倍，学生数では約25倍の成長率になる．

　これとともに進学率も上昇する．1955年の大学進学率は7.9％（短期大学進学率2.2％）であったものが，70年には17.1％（同6.5％）となり，75年の26.7％（同11.1％）をピークに90年までは停滞ないし下降傾向を示すが，95年以降再び上昇に転じ，2000年には39.7％（同9.4％）になり，短期大学をあわせると49.1％にまで上昇している．同一年齢集団のおよそ二人に一人が高等教育を受けていることになる．

　このように日本の高等教育は，1960年以降急速に進展するのであるが，この背景について，文部省は『学制100百年史』（文部省　1972年）の中で以下の諸点をあげている．

　①単線型の新学制で大学進学が容易になったこと，②明治以来の学歴尊重の風潮，③国民生活が向上し，父兄の学費負担能力が高まったこと，④科学技術の振興と理工系を中心とする科学技術者養成の社会的要請が高まったこと，⑤私大の規模拡大によって大学の威信を高め，経営基盤の安定を図ろうとする傾向が，進学希望者の増加を生んだこと，⑥私大の設置・学生募集が容易になったこと，等である．

　さらに付け加えれば，50年代〜90年までの日本経済の高度成長が「大学卒」の需要を高め，それによって生じた学生の就職状況の良好さが，人びとの学歴信仰をいっそう強化したこともあると思われる．ただし，90年以降は，低迷す

る経済不況とIT化の急速な進展等々の影響により，新規大学卒業者の就職状況は悪化傾向を示し，就職率は1992年の79.9％をピークに年々低下し，2002年は56.9％にまで下がっている．「大学卒」という学歴が，少なくとも就職に関する限りは，かつてのような意味を持たなくなった時代を迎えているといえる．

(2) 進学形態の変化

1976年の制度発足以降，専修学校（「職業もしくは実際生活に必要な能力を育成し，または教養の向上をはかる」ことを目的に設置された，修業年限1年以上，年間授業時間数800時間，生徒数40名以上からなる組織的な教育機関である．生徒の入学資格別課程種別には，中卒者を対象にした高等専修学校という高等課程と，高卒者対象の専門学校という専門課程，そして入学資格不問の一般課程の3つの課程からなる）の専門課程に入学する高卒者の比率は年を追って上昇し近年では18％にまで伸びている．

専修学校進学者の増加については，1973～1976年に無業者層が急増しこれらを吸収したこと，大学・短期大学の入学定員の政策的抑制による代替的進学，あるいは家計所得の伸び悩み，学費の値上がり，さらには企業の求人減，高卒者の就職離れといった高卒労働市場の変化などをその要因としてあげることができる．またいくつかの研究によれば，専門課程に入学するもののうち約70％が高校卒業直後に入学した者であり，これらは職業科あるいは普通科の進学コースよりも，普通科の非進学コースの出身者に多くなっている．普通科の上級学年になって，大学・短大への進学を断念はしたものの，卒業後すぐに就職したくない，あるいは希望する就職をするには，求められる資格や免許など必要な準備が整っていないといった高卒グループが専修学校の大きな部分を占めるのである．普通科の非進学コースにおける短期でかつ簡易な基礎的職業教育機能が専修学校に移りつつあるといってもよいだろう．

もちろん，このような近年の専修学校への進学希望者の増加傾向から，ただちに現在の高校卒業生の大学進学志向が停滞もしくは下降すると予想することはできない．

3　高学歴化の社会病理　51

表3－1　戦後の大学の伸び

	大学数	大学在学者数（単位千人）	短期大学数	短期大学在学者数（単位千人）
1950	201	225	149	15
1955	228	523	264	78
1960	245	626	280	83
1965	317	938	369	148
1970	382	1,407	479	263
1975	420	1,734	513	354
1980	446	1,835	517	371
1985	460	1,849	543	371
1990	507	2,133	593	479
1995	565	2,547	596	499
1996	576	2,597	598	473
1997	586	2,634	595	447
1998	604	2,668	588	417
1999	622	2,701	585	378

資料）文部科学省「文部科学統計」「文部統計」より作成

表3－2　戦後の進学率の推移

	大学	短期大学	高校
1955	7.9		51.5
1960	8.2	2.1	57.7
1965	12.8	4.1	70.7
1970	17.1	6.5	82.5
1975	26.7	11.1	91.9
1980	26.1	11.3	94.2
1985	26.5	11.1	93.8
1990	24.6	11.7	94.4
1995	32.1	13.1	95.8
1996	33.4	12.4	95.9
1997	34.9	11.8	95.9
1998	36.4	11.8	95.9
1999	38.2	10.9	95.8
2000	39.7	9.4	95.9

資料）表3－1に同じ

表3－3　大学・短期大学志願率

	大学	大学（学部）	短大（本科）
1960	26.0	21.2	4.8
1965	33.3	25.9	7.4
1970	34.6	25.7	9.0
1975	47.3	34.5	12.8
1980	45.4	32.3	13.1
1985	45.3	32.3	13.0
1990	49.2	34.5	14.7
1995	54.2	39.0	15.2
1996	54.4	39.7	14.6
1997	54.6	40.6	14.0
1998	55.0	41.6	13.4
1999	55.5	43.1	12.4
2000	55.6	45.1	10.4

資料）表3－1に同じ

表3－4　最終卒業学校の種類, 15歳以上人口の推移　全国（1980年～2000年）

最終卒業学校の種類	15歳以上人口（千人）			割合（％）			増減率（％）	
	1980年	1990年	2000年	1980年	1990年	2000年	1980年～90年	1990年～2000年
初等教育	34,470	28,615	24,163	38.5	28.4	22.3	-17.0	-15.6
中等教育	34,010	41,050	45,364	38.0	40.7	41.9	20.7	10.5
高等教育	12,235	19,172	26,343	13.7	19.0	24.3	56.7	37.4

資料）総務省　平成12年国勢調査抽出速報集計

　表3－3に示されるように, 高校新規卒業者の大学・短大志願率は, 小幅の上下はあるものの大きな減少傾向は認められない. ちなみに1975年～1990年の期間でみると, 75年に47.3％であったものが, 78年～86年までの8年間では, 2ポイント程度減少するものの, 87年以降, 再び上昇に転じ, 90年には49.2％, 99年には55.5％と卒業生の約2分の1が大学（短大含む）進学を志望している.

　ちなみに, 総理府が1992年1月に行なった調査によって, 「親が自分の子どもに受けさせたいと考えている教育程度」をみると, 男子をもつ親は, 「高校」が7.8％, 「短期大学, 専門学校, 専修学校」が4.5％, 「大学」が53.9％となっており, 女子をもつ親は, 「高校」13.6％, 「短期大学, 専門学校, 専修学校」が23.7％, 「大学」が22.5％となっている. これを1985年の同調査結果と比較し, 「大学」のみについてみてみると, 男子で5.4ポイント, 女子で11.7ポイント上昇している（『月刊世論調査』平成4年9月号）. このことからも, 大学・短大を志願する高校生の意識や, 親の子どもにたいする高学歴志向は高まりこそすれけっして低くないことがわかる.

　表3－4は, 2000年国勢調査（1％抽出集計結果）のデータである. これによれば, 15歳以上（人口1億8,278万人）のうち, 卒業者は9,928万人, 在学者は883万人, 未就学者は16万人で, 15歳以上人口に占める割合はそれぞれ91.7％, 8.2％, 0.1％となっている. 卒業者について, その卒業学校の種類をみる

と，2000年は中等教育修了者が41.9％と最も多く，次いで高等教育修了者24.3％，初等教育修了者が22.3％となっており，高等教育修了者の割合が初等教育のそれを上回っている．これを1990年と比較すると，初等教育修了者が15.6％減少したのにたいし，中等教育修了者が10.5％，高等教育修了者が37.4％増加しており，高学歴化がいっそう進行していることがわかる．

3. 高学歴化の社会病理

最後に，「高学歴化の社会病理」についてだが，このテーマが意味するところは，「序」で述べられた病理認識の枠組からすれば，①種々の病理現象の原因（病因）としての高学歴化，②高学歴化を原因（病因）として発生する種々の個別病理現象，③ある原因（病因）から種々の病理現象が発生する過程的状況（病理過程）としての高学歴化，の3つにまとめられる．そして，これに対応して，「高学歴化の社会病理」へのアプローチとして，所与の社会の高学歴化の状況ないし過程それ自体を問題とする原因論的アプローチ，高学歴化に起因もしくは関連して生じる個々の病理現象を詳述しようとする現象論的アプローチ，所与の社会の高学歴化の状況ないし過程から種々の病理状況や病理現象が結果し，社会問題化していく社会過程の状況を解明しようとする社会過程論的アプローチなどがあげられる．しかし，本章では，現代日本社会における高学歴化の実態を総論的に概観することが目的であるため，もっぱら原因論的アプローチが採られる．

高学歴化の状況ないし過程それ自体を問題とする原因論的アプローチの視点としては，高学歴化の未成熟，高学歴化の機能不全，高学歴化の逆機能の3つがあげられる．高学歴化の未成熟とは，高学歴化の進展が社会全体に比して遅滞しているような特定の社会的集合の学歴に関する状況とか，高学歴志向者を高等教育機関が十分に受け入れることができないでいるような高等教育機会の一般的制約状況を意味している．これにたいして，高学歴化の機能不全とは，高学歴化そのものは進展しておりながらも，高学歴化に寄せられた社会的期待

が十分に充足されえていないような社会状態を意味している．また，高学歴化の逆機能とは，高学歴化の傾向が，人びとの高学歴志向や高学歴化への社会的要求を充足しながらも，他面において社会的に望ましくないとされている事態をもたらしてしまっているような社会状態を意味している．以下，それぞれの視点から，現代日本社会における高学歴化の社会病理の諸側面を概観する．

(1) 高学歴化の未成熟

高学歴化の未成熟は，第1に，大学進学率の社会的格差として，第2に，高学歴志向者の増加にたいしての受け皿不足，つまり高等教育機関の収容力の不足として現象している．大学進学率の社会的格差は，大学進学率における性別格差，地域格差，階層格差などとしてあらわれている．

まず，性別格差をみてみよう．大学進学率は，短大を含めてこそ女子のそれが男子のそれを上回るほどになっているが（文部科学省の発表によれば，平成13年度の短大（本科）を含む現役の大学（学部）進学率——平成13年3月の高校卒業者の全体を100とした場合の同年の大学・短大進学者の割合で浪人を除く——は，男42.9％，女46.7％となっている．『平成13年度　学校基本調査報告書』），四年制大学への進学率だけをみると，男女の差は歴然としており，依然として女子の進学率は男子のそれに比してはるかに低いものとなっている（平成13年3月の高校卒業者の全体を100とした同年の四年制大学（学部）への現役進学者の割合は，男41.3％，女30.4％となり，さらに，同年の過年度生＝浪人の進学者を含めて計算してみると，男55.0％，女36.2％となる．『同前掲資料』）．

このように女子の四年制大学への進学率が男子のそれに比して依然としてちじるしく低いという日本社会の高学歴化の実態は，ひとつには，依然として，〈女は短大まででよい〉とか〈女は大学に行ってもしょうがない〉といった意識が社会的に少なからず存続していて，それが女子の四年制大学への進学志向とそれを実現するための体制作りを抑えこんでいるような日本社会の現実の反映だといってよい．

すでに1984（昭和59）年に東京都が実施した調査によっても中学生とその親

の進学希望（親の場合は，自分の子どもをどこまで進学させたいか）は，中学生においては「大学まで」が男子で58.7％，女子で32.0％，「短大まで」が男子で6.3％，女子で28.4％，親においては「大学まで」が男の子にたいして63.6％，女の子にたいして34.3％，「短大まで」が男の子にたいして3.4％，女の子にたいして23.7％となっている（東京都『昭和59年度　東京の子供と家庭　東京都社会福祉基礎調査報告書』）．さらに，筆者もその一員となって，1994（平成6）年に首都圏の中・高生（いずれも三年生で，高校生についてはすべて全日制の普通科高校）とその親を対象に実施した調査によれば，四年制大学への進学希望者が，中学生男子で74.9％，同女子で52.8％，高校生男子で85.4％，同女子で61.3％，短大への進学希望者が，中学生男子で3.6％，同女子で28.4％，高校生男子で0.4％，同女子で27.8％となっており，また子どもを四年制大学に進学させたい親が，中学生男子の親で77.2％，同女子の親で41.9％，高校生男子の親で92.5％，同女子の親で78.4％，短大に進学させたい親が，中学生男子の親で1.9％，同女子の親で29.5％，高校生男子の親で2.5％，同女子の親で13.4％となっている（淑徳大学社会学部社会学科成熟社会研究会『成熟社会における進学意識の動向と学習意欲の実態についての調査研究』[1995年5月]）．いずれの調査結果からも女子の四年制大学への進学志向者が相対的に少ないことが示されている．また，女子の四年制大学への進学志向が親の意識によって抑止されている点も示唆されている．

　つぎに地域格差をみてみると，東北各県や新潟県，福岡，大分を除く九州各県や沖縄県などの大学進学率（短大を含む）が全国平均に比してかなり低いことがわかる．資料の制約で，現役のみの進学率（平成13年度）をみてみると，全国平均では44.8％に達しているのにたいし，東北各県と新潟，それに九州各県と沖縄県の進学率（％）は，以下のとおりである．青森32.0，岩手32.2，宮城34.5，秋田36.0，山形35.5，福島33.6，新潟35.8，佐賀35.7，長崎36.7，熊本34.2，宮崎35.0，鹿児島35.0，沖縄30.9．また，男女別には，以下のとおりとなっている．男：全国平均42.9，青森30.9，岩手31.1，宮城33.9，秋田33.2，

山形34.3，福島32.0，新潟36.6，佐賀33.3，長崎34.9，熊本33.2，宮崎33.5，鹿児島32.9，沖縄27.9．女：全国平均46.7，青森33.2，岩手33.3，宮城35.2，秋田38.7，山形36.6，福島35.1，新潟35.0，佐賀38.2，長崎38.6，熊本35.2，宮崎36.5，鹿児島37.1，沖縄33.8（『平成13年度　学校基本調査報告書』．なお，総じて男子の進学率を女子のそれが上回っているのは，浪人が含まれていないことと，短大が含まれていることによっている）．

　このような大学進学率の地域格差は，家計の所得や大学・短大，予備校等の設置数などにおける地域格差の反映だといえる（上記13県に設置された大学数は合わせて95，同じく短大数は76で，前者は全国の大学数の14.2％，後者は全国の短大数の13.6％を占めるにすぎない．『平成13年度　学校基本調査報告書』）．進学にともなう経済的負担が所得が低くて困難であったり，適当な大学・短大が通学可能な地域内に設置されていないなどから，大学・短大への進学意志ないし進学希望をもつ者が少なくなるのであり，また，受験競争を有利に進めるための便宜に欠けるため，不利な競争を強いられる者が多くなるのである．また，すでにみたように，女子の進学率にいっそうの格差がみられるのも，これらの要因が女子にたいしていっそう強く影響していることを示している．

　ちなみに，2001（平成13）年3月に高校を卒業した者のうち進学しないで就職した者の割合，つまり就職率（％）をみてみると，全国平均が18.4であるのにたいし，青森33.1，岩手31.9，宮城23.2，秋田31.9，山形32.6，福島30.4，新潟20.7，佐賀33.1，長崎28.5，熊本28.8，宮崎32.2，鹿児島28.1，沖縄14.1となっている（『平成13年度　学校基本調査報告書』）．一般に，就職率が高いほど大学志向率——高校卒業者に占める大学・短大への進学希望者の割合——が低いとみてよいから，東北各県や九州各県の就職率のいちじるしい高さは，これらの県の高校在学者の大学・短大への進学志向がかなり低いことを示している（沖縄県の就職率の低さは，同県における就職難の状況を示すものと解する）．

　最後に，階層格差をみてみる．資料はやや古いが，1985年の「社会階層と社会移動（SSM）全国調査」の結果から，高等学歴達成者の割合を父親の職業

別にみてみると，①専門職や管理職でもっとも高い，②ついでホワイトカラー，自営，大企業ブルーカラーなどで高い，③農業や中小企業ブルーカラーでもっとも低い，などの傾向がみられている．したがって，父親の職業を指標としてみてみると，大学進学率における階層格差は依然として存続しており「戦後の高学歴化に伴って，学歴達成機会は全般的に拡大したが，父職階層間での格差パターンはあまり変わっていない」ことがわかる（藤田，1990，p.148）．

大学進学率における階層格差は，世帯収入を指標とした場合にも，低収入階層と普通ないし高収入階層との格差として，比較的顕著にみられる．1984（昭和59）年に東京都が行なった調査結果から，概して世帯収入がいちじるしく少ない母子世帯と父子世帯における大学・短大在学者の割合——大学・短大在学者数が大学・短大生世代人口に占める割合——をみてみると，両親世帯では51.0％におよんでいるのにたいし，母子世帯では38.1％，父子世帯では28.6％にとどまっており，母子・父子世帯の児童の大学・短大進学率がいちじるしく低いのがわかる（東京都，前掲資料）．

母子・父子世帯では，大学・短大に進学する児童が少ないだけでなく，子どもを大学・短大に進学させようとする親もまた少ないのが現状である．1988（昭和63）年に厚生省児童家庭局が実施した全国調査の結果によると，男の子を大学まで進学させたいとする親は，母子世帯で41.6％，父子世帯で39.1％に，同短大までは，母子世帯で1.4％，父子世帯で0.9％に，また，女の子を大学まで進学させたいとする親は，母子世帯で15.8％，父子世帯で14.4％に，同短大までは，母子世帯で18.0％，父子世帯で17.1％にとどまっている（厚生省児童家庭局『昭和63年度 全国母子世帯等調査結果の概要』）．こうした状況は，その後の種々の調査からも依然として確認される．

つぎに，高学歴志向者の増加にたいする受け皿不足の現状についてだが，この点は，すでに，大学進学率の社会的格差についてみたさいに部分的に言及されているので，文部科学省の『平成13年度 学校基本調査報告書』を利用して，以下に簡単に考察するにとどめる．

まず，国・公・私立を合わせた大学全体でみれば，四年制大学への入学志願率の漸増傾向にかかわらず，少子化に伴う平成5年以降の「18歳人口」の減少と短大の四年制大学への改組転換による入学定員の拡大とによって，受け皿不足の問題は解消の方向にあるといってよい．しかし，学費が安く，教育施設・設備が相対的に整備されている国・公立の受け皿は依然として乏しく，学費が高く，教育施設・設備が必ずしも十分に整備されていない私立大学への受け皿の集中化傾向は依然として続いている．この点で，実質的にはなお受け皿不足の問題は解消しているとはいえず，国・公立と私立大学との上記格差のいっそうの是正が図られなければならない．

　ちなみに，2001（平成13）年度の入学者数をみてみると，国立大学が103,013人，公立大学が24,125人，私立大学が476,815人となっており，国・公立大学への入学者数は全体の21.1%にすぎず，約8割が私立大学に集中しているのがわかる．なお，同年度の入学志願者数（実数）は国立大学が466,412人，公立大学が146,481人であるから，入学試験における競争倍率は国立大学が4.5倍，公立大学が6.1倍となる．これを言い換えれば，国立大学入学志願者の77.9%，公立大学入学志願者の83.5%が入学できないでおり，依然として入学難の状態が続いている．これを受けて，同年度の私立大学への入学志願者数も，延べで2,899,408人におよび，同年度入学者数の6.1倍となっており，いまだ必ずしも希望どおりの大学に入学できる状況にはないことがわかる．

　短大についても，一方では私立短大を中心に定員割れの状況がみられているが，他方で国立短大では入学志願者10,747人に対して入学者1,836人（前者の後者に対する倍率は5.9倍），公立短大でも入学志願者30,779人に対して入学者8,080人（同じく3.8倍）の狭き門となっており，国・公立短大と私立短大との種々の格差を反映した実質的受け皿不足，つまり国・公立短大への入学難の状況はいまだ解消されていない．

　どの程度の大学進学率が当の社会にとってもっとも妥当かは，種々の観点から議論されるべき問題だが，少なくとも「序」でみた〈すべての人びとに高等

教育の機会を拡大〉という成熟社会の特徴からすれば，現在のわが国の進学率の状況は，いまだ成熟段階に達しているとはいえない．また，日本社会の成熟化という観点からすれば，生涯学習の一環としての大学教育という位置づけも求められることになるが，この点も，社会人入試や昼夜開講制の試みなどにその萌芽形態を部分的にみることができるものの，全体的傾向としてはいまだ未成熟状況にある．

(2) 高学歴化の機能不全

高学歴化の機能不全とは，高学歴化が，大学に寄せられている社会的期待を十分に充足しえていない状況を意味しており，わが国の高学歴化が十分な実体をともなったものでないことを，その意味で質的にみてなお成熟しえていないことを示すものである．

大学への社会的（制度的）期待としては，その主たるものとして，幅広い教養の涵養や専門的な知識・技術の教授があげられるが，このような期待は，けっして十分に充足されているとはいえない．たとえば，文化系のキャンパスを中心に蔓延している，「三無主義」とか「大学のレジャーランド化」といった風潮が指摘されて久しいが，そのような風潮は今日でも依然としてみられているし，また，大学での専攻分野と卒業後の進路との乖離といった現実も存続し続けている．

竹内洋は，三無主義についてこう述べている．「現代の大学生について三無主義がいわれてひさしい．勉強しない，読書しない，講義にでない，と．だから現代は，『高』学歴社会などではなくて，単なる『長』学歴社会というものだ．／日頃どの程度勉強しているかは，あのおびただしいお粗末な卒業論文を読めば容易に想像がついてしまう．締切り数日前に，川上宗薫も宇能鴻一郎も顔色なしのスピードでできあがる促成栽培作文というやつである．……／読書時間は，1日30分に満たない．講義出席率は，マンモス私大では20％というところだろう．／出席のしかたにもいろいろある．大教室はしばしば学生の待合所である．教師の話はなんのその，左右とうしろをキョロキョロ．友人を探す

のに一生懸命．首尾よくみつかるやいなや，嬉々として教室を出ていく．また，時とすると同伴喫茶に早変わりもする．うしろにペアーで座って，ぺちゃくちゃ，イチャイチャ（！）という輩もいる．」（竹内, pp.197-198）．

　また，大学のレジャーランド化という隠喩に示されている現実を，藤竹暁はこう述べている．「……昨今の大学生は忙しい．クラブ活動とデートに追われ，そのための資金を調達するためにアルバイトをしなければならない．前述した4月の華やいだキャンパス風景は，新入生を部やクラブ，そして同好会に一人でも多く勧誘するために，在学生が用意したものだ．また，新入生もこれらの勧誘に胸ときめかせている．彼らにとって大学とは，友達を見つける場所ではないのか．／そして大学でも，学生がどこかのクラブ，サークルに所属することを勧めている．私も部（サークル）活動は大学生活にとって不可欠の要素だと思っている．そしてゼミ受講生の選考面接で，どこにも所属していない学生に出会うと，なんとなく違和感を覚えてしまう．こうした事情は十分に承知しているのだが，晴れて大学に入学した新入生が，まず最初に出会う光景が，授業ではなくて新歓行事（新入生を部やクラブに勧誘する行事）であることに，私は抵抗を感じてしまう．そして，これは大学ではない，とユーウツにさえなる．クラブ活動で青春を謳歌することだけが大学ではない，と私が思っているからであろう．」（藤竹暁「大学レジャーランド化の積極的意味」『書斎の窓』有斐閣, No.400, 1990年12月号, p.44）．

　上記のいずれからも，大学が幅広い教養の涵養や専門的な知識・技術の教授の場として機能しえていないことが，明らかとなろう．他方，大学での専攻分野と卒業後の進路との乖離といった現実も，自明のままとなっているといってよい．たとえば，法学部や法律学科の学生が法律的知識を必要とする職業に，教育学部や教育学科の学生が教育職に，社会福祉学部や社会福祉学科の学生が社会福祉関係の職業に就職できるとは限らないのであり，また，そのような就職を希望しているともかぎらないのである．むしろ，大学で学んだ専門的な知識や技術とは無関係に職業の選択がなされている，あるいはなされざるをえな

い状況が常態化しているのである．

(3) **高学歴化の逆機能**

　高学歴化の逆機能としては，大学教育のレベルダウンや大学生の学力水準の低下といった問題もあげられるが，より一般的には，学歴アノミーとして総括されるような社会状況が指摘される．ここで，学歴アノミーとは，高校進学は無論のこと，大学，それも一流大学や有名大学，それがだめでも少しでも偏差値の高い大学への進学に向かって努力すべきだとする顕在的あるいは暗黙の強調が，その実現可能性の有無や程度にかかわらず，中・高生や学校社会およびその周辺に蔓延し，他方で〈勉強さえできれば，他はどうでもよい〉といった規範軽視の価値観や態度とか，制度的手段としての学校の勉学よりも，より効率的ないし効果的な塾や予備校等の勉学を重視するような価値観や態度が社会的に浸透しているような，中・高生世代を取り囲む社会状況をさしている．高学歴化がもたらしたこのような学歴アノミーの状況について，以下，簡単に概観する．

　1．手段———社会的地位や報酬，威信等の配分ないし付与の基準———としての学歴に着目すれば，単なる学歴———高卒か大卒か———よりも学校歴———どの大学を卒業したか———が関心の焦点となっており，同じ大卒であっても，手段価値の高い学校歴と低い学校歴との間で格差＝学校歴格差がみられている．

　2．手段価値の高い大卒学歴（学校歴）は，明治以来の学歴主義を背景に，それ自体が児童・生徒の獲得目標として高い価値＝目標価値を付与されており，その獲得がいっそう困難となっている．また，進学目標の対象としての評価つまり目標価値が高まると，言い換えれば入学がより困難になると，その大卒学歴（学校歴）の手段価値も高くなる傾向がみられている．

　3．比較的容易に獲得可能な大卒学歴（学校歴）の手段価値は低下し，これらの大卒学歴（学校歴）による高い社会的地位や報酬，威信等の配分ないし付与は期待できなくなる．

　4．しかし，高学歴化は人びとの高学歴志向や学歴偏重主義とでもいうべき

社会的潮流を反映したものであるから，手段価値の低い大卒学歴（学校歴）であっても，当該レベルでの獲得目標としてその達成に向けての努力が学校社会を中心に強調されている．なお，ここで学歴偏重主義とは，他の諸価値との均衡を失うほどに，学歴を，志向すべき価値として一面的に重視するような人びとの価値志向をさしている．

5．獲得目標としての大卒学歴（学校歴）の価値は，入学試験の合格基準としてのその大学の偏差値によって計られており，偏差値による大卒学歴の価値の序列化が形成されている．

6．高卒の学歴にも，手段価値と目標価値の両面で序列化が形成されている．高卒学歴の手段価値は，学歴価値の高い大学にどれだけ多くの合格者を出せるかといったその高校の大学進学の実績によって判断され，また，その目標価値つまり児童・生徒の進学志望の対象としての評価は，その高校の入学試験の合格基準としての偏差値によって計られている．

7．偏差値のより高い大学や高校への進学が学校社会やその周辺の人びとの主要関心事となり，「できる子」はできる子のレベルで，「できない子」はできない子のレベルで，偏差値が少しでも高い大学や高校を目ざして，学校教育の制度的枠組の内外で受験競争が展開されている（受験競争の制度化と過熱化）．

8．受験競争の制度化と過熱化から，以下のような問題が生じている．

ア．入りたい学校よりも合格できる学校——これは偏差値を基準に判断される——が志望校として選択される．この傾向は，事実上義務教育化している高校の受験において，また，比較的偏差値の低い生徒においてより顕著である．このような高校の事実上の義務教育化を背景とした不本意入学が，入学後の不適応や高校中退といった現象を生み出している．

イ．学校の授業も受験中心に——少なくとも受験を念頭において——展開されるようになる．そのため，大学の偏差値水準と志望学部（文系・理系別）とに対応した授業体制が編成され，このような授業体制の下で受験に必要な教科が偏重され，そして，これらの教科においては，可能なかぎり，授業の内

容が高度化され，授業の進度が速められる．ここから，勉強嫌いや，「落ちこぼれ」とよばれる授業についていけない学業不振の生徒が大量に生み出されている．
ウ．偏差値偏重の傾向が生み出され，偏差値による生徒への一元的な能力評価——偏差値の高い生徒はそれだけで価値の高いあるいは「良い」生徒で，反対に偏差値の低い生徒はそれだけで価値の低いあるいは「ダメな」生徒だとするみかた——が行なわれる．
エ．勉強嫌いや学業不振は，偏差値による一元的能力評価の浸透とあいまって，児童・生徒の学校嫌いや登校拒否ないし不登校といった問題をひきおこしたり，また，児童・生徒に悪い自己概念を抱かしめて，非行に対する心理的抵抗力を奪いとり，非行の発生を促進したりしている．
オ．少なからぬ高校で大学受験に対応した補修授業が何らかの形で実施されているが，少なくとも大都市圏では，そればかりでなく，予備校や塾に通ったり，家庭教師をつけたりするのがほとんど常態となっており，その勉強に学校から帰宅後の時間とエネルギーの大半が費やされるなど，児童・生徒は，受験に向けて勉強中心の生活体系を余儀なくされている場合が少なくない．
カ．予備校や塾に通ったり，家庭教師をつけての勉強の常態化は，一方で教育費による家計の圧迫を招くと同時に，他方で，それだけの教育費を家計が負担できるかどうかを受験競争に勝ち抜くためのひとつの条件としてしまっている．こうして，入学後の学費や生活費の負担力の差もあって，資産がなかったり，所得が低い階層の児童・生徒は，学歴価値の高い大学や高校への進学にさいし，いっそう困難な状況を強いられている．

以上，高学歴化の逆機能状況として学歴アノミーの状況を概観してきた．しかし，これ以外にも，たとえば，大学教育のレベルダウンや大学生の学力水準の低下なども，大学の大衆化を媒介として高学歴化がもたらした逆機能的現象の1つとして捉えることができる．また，これと関連して，さきに高学歴化の機能不全の状況として問題とした「三無主義」や「大学のレジャーランド化」

も，高学歴化が，ひとつには大学の大衆化を媒介として，いまひとつには長期にわたった受験偏重の生活体系の反動を背景にして，逆機能的に作用した結果現象だということもできる．この観点からすれば，人びとの高学歴志向とその結果としての高学歴化が，大学を学問研究の場から友だち作りと青春謳歌の場へと転化してしまっている——個々の学生がそれを実現できているかどうかは別として——，ということもできる．

引用・参考文献

麻生　誠『エリートと教育』福村出版　1967
麻生　誠「学歴社会は崩壊するか」松原治郎・竹内郁朗編著『新しい社会学』有斐閣　1973
天野郁夫『学歴の社会史——教育と日本の近代——』新潮社　1992
岩木秀夫「昇進と学歴」慶伊富長編『大学評価の研究』東京大学出版会　1984
岩田龍子『学歴社会の発展構造』日本評論社　1991
潮木守一「高学歴社会の雇用問題」潮木守一・新堀通也編著『現代教育講座10　高学歴社会の教育』第一法規出版　1975
OECD教育調査団（深代惇郎訳）『日本の教育施策』朝日新聞社　1972
大石脩而「学歴社会」大橋薫・山村健編著『現代教育社会学講座1　現代教育の診断』東京大学出版会　1975
小池和男・渡辺行郎『学歴社会の虚像』東洋経済新報社　1979
新堀通也『学歴主義と学歴意識』ダイヤモンド社　1966
清水義弘監修『教育改革は可能か』有信堂　1985
竹内　洋『競争の社会学——学歴と昇進——』世界思想社　1981
ドーア，R.P. 著（松居弘道訳）『学歴社会——新しい文明病——』岩波書店　1990
福田歓一「現代社会における大学の使命と一般教育」『世界』岩波書店　1987
藤田英典「社会的・教育的トラッキングの構造」菊池城司編『現代日本の階層構造3　教育と社会移動』東京大学出版会　1990
藤田英典「学歴の社会的効用」（麻生誠・潮木守一編）『学歴効用論』有斐閣選書　1977
文部省『学制百年史』　1972
文部省『学制百二十年史』　1992
安田三郎『社会移動の研究』東京大学出版会　1971
米川茂信『現代社会病理学——社会問題への社会学的アプローチ——』学文社　1991

4　国際化の社会病理

　私たちが生活している現代では，人，物および情報の流れが飛躍的に増加している．それとともに，社会の単位は，主権をもつ国家の枠を超え，グローバリゼーション（globalization）が，意識されるようになっているのである．その動きのなかで，日本人も，国際化し，国の内外において世界中の人びととともに生きること，つまり，共生することが，望まれるようになっている．ここでは，国際化にともなう共生に焦点をあて，その阻害を病理とみなして，分析をしていくことにする．

　国際化にさらされている現代の日本では，さまざまな側面で，成熟化現象がみられる．社会の下部構造である経済構造の面でも，それをみることができる．つまり，日本の産業構成の変化をみると，第一次産業から第二次産業へ，さらには第三次産業へと，重点を移している．そこでは，商品生産からサービス経済への変化が認められ，ベルが指摘した後期産業社会（post-industrial society）の到来が，うかがわれるのである（Bell, p.14：内田ほか訳, p.25）．

　日本の成熟した産業は，国際化の動きから大きな影響をうけるようになっている．一方では，第一次産業のように，国際化のうねりのなかで，衰退しているものがある．他方では，国際化から大きな利益を得ている産業がある．各産業のこのような盛衰は，世界の人びととの共生という視点から，どのようにとらえられるのであろうか．

　ところで，1980年以降，多くの外国人が，日本に働きに来るようになっている．彼らの労働は，日本の経済的繁栄に，大きく寄与している．日本人は，彼らの固有の価値観や行動様式を尊重し，彼らと共生しようとしているのであろうか．このような問題意識をもって，考察を進めていきたい．

1. 第一次産業と国際化

(1) 第一次産業の衰退と国際化

　日本では，第二次世界大戦後の経済復興の時期に，農山村や漁村における過剰労働力が，都市の商工業に吸収されていった．次の高度経済成長期になると，第一次産業の従事者と，第二次および第三次産業のそれとの間で，所得格差が拡大していった．そこで，第一次産業従事者の多くが，都市への出稼ぎ，兼業，さらには廃業へと追い込まれていった．つまり，第一次産業は，衰退化へと向かったのである．しかも，日本の国際化が，この衰退化に拍車をかけることになった．ここでは，農業に焦点をあてて，その経緯を分析しておきたい．

　高度経済成長期に，日本の製造業は，すぐれた労働力と高度の技術を駆使して，飛躍的な発展を遂げた．その結果，日本は，巨大な生産基地となり，世界中に良質の製品を供給するようになった．この供給をうけて，世界中の人びとの生活が便利で豊かになるのであれば，それは，地球規模の共生に資するものであるといえる．

　しかしながら，他面において，日本は，大量の工業製品の輸出を通して，巨額の貿易黒字を計上することになった．つまり，世界的な規模での富の偏在を，生じさせてしまったのである．これは，地球的規模の共生にとって，病理現象ということになる．

　世界各国，とくにアメリカは，この病理現象を指摘し，その是正を日本に求めることになった．つまり，国内市場を開放して輸入を増加させるようにと，圧力をかけてきたのである．この圧力のなかで，農産物の多くも，輸入自由化された．日本の農民は，それへの対応を余儀なくされることになった．彼らは，低価格で大量に輸入されるようになった麦や豆などについては，栽培することを断念した．そして，手厚い保護政策がとられているコメや，都市住民に供給するための新鮮な野菜や果物を栽培することに，専念することになった．

　戦後の長い間，日本政府は，食糧管理法のもとで，主食であるコメの価格の

安定を計ってきた．そこで，コメは，農民にとってもっとも安全な作物となった．また，農機具や栽培技術の改良によって，コメは，兼業者や高齢者によっても，比較的容易に栽培できるものとなった．その結果，日本の農業は，衰退への流れのなかで，米作を柱として，かろうじて存続しえたのである．

ところで，日本は，オイル・ショック後の不況を，集中豪雨的な輸出攻勢によって乗り切った．それ以降，毎年，貿易で大きな黒字を計上し，世界各国，とくにアメリカから，不均衡貿易の是正のための政策をとるよう，強く迫られることになった．なかでも，農産物の輸入自由化への圧力が，一段と増した．その象徴が，コメの輸入自由化の要求であった．

1980年代になると，海外では，親日家のライシャワーでさえ，膨大な構造的貿易黒字を生み出している日本は，コメの輸入自由化に踏み切るべきだと主張するようになった（ライシャワー・納谷・小林，p.42）．日本国内でも，財界や労働界の右派からは，過保護農政論や農産物割高論が唱えられ，また，食品工業資本からは，農産物輸入自由化論が展開されることになった（三島，pp.197-204）．これに対して，日本の政府は，コメを戦略物資として保護するという食糧安全保障論などを論拠として，コメの輸入自由化をあくまで阻止するかまえでいた．しかし，現在の日本は，世界的規模の自由貿易体制のもとで，一番の利益を得て，富の偏在を招いているのである．そこで，ガット（関税貿易一般協定）のウルグアイ・ラウンド（新多角的貿易交渉）で打ち出された「例外なき関税化」の方針に従って，1993年には，コメの部分的開放が決定されたのである．しかしながら，もしコメの完全な輸入自由化が実現するならば，兼業者や高齢者を主な担い手としているコメ作りは，壊滅的打撃をうけるであろう．また，コメ作を中心とした日本の農業は，自然環境とよく融和しており，もし日本中の田んぼが荒廃したら，自然破壊の現象が起こりかねないのである．

貿易の黒字国となった日本は，国民の食生活が豊かになり，世界中から食料品を，輸入するようになっている．近年，空輸や冷凍設備などの発展により，輸送技術は向上し，また，輸送コストも低下している．そこで，生鮮食料品さ

え，大量に輸入されている．韓国や中国の農民は，日本の商社の仲介により，日本の消費者向けに農産物や魚介類を生産するようになっているのである．彼らの労賃は安いので，これらの生鮮食料品は，日本の消費者に安く供給される．これも，日本の第一次産業を衰退させる要因となっている．

(2) 農村での外国人女性との共生

農業の衰退化の過程で，16〜59歳の基幹男子農業専従者がいる中核農家の数は，減少してきた（中安，p.150）．また，そのような専従者の年齢をみても，50歳代が多くなっており，近い将来において，中核農家が激減するのは，避けられそうにないのである．

そのような状況のなかで，働き盛りの農業従事者には，結婚難という問題が生じた．1980年代後半のバブル経済のとき以来，若者は，3Kといわれる「危険，汚い，きつい」仕事を，避けるようになった．農業もこのような仕事の1つとなったのである．また，農家の女性の高齢化が進行しており，直系家族内での嫁の立場にある女性の役割分担が，過重となった（馬場，p.79）．このような事情のために，農家出身の若い女性でさえ，農業に従事している男性との結婚を，避けるようになった．

1980年代の半ばには，農家における嫁不足の解決策として，フィリピン，タイ，韓国といったアジア諸国から，花嫁を迎えるということが行なわれた．日本の農村は，それまで，もっとも保守的であり，国際化の流れから取り残されてきた．しかし，アジアの花嫁を迎えた農村には，一挙に国際化の波が到来することになった．それをめぐる諸問題を，嫁いできたアジアの女性との共生という視点から考察しておきたい．

アジアの女性を迎えての国際化は，いくつかの希望を，農村にもたらすことが可能である．まず，老齢化や衰退化がみられる農村に，若い息吹が生じ，活気が戻ることになろう．もし結婚の後に子が生まれるならば，農業の後継者を確保するという希望も出てくるであろう．また，アジアの女性によってもたらされた文化によって，農村の伝統的な文化が変容され，その内容を豊かにして

いくこともありうるであろう．

　しかしながら，1980年代の半ばには，以下のような暗い側面が，見受けられたのである．まず第1に，アジアの女性の募集に問題があった．はじめは，海外に手づるのある日本人が，ボランティアとして善意で，アジアの女性を日本の農業従事者に紹介していた．しかし，資本主義経済体制の日本では，すぐに，花嫁の紹介で金もうけしようとする人びとが現れた．1990年頃には，花嫁あっせん業者は，約700も存在するようになった（1991年2月21日の朝日新聞）．

　花嫁あっせん業者のなかには，多額の仲介手数料を得るために，人身売買もどきの手段をとる者さえいた．その手口は，次のようであった．まず，アジア諸国で，研修生募集といった偽りの広告を出して，魅力的な若い女性を集める．渡航費を立替えて，彼女たちを来日させる．日本に到着すると，パスポートを取り上げて，行動の自由を拘束する．立替金をたてにして，日本人男性と強制的に見合いさせる．その席で，ある男性が指名をすれば，彼と結婚させる．このような形で結婚させられた女性は，日本の農村で共生していくことの困難さを，はじめから背負わされたのである．

　ところで，日本の農家の多くは，直系家族の形態をとっている．そこに嫁いだアジアの女性は，夫のほかに，同居の親とも共生していかなければならない．そのためには，少なくとも，夫と愛情によって結ばれていることが望まれる．しかし，強制的見合いによって結婚した女性の場合には，恋愛結婚の時のように，はじめから愛情をもちえないのである．その後も，日本語を十分に話せないならば，親密なコミュニケーションを通して，愛情を芽生えさせることができないことになる．他方，夫にとって，とくに，多額の仲介手数料を払った夫にとって，アジアの花嫁は，自分の性的欲求を満たす対象物であるに過ぎない（福沢，p.69）．このような夫との間で，愛情による結合にもとづく共生を追求することは，きわめて困難であったといえる．

　伝統的に，日本の農家の嫁は，勤勉な働き手として，また，家の存続を可能にするための子を生む道具として，取り扱われてきた（福武，p.42）．この取り

扱いは，嫁いできたアジアの女性についても，行なわれるようになるであろう．そうであるならば，もし病気で働けなくなったり，いつまでも出産しなかったりすると，夫や彼の親によって，悪い嫁とラベルをはられ，いびられることになるであろう．最悪の場合は，離婚させられることもあるであろう．アジアの女性は，子を生むと，母として育児の役割を担うことになる．その際，彼女は，自分の子を，農家の跡継ぎとして，純粋に日本式で育てるよう，期待されることになる．

　アジアの女性が農家に嫁ぐということは，1990年代の半ば以降，減少している．今では，農家に嫁いだアジア女性の多くは，妻として，また，母として，たくましく生き抜いているようである．新聞では，時々，彼女たちが農村地帯で文化交流している姿が，紹介されているのである．

　公共政策調査会は，外国人労働者にたいする地域住民の意識と態度に関する調査を，1990年に実施している．それによると，日本人回答者1,600人のうちの85.9％までが，「日本には日本なりの生活やしきたりがある以上，できるだけこれに従ってもらいたい」と望んでおり，他方，「来日した外国人にも，かれらなりの生活やしきたりがあり，それを尊重し優先させたい」と回答した者は，11.9％に過ぎなかった（公共政策調査会, p.35）．日本は，これまで，ほぼ日本人のみの同質社会を構成してきた．そこで，日本人は，島国根性で「国際化していない」という社会的性格をもっているといわれた（横山, p.169）．そこで，入国してきた外国人に，同化への圧力を絶えずかけてきたのである．

　しかし，今では，農家に嫁いだアジア女性のように，多くの来日外国人が，日本社会に定着している．日本人にとって，外国人を見かけたり，彼らと接触したりすることは，日常化している．状況がこのように変化したので，彼らとの共生を支持する考えは，1990年当時よりは広がっていると思われる．

2. 第二次産業と国際化

(1) 第二次産業の国際化とその問題点
a) 経済摩擦

　日本は，第二次産業の分野で，軽工業から素材型重工業へ，さらには加工型重工業へと転換するのに成功し，1980年代の終わりには，世界で有数の経済大国となった（矢根，p.21）．第二次産業が隆盛になる過程で，日本は，高度に発達した技術を，外国から積極的に導入した．また，原材料の天然資源を，大量に輸入することになった．他方では，第二次産業で製造された商品は，外貨獲得のために，世界各国に輸出された．つまり，日本の第二次産業は，輸出指向型産業として，世界的規模での国際協調主義の自由貿易体制のもとで，発展していったのである．

　1960年代に重化学工業化を達成して，日本の工業製品の輸出競争力は，高まっていった（石垣，p.289）．その結果，1980年代には，日本と外国，とくにアメリカとの間で，経済摩擦が深刻化した．日本は，まず，摩擦が生じた品目ごとに，外国と交渉を行ない，それらの輸出を自主規制するという形で対応していた．さらに外国からの圧力が強まるようになると，貿易の自由化，関税の引下げ，非関税障壁の排除などの施策を，徐々に実行する羽目に追い込まれた．

　日本の経済的繁栄は，世界的規模の自由貿易体制に基盤を置いている．その体制が崩壊すれば，日本は大きな打撃を受けることであろう．それを考えるならば，日本は，一方では，これまで以上に自国の自由貿易体制を整備し，他方では，国内での需要を喚起し，輸入を増加させ，貿易の収支の均衡をとるよう，努めなければならない．それは，世界の人びとと共生する道でもある．

　自由貿易体制の整備については，1993年にウルグアイ・ラウンドの決着をみている．しかしながら，国内市場の拡大は，むしろ後退している．深刻な不況に突入した1990年以降は，物あまりのなかで人びとの消費マインドが低下し，また，金融機関の不良債権問題で金の流れが滞っているために，企業の設備投

資が控えられている．そのために，国内市場は縮小し，輸出依存の体制は改まっていないのである．

b）第二次産業の外国への進出

　オイル・ショック後の1970年代後半には，第二次産業の日本企業は，積極的に海外へ進出していった．まず最初は，繊維などの労働集約的産業の企業が，安い労働力を求めて，アジアの開発途上国へと進出していった（箱田，p.49）．これは，現地の人びとに，労働の場を提供し，豊かな生活を保証するものであるならば，彼らとの共生に資するものであるといえる．しかしながら，現実には，その共生を阻害するようなことが，しばしば生じていた．たとえば，開発途上国の多くは，日本と同じような高い水準での労働者保護の法体系を，もっていなかった．そこで，それに乗じて，日本から進出した企業は，高利潤を追求するあまり，劣悪な労働条件の下で低賃金で，現地の人びとを働かせることになった．そのような場合は，彼らの労働力の過酷な搾取だけがあらわとなり，彼らとの共生の実現は阻害されることになった．

　1980年代になると，日本からの企業の進出は，さらに拡大していった．そのなかには，日本の厳しい公害規制の法をのがれるために，開発途上国に逃避していったものもあった．これらの企業は，現地で公害をまきちらしながら，高利潤の獲得に突き進んでいった．しかしながら，開発途上国の人びとも，公害についての関心を高め，公害をまきちらす企業への反対運動を行なうようになった．1992年には，ブラジルで国連環境開発会議（地球サミット）が開かれ，地球的規模での公害の防止が唱えられた。そのような流れのなかで，日本企業による公害の輸出は，許されなくなっている．日本から進出した企業は，現地の人びととの共生をはかるために，彼らの人権，とくに労働権を保障するとともに，彼らをとりまく自然環境の保全にも，十分に配慮しなければならない．

　1980年代には，貿易摩擦を回避するために，加工組立型産業の日本企業が，生産拠点を求めて，アメリカやＥＣにも進出していった．それらの企業の工場には，日本におけるのと同じく，最新の機械や技術が導入された．また，労使

協調の日本式経営で，現地の労働者と共生することが試みられ，日本の文化を背景とした経営方法が，海外において注目されたのである（坂本，p.10）．

最近では，東アジア諸国の工業化の進展が，目覚しい．とくに，中国は，安い労働力を背景として，また，優秀な頭脳を結集して，世界の製造工場となりつつある．日本の企業は，高度の技術を駆使する商品生産を，日本国内の工場で行なっていたが，今では，その生産も，外国の工場に移すようになっている．国内の製造業の空洞化が，指摘されるようになっているのである．これにより，国内の雇用状態は悪化し，また，中小の下請け企業が，倒産しているのである。

(2) 外国からの労働者の流入

a）1980年代後半の流入

日本の第二次産業の分野では，高度に発達した機械や技術の導入によって，省力化が推進された．他方，若者のなかには，「危険，汚い，きつい」仕事を嫌う傾向が生じていた．そこで，1980年代後半の好景気になると，第二次産業の省力化しきれなかった仕事の領域において，労働者，とくに単純労働者の不足が，深刻化していった．

それにたいして，日本の周辺のアジア諸国では，外国に出稼ぎに行くことを希望している者が，多数存在していた．彼らは，まず，オイル・ショック以降に石油の輸出で好景気を享受していた中近東湾岸諸国に，仕事を求めることになった．しかし，1980年代の後半にそれらの諸国の景気が後退するようになると，新たな出稼ぎ先として，日本に注目するようになった．

日本は，厳しい入国管理政策をとっており，外国から単純労働者を受け入れる道を閉ざしていた．そこで，出稼ぎ希望者は，観光や就学などを理由として来日し，在留期間中に資格外活動として，さらには，その期間後も不法に残留して，稼ぎに精を出すことになった．また，中国人を中心として，密入国者も増大していった。日本は，不法入国者，不法滞在者おびび不法就労者と共生する道を選ぶかどうかという問題に，直面することになったのである．

出稼ぎに来た男性の多くは，第二次産業において，単純労働者として不法に

就労していた．法務省の統計によると，1989年1月〜6月の間に出入国管理及び難民認定法（以下，入管法と略称する）に違反し，不法就労者として摘発された者は，9,310人であった．そのうちの74%を占める男性不法就労者について，職種別をみると，機械部品製造などの工員が47%，土木・建設工事現場などの作業員が41%となっていた．彼らは，不法に働くために，黒い手配師の支配下に置かれたりして，日本の労働基準法や職業安定法などのもとでの保護から排除されているのである（林，pp.37-38）．

b）1990年の入国管理政策の変更

外国人単純労働者の受入れの問題や，不法就労者をめぐる社会問題についての関心が高まるなかで，1989年12月には，入管法が改正され，外国人労働者にたいする新たな政策が，実施されることになった．つまり，一方では，外国人労働者の入国規制が，若干緩和されることになった．特殊技能や高度の専門性をもっている外国人については，入国手続を簡素化し，また，日系人には，定住者として制限のない在留資格を，付与することになったのである．他方では，外国人の不法就労に厳しく対処する方針が，打ち出された．たとえば，不法就労助長罪を設け，それによって，不法就労を助長した雇用主やブローカーに，刑罰を科すことができるようにしたのである．

改正された入管法は，1990年6月1日から実施されることになった．そこで，1990年の春には，「6月1日以降は不法就労者は直ちに逮捕され，しかも200万円の罰金をとられる」といった誤ったうわさが飛びかい，不法就労者や彼らの雇用主の間で，心理的パニックが生じることになった（1990年5月23日の日本経済新聞）．そこで，一方では，多くの不法就労者が，自分の不法残留を申し出て，改正入管法施行以前に退去強制処分をとってもらうために，日本の各地の入国管理局に殺到した．他方では，中小零細企業の雇用主は，不法就労者がいなくなってしまったら，労務倒産してしまうと，悲鳴をあげることになった．当時は，深刻な人手不足に見舞われており，首都圏1都3県の中小零細企業のうち，7社に1社が外国人を，しかも，その7割が不法就労者を雇い入れてい

たからである（1990年5月24日の朝日新聞）.

　このように予想以上に大きな混乱が生じてしまい，日本政府は，その対応に追われることになった．「就学生の入国審査基準は従来通り」「不法就労助長罪は悪質な雇用主の取り締まりのため，という国会の付帯決議を尊重する」「不法就労でも個人的な権利の救済に来た人については，労働基準監督署は原則として入国管理局に通報しない」などと，次から次へと，見解を表明していかなければならなかったのである（平野，p.29）．

c）政策変更後の不法就労者

　1990年の春に多数帰国したけれども，20万人を超えるといわれた不法就労者の多くは，日本に残留し続けた．また，政策変更以降も，在留期間中に資格外活動として，その期間後に不法に残留して，あるいは，密入国して，不法に働く外国人は，跡を絶たなかった．このような不法就労者にたいして，日本政府は，以前よりも厳しく対処することになった．そのために，主として第二次産業で働いている不法就労者がかかえる問題は，深刻化していった．

　日本の企業は，外国人労働者，とくに不法就労者を，劣悪な労働条件のもとで低賃金で働かせ，彼らの労働力を搾取する傾向があった．1990年の入管政策の変更によって，この傾向は一層強められた．つまり，不法就労を逆手に取った賃金不払い，労働災害の不申請，ブローカーの暗躍といった問題が，多発することになったのである．たとえば，1990年10月に，神奈川県警は，はじめて不法就労助長罪を適用して，人材派遣業者と5人の雇用主を検挙したが，この事件の被害者である不法就労者達は，重労働を課せられたうえ，派遣業者から給料の半分をピンハネされていた（1990年12月3日の神奈川新聞）．

　日本で働いている外国人は，安全衛生対策が十分に施されていない職場で，危険な仕事に従事しているために，日本人以上に高い確率で労働災害にあっている（山崎・若林，p.70）．ところで，法律の上では，労働者災害保障保険は，不法就労者にも適用されることになっている．従来から，労働者災害保障保険の適用から生じる不利益を回避するために，雇用主は，労働災害を隠す傾向に

あったけれども，1990年の入管政策の変更以降，労働災害の発覚＝強制送還としてとらえられるようになり，その傾向が強められてしまった（高藤，p.15）．また，労働災害の申請をする場合でも，「日本人の名前を使ったり，労災の場所など事実関係を偽って虚偽報告」したり，さらには，「労災申請をした事業主が，休業補償をネコババしていた」という事例さえ生じている（1992年4月17日の朝日新聞）．

　日本で働いている外国人は，食費の節約や過労などのために，日本人以上に多くの病気にかかっている．たとえば，彼らのなかでは，結核の高い罹患率がみられている（1990年5月20日の朝日新聞）．彼らの多くは，医療保険に加入していないので，病気になると，大きな困難に直面することになる．

　1990年の入管政策変更の後，不法就労者にとって，その困難はさらに大きくなった．それ以前は，各自治体は，国が治療費の75％を負担する旨を定めた生活保護法を，拡大解釈して，病気になった貧困な不法就労者にたいして準用していた．しかし，法改正の後，国は，不法就労者にたいして「医療保障をすることは，不法滞在を容認，助長させるおそれがある」との見解を示し，生活保護法の準用を禁止してしまったのである．そこで，「不法就労などの外国人救急患者を受け入れたものの，その費用を自腹で負担しなければならない病院が増え」ることになった（1990年12月5日の朝日新聞）．そうなると，このような患者は，診療を拒否され，病院から病院へとたらい回しされるようになっている．生命や健康の保障は，共生のための基本的条件である．たとえ，不法滞在者や不法就労者であっても，彼らの基本的人権を損なうような政策は，採るべきではないであろう．

d）政策変更後の外国人労働者

　1990年に入管政策が変更された直後は，日本には，まだバブル好景気の余波が残っていた．そこで，人手不足に悩んでいた企業は，制限のない在留資格を付与されることになった日系人を，労働者として積極的に採用することになった．大企業は，ブラジルやペルーに労務課の職員を派遣し，採用を競ったほど

であった．そのようにして採用された日系人のなかには，「寮の家賃はタダで，給料は月30万〜40万円」といった好条件で，大手自動車企業に雇われる者もいた（1990年12月30日の神奈川新聞）．企業が競って採用したので，日系人労働者は，急激に増加した．しかし，それでもなお，人手不足は解消せず，企業によっては，来日した日系人労働者を，好条件をえさにして，引き抜くことさえ行なっていた．他方，確保した日系人労働者を縛り付けるために，彼らとの間に，「1年以内に途中退社した場合，罰金30万円」といった違法条項を盛り込んだ雇用契約を結ぶ雇用主さえ出現した（1992年3月7日の朝日新聞）．日系人協会の推定によると，1992年には，日系のブラジル人が約16万人，ペルー人が2万8,000人に達し，アルゼンチンやボリビアから来た人も含めると，日系人労働者は，20万人を超えるようになったのである（1992年10月9日の朝日新聞）．

　企業が人手不足の打開策として活用しようとした，もう1つの制度は，外国からの技術研修生の受け入れの制度であった．技術研修という在留資格が定められたのは，1982年の入管法の改正によってであった．技術研修生の受け入れの目的は，日本のすぐれた産業上の技術や技能を，彼らに提供することにより，開発途上国をはじめとする各国の経済社会開発などに寄与し，あわせて，彼らの受け入れを通して，これらの諸国との友好関係を深めていくことにあった．この制度のもとで受け入れられた外国人技術研修生の数は，当初の1982年では，9,973人であった．しかし，入管政策が変更されてから，その数は急増した．つまり，1989年の2万9,489人から，翌年には，3万7,566人へと急増したのである（1991年7月8日の日本経済新聞）．

　外国人技術研修生の受け入れには，3つの形態がある．第1は，日本政府が，研修費用を原則として全額負担するものである．第2は，日本政府から補助金をもらった民間技術協力団体が，研修生を受け入れ，一定期間の研修を施した後に，実地研修を会員企業に委託するものである．第3は，企業が独自の研修を施すために，研修生を受け入れるものである．

　研修は，実務研修と非実務研修に大別されるが，2年間の研修が終ると，研

修成果の評価が行なわれる．評価の結果，基準に達していれは，さらに2年間，技術実習生として働けるのである．民間での研修，とくに第3の形態の研修では，しばしば研修に名をかりた，労働力の搾取となっている．このような形の研修生の受け入れは，1990年の入管政策変更の直後に，急増したのであった．その結果，技術移転を通じた開発途上国への国際協力どころか，多くの研修生を日本嫌いにし，逆に，それらの国との友好関係を危うくしかねなくなっている（田中，p.95）．つまり，研修生を通して，開発途上国の人びととの共生をはかるという目的は，損なわれようとしているのである．

e）不況のなかの外国人労働者

資本主義社会には，景気の変動がつきまとっている．日本は，1980年代後半に好景気を享受していたが，そのバブルがはじけてしまい，1990年の夏から徐々に，不況に陥っていった．そのなかで，経営不振や倒産に追い込まれる企業があらわれた．そのような企業に雇われていた外国人労働者，とくに不法就労者は，しばしば，給料未払いという被害をこうむることになった（1992年3月22日の日本経済新聞）．

不況を迎えて，多くの企業は，経費の節約のために，労働力の調整に積極的に乗り出すことになった．それによってまっ先に解雇されたのが，不法就労者であった．また，厳しい不況にさらされた弱電気や自動車関連企業は，臨時工や期間工扱いの日系人労働者を解雇しはじめた．

外国人労働者は，解雇されない場合でも，残業が認められなくなったりして，収入を減らすことになった．たとえば，ある企業は，そこで働いていた日系人に，毎週金，土，日曜日に休業させ，勤労日には残業を与えないようにし，それによって，彼の月給を28万円から8万円に引き下げていたのである（1992年10月9日の朝日新聞）．また，雇用主や同僚の日本人労働者は，日系人労働者にたいして，これまでの好待遇をやめ，手のひらを返したように，邪魔者扱いするようになった．それらに耐えきれなくなって，退職に追い込まれる日系人労働者は，少なくなかったのである．

不況のなかで，企業は，外国人労働者の選別を強化している．その選別によって，雇用の機会がもっとも狭く閉ざされたのは，不法就労者であった．彼らのなかには，日々の生活費をかろうじて稼ぐために，ドヤ街に住み，日雇い労働に従事する者さえ出た（1992年11月15日の神奈川新聞）．第2に，日系人労働者のなかでも，あからさまな選別が行なわれるようになった．つまり，日系ペルー人が，日系ブラジル人に比べて，いちじるしく不利な境遇に置かれるようになった．日系ペルー人の場合は，現地での混血が進んでいるために，日本人と外観が異なることも少なくない．そのような日系ペルー人にたいして，雇用主や日本人労働者は身内意識を持たず，彼らを差別的に取り扱うことになったのである．日系ペルー人は，日系ブラジル人に比べて，就職できる機会は3割ほどしかなく，同じ仕事なのに賃金が3割も安い例さえあらわれている（1992年10月9日の朝日新聞）．自分と異なる外観の日系人を差別するというのでは，日本人は，いつまでたっても，世界のさまざまな国の人びとと共生することができないであろう．

　1990年代の半ば以降は，不況がさらに深刻化する．大企業を中心に，合理化の名の下で，人手減らしが進められた．雇用の需給関係が変化したので，警察は，不法就労助長罪による摘発を活発化した．そのために，来日外国人，とくに不法就労者は，中小企業における闇の働き口を求めて，日本全国に散っていった．しかし，不況の中で，多くの中小企業が倒産したので，その働き口も狭まっているのである．

　以上の分析から明らかなように，日本の企業は，もっぱら労働力の保持者としてのみ，外国人を取り扱う傾向にある．そこで，好景気の時には，彼らを確保するために奔走し，逆に，不況になって労働力が過剰になると，簡単に彼らを解雇する．日本の企業は，外国人にたいして冷酷な資本主義経済の鉄則を貫徹し，彼らを労働力需給の緩衝材として利用しているのである．しかし，外国人にも，たとえ不法就労者であっても，憲法第27条および第28条で定められている，労働者としての基本的権利は，保障されるべきである．それは，彼らと

の共生のために,不可欠なのである.

3. 第三次産業と国際化

(1) 第三次産業の国際化とその問題点

　後期産業社会であるといわれる現代の日本では,商品の販売や各種サービスの提供を内容とする第三次産業が,隆盛となっている.第三次産業の分野でも,日本の企業は,海外に進出している.とくに,総合商社の活躍はめざましく,貿易立国である日本の基盤が,それによって築かれてきた.好景気を享受した1980年代になると,金融のグローバル化が進み,金融・保険会社および銀行が,欧米で仕事する場を増やしていった.彼らは,とくにアメリカにおいて,直接投資をして,企業の合併・買収や不動産の取得にかかわったのである.これらの企業の海外進出は,総合商社のように,日本だけのためでなく,進出した国々のためにも積極的に業務を遂行するならば,世界の人びとの共生を促進するのに寄与したことであろう.しかし,残念ながら,1990年代に不況になると,日本企業は,購入した不動産や合併・買収した企業を手放し,海外の拠点を縮小させてしまったのである.

　1980年代の日本は,経済摩擦の激化にともなって,第三次産業の分野でも,外国企業や外国人を積極的に受け入れることが迫られた.そこでは,とくに非関税障壁の撤廃が,要求された.つまり,市場開放の対象が,貿易される商品に限らず,金融やサービス,さらには,弁護士の業務にまで及ぶようになったのである.また,日本政府の産業政策,雇用政策,租税・金融政策に至るまで,非関税障壁とされ,その是正が求められた(大内,p.8).その是正の要求については,世界の人びととの共生を促し,日本国民にとっても利益となるものは,積極的に受け入れていくべきであろう.その一例は,日本の一握りの流通業者のみに利益をもたらしている,非合理的な取引慣行を,廃止することである.しかし,食品添加物の規制緩和の要求というように,日本国民の健康や生存をおびやかすような事項の要求については,あくまでも拒否すべきであろう.

1990年以降では，第三次産業においても，グローバリゼーションの波が高まっている．マクドナルド，セブンイレブンなどという，アメリカの世界的企業は，日本にも多くの店をもつようになっている．世界中の人が同じハンバーガーを食べるという，マクドナリゼーションというような現象は，日本でもみられるようになっている．世界的企業の日本への進出は，外国人と交わる機会を増大し，また，その企業が提供する商品やサービスを，世界中の人と共有するようになるという点で，日本の国際化に貢献する．他方では，世界的な規模のスーパーマーケット，チェーンストア，コンビニが普及すると，個人経営の小規模商店は，倒産に追い込まれるという現象が出現しているのである．

　第三次産業の花形は，情報関連産業である．日本は，1990年以降の不況の間，設備投資を控えたため，IT革命の波に乗り遅れてしまった．また，硬直化した高等教育の制度のために，IT技術者の養成が立ち後れてしまった．そのため，2000年以降には，システムエンジニアをはじめとしたIT技術者の絶対数が，不足する事態になっている．それを補うために，来日する外国人技術者の数が増大している．とくに，中国，韓国，インドといったアジアの国からのソフトウエア技術者が，たくさん来日するようになっている（2002年9月22日の朝日新聞）．彼らは，日本人技術者と変わらぬ待遇を受けており，管理職への道も開かれている．そのような来日外国人が増大することは，日本人がもっているアジア人への優越感を是正するのに，貢献するであろう．

(2) **性風俗産業で働く外国人女性**

　後期産業社会の日本では，多くの飲食店，娯楽施設，宿泊施設がみられる．そこでは，しばしば，退廃的で浪費的なサービスが提供されている．なぜならば，現代の日本には，そのようなサービスの需要が，存在するからである．つまり，第1には，厳しい販売競争に勝ち抜くために，顧客を接待するという慣習が存在する．第2に，職場では，利潤追求のあまり合理化が徹底し，人間疎外が生じている．そこで，就業時間後に，このような職場から解放された人びとは，飲食店や娯楽施設などで，つかの間の享楽に興じるのである．

以上のような状況の下で繁栄するようになった飲食業や宿泊業でも，バブル経済の1980年代後半には，深刻な人手不足に見舞われた．そこで，この分野では，中国や韓国などからの就学生や留学生が，皿洗いやウェートレスなどとして，不法に働くのが見かけられた．

　退廃的で浪費的なサービス業のあだ花は，売春を常態としている性風俗産業である．職場で抑圧されている多くの男性は，性風俗産業が提供するサービスで，つかの間の動物的性欲を満たし，かろうじて欲求不満を解消している．しかし，その陰で，多くの外国人女性が，悲惨な境遇に置かれているのである．1970年代の後半から，円高のお陰で，海外旅行が盛んとなった。多くの男性旅行者は，買春目的で海外旅行を楽しむようになった．その後，1980年代の前半になると，フィリピンや台湾から，多くの女性が，歌手や踊り手という興行ビザで入国し，バーや旅館などで働き，売春するようになった．

　このように，外国人女性が日本の性風俗産業で働くようになる背景には，彼女たちの母国における貧困が存在している．たとえば，タイでは，経済成長の陰で，都市部と農村部との所得格差が拡大し，人口が都市部へと流入している．農村出身の女性は，簡単には仕事を見出すことができず，結局は，自分の「性」を売らなければならなくなっている．他方では，農村の多くの女児が，現金収入を欲する親によって売られ，都市や観光地で売春に従事させられている．このような状勢のタイから，推計によれば，年間3万～4万人の女性が，日本に働きに来ている（1992年12月23日の朝日新聞）．彼女たちの多くは，日本で売春することを余儀なくされているのである．

　日本で売春に従事している外国人女性としては，タイのほかに，フィリピン，台湾，韓国，コロンビアからの出身者が，多く見受けられる．入管法が改正される前年の1988年では，風俗関係事犯に関与したとして，警察につかまった外国人女性は，国別でみると，フィリピンが588人(37.4%)，台湾が421人(26.7%)，タイが397人(25.2%)，韓国が77人(4.9%)，その他が91人(5.8%)となっていた（『平成2年版　警察白書』p.49)．他方，2000年には，風俗関係事犯とし

て被疑者または参考人として警察で取り扱われた外国人女性のうち，韓国が395人(33.1%)，タイが221人(18.6%)，フィリピンが181人(15.2%)，台湾が90人(7.6%)，コロンビアが81人(6.8%)，その他が222人(18.7%)を占めていた(『平成13年版　警察白書』p.226)．韓国女性の場合には，性風俗業の店を経営しているものも多いので，自身が売春しているとは必ずしもいえない．そこで，売春の被害者的な側面が強いのは，とくにタイやフィリピンの女性であると思われる．なお，売春のために人身売買されているコロンビアの女性は，コカインカルテルからコカイン密売の尖兵として，日本に送り込まれている可能性がある(Yokoyama, p.203)．

　多くの女性を売春のために日本に送り出しているタイやフィリピンでは，ブローカーが暗躍することになる．たとえば，タイでは，まず，リクルーター(女衒)が，巧みな言葉で若い女性たちを誘い，彼女たちの経済的弱みや海外で稼ごうというような欲望につけこんで，日本に行くことの承諾を獲得する(斉藤, p.76)．次に，リクルーターと結託した旅行業者が，日本入国のために，観光ビザを取得する．その上で，リクルーターあるいはあっせん業者は，彼女たちの入国の際に必要な見せ金を用意して，運び屋に彼女たちを日本に連れていかせるのである．以上のような送り出し組織は，他の国々においてもみられる．ただし，フィリピンや台湾の場合には，興業ビザによって，日本に送り込んでいた点に差異がある(松田, p.31)．

　日本に到着した女性たちの多くは，ブローカーや暴力団などの手引きによって，性風俗業者や飲食業者などに雇われることになる．しかし，その実態は，アジアの花嫁の場合よりももっと露骨な人身売買である．つまり，多数の人びとの介在を経て来日した女性たちは，彼らからさまざまな名目で借金を負わされる．その金額は，タイからの女性の場合には，350万～400万円に達している．このような多額の前借金を課せられた彼女たちは，パスポートを取り上げられ，行動の自由が拘束されたうえ，労働の対価としての賃金がピンハネされ，さらには，売春で稼ぎをあげることが強要されているのである．

外国人女性にたいするこのような人権侵害の行為にたいして，日本の法執行機関は，どのような対応をしてきたのであろうか．彼女たちの人身売買に関与した者，あるいは，売春業者にたいしては，刑法（監禁罪，強要罪），売春防止法，職業安定法，労働者派遣法などの刑罰法規によって，取り締まることが可能である（竹岡，p.139）．とくに，1989年の入管法改正の際に導入された不法就労助長罪は，このような者を取り締まるのに有効なはずであった．この法改正の直後に，警察庁は，不法就労助長罪を悪質なケースについて重点的に適用する方針を，打ち出している．つまり，①外国人就労で，高額なあっせん料や賃金をピンハネして暴利を得ている，②多数の外国人を雇ったり，長期間不法雇用している，③売春など劣悪な条件で働かせている，といった悪質なケースに，適用することにしていたのである．しかし，それにもかかわらず，警察は，積極的に外国人女性を守るために，これらの刑罰法規を適用して，ブローカーや売春業者を取り締まる姿勢を示していない．

　警察が積極的に取り締まらない理由の1つとしては，警察が男社会の思想で動いていることを，あげることができるであろう．他方，外国人女性を買春している日本人男性は，彼女たちを慰み者として，一時的な快楽を得ているに過ぎない．彼らが，人権侵害されている彼女たちを守るために，警察に通報するというようなことは，まず期待できない．

　また，日本人女性たちの間でも，社会的問題意識を欠き，彼女たちの人権が侵害されていることに無関心である者が少なくない．彼女たちを支援するグループを除くと，彼女たちにたいする人権侵害を抗議する声は，日本人の間からは出てきそうにないのである．

　警察は，売春に従事していた外国人女性を，逮捕したり，保護したりすることがある．その際，警察は，彼女たちを，ブローカーや売春業者によって虐げられた者としてよりも，売春している不法就労者とみなしがちである（斉藤，pp.71-72）．そのために，彼女たちを厳しく取り調べるだけで，裏で彼女たちを搾取し虐げている人びとを，捜査するまでには至らない．ここでは，日本人

女性と外国人女性との場合での法の差別的執行が，うかがわれる．共生の実現のためには，法の公平な執行が要求される．

　警察のみならず，日本政府の諸機関は，性風俗産業で働く外国人女性を，不法就労者とみなすだけで，彼女たちに援助の手を差し伸べていない．それを批判して，近年では，いくつかの民間団体が，虐げられている外国人女性のために，支援活動をはじめている．たとえば，東京の「女性の家HELP」や横浜の「サーラー」などが，現代版の駆け込み寺（shelter）を開設して，彼女たちの救済にあたっている．

　「女性の家HELP」は，15人ほどの女性と子どもが宿泊できるシェルターであり，日本キリスト教婦人矯風会によって，1986年に設立されている．当初は，性風俗産業で虐げられたタイやフィリピンの女性が，保護を求めて，このシェルターに駆け込んでいた．最近では，ドメスティックバイオレンスに悩む女性を受け入れているが，外国人女性のシェルターとして，いまだに大きな役割を果たしている．2002年3月末までに，このシェルターで保護された者は，成人女性が3,557人，子どもが838人に達している（2003年1月3日の朝日新聞）．「女性の家HELP」は，また，電話相談事業も行なっている．

　最近では，深刻な不況の下で，性風俗産業でも，来日外国人の働き口が狭まっている．人身売買された女性に限らず，生活のために，街娼として街角に立つ外国人女性が増えている．国や自治体は，警察に彼女たちを取り締まらせるだけでなく，彼女たちが売春しなくても生活していける方策を打ち出すべきであろう．

4．働いている外国人との共生

　アジアの花嫁として農村に入った外国人女性との共生については，すでに分析してきた．そこで，ここでは，都市部に住み，第二次および第三次産業で働いている外国人との共生について，職場や地域での人間関係に焦点をあてて，考察しておきたい．

(1) 職場での共生

　ここでは，主として男性の外国人労働者について，雇用主や日本人労働者との職場での共生を分析してみたい．まず，職場のなかには，小さな町工場のようなところもある．そこでは，小集団特有の人情味ある人間関係があって，共生がかなりの程度実現しているかもしれない．しかし，一般には，日本人の多くは，外国人と共生するよりも，彼らが同化するように期待しているのであり，職場で共生することは，かならずしも容易ではない．

　日本人が職場で外国人労働者との共生を拒んでいるのを，象徴的に示しているのが，日本名の通称の使用を彼らに強制していることである（1992年5月5日の朝日新聞）．さらには，彼らは，AとかBとかいう略称で，あるいは，蔑称で，呼ばれてさえいる（小林，p.48）．通称の使用の強制は，第二次世界大戦以前に朝鮮人に日本姓への改姓を強制したという，かつての日本人の尊大さを，思いおこさせる．通称の使用の強制というようなことは，外国の人びとの人格を無視するものであり，彼らの自尊心を傷つけるものである．

　雇用主は，外国人の名前はむずかしくて長いので，呼びやすくするためという口実で，日本名の通称の使用を正当化している．しかし，その裏には，不法就労者の雇用や労働災害の事実を隠すことができるという実利が，存在しているのである．雇用主に，労働力の搾取という視点しかないのであれば，職場での共生の実現は，期待できないであろう．

　今では，不法就労助長罪での摘発が厳しくなっているので，雇用主は，不法就労者を密かに雇うようになっている．とくに，その場合には，通常の職場の日本人労働者との人間関係から，疎外されることになり，共生の実現は望めなくなる．

　留学，就学，研修のために来日した外国人だけでなく，高額な渡航費を工面して出稼ぎにやってきた外国人の多くも，母国では，すでに高等教育をうけ，中流階級以上の生活を享受していたのである．そのような者にとって，中小零細工場で工員として，あるいは，土木・建設工事の作業員として，日本人が嫌

がる「危険，汚い，きつい」仕事に従事することは，金を稼ぐための便法にすぎない．彼らには，油臭い，耳を破るような騒音の職場環境のなかで，これらの仕事に長時間にわたって従事させられることにたいして，屈辱感が存在しているのである（喜多川・村田, p.235）．

他方，日本人は，「危険，汚い，きつい」仕事に従事している外国人を，自分たちよりも劣った人間とみなし，蔑視することになる（山崎・若林, p.72）．いやしく劣った人間と彼らにラベルをはるのは，日本人の尊大さを物語るものである．このようなラベルを，日本人がすべて共有するようになってしまうなら，世界の人びと，とくに開発途上国の人びとと共生することは，不可能となるであろう．

日系人労働者は，前述したように，アジア諸国から出稼ぎに来た人びとに比べて，日本において恵まれた生活環境のもとに置かれている．彼らの多くは，人手不足に悩んでいた大手の弱電気や自動車などの関連企業に，好条件でまとまって雇われていたからである．そこで，職場での人間関係も，良好であった．1990年に群馬県大泉町で実施した182人の日系人（そのうちの92.9％が日系ブラジル人）にたいする調査によれば，雇用主との関係について「とても親しい」あるいは「親しい」と回答した者が83.6％，職場での日本人従業員との関係で「うまくいっている」と回答した者が86.2％を占めていた（喜多川, p.122）．

しかし，バブル経済の崩壊後に不況が到来して，職場での日系人労働者の境遇も悪化している．そのために，日系人労働者の間からは，「昨年までは病気となれば，会社はすぐに駆け付け世話をしてくれたが，今年からはじゃま者扱い」「『辞めればもう二度と雇わん』と言われ，きつい仕事ばかりやらせる」といった声が聞かれるようになっている（1992年11月21日の神奈川新聞）．日本の企業や雇用主の多くは，日系人労働者をも，使い捨ての一時的な労働力としてしかみておらず，本音では，彼らとの共生を考えていないようである．

(2) **地域での共生**

国際化の時代を迎えて，日本人は，地域社会において，外国人と共生すると

いう課題をかかえている．ところで，外国人の多くは，雇用主やブローカーが用意してくれた寮とか，都市の特定区域の老朽化したアパートに住んでいる．寮の場合には，その寮と職場とを往復するだけの生活になりがちで，地域で日本人と日常的に接触する機会には恵まれない．とくに，行動の自由を拘束されているアジアの女性の場合には，それが顕著である．

都市のアパートに住んでいる外国人は，多くの場合，同じアパートで日本人と混住している．しかし，かならずしも，地域の日本人と親しいつきあいをもっているわけではない．東京の池袋で実施された，アジア系外国人を対象とした調査をみると，回答者156人のうちで，近隣とのつきあいが「まったくない」あるいは「あまりない」という回答は，全体の5割に達し，他方，「周りの日本人とのつきあいがある」のは，わずか7.1％を占めるに過ぎなかった（田嶋，p.182）．ここから，とくに，非漢字文化圏から来た外国人の大半が，地域において日本人とのつきあいがないものと推測される．

外国人，とくに日系人労働者のなかには，家族とともにやってきて，日本で暮らしている者がいる．また，外国人が日本で結婚し，家庭をもつこともある．彼らに子ができると，その子の保育や教育に関連して，彼らは，地域における日本人との交流の輪を，徐々に広げていくことになる．一般に外国人は子どもを多く作ることもあって，小・中学校での外国籍の子どもは増えている．日本の子どもたちは，学校において彼らと日常的に接することになる．また，若者文化のグローバリゼーションが進んでいるので，子どもたちは，世界共通の音楽，ファッションなどを楽しむようになっている．そのような状況なので，彼らが担い手になる将来の日本社会では，外国人との共生が一層実現することであろう．

ところで，情報化社会といわれる現代では，外国人についての情報の内容次第で，日本人の彼らへの無関心や無理解が，偏見や差別に置き換えられてしまう危険がある．たとえば，外国人が「危険，汚い，きつい」仕事や性風俗産業で働いているのを，しばしば見聞していると，日本人は，彼らを，いやしく劣った人間であるとみなすようになってしまうかもしれない．

他方では，1990年以降，不況で苦境に置かれた外国人が，生活苦のために，あるいは，人間関係のトラブルのために，日本人以上に，犯罪を，特に殺人や強盗といった凶悪な犯罪を，犯すようになっている．また，職業的窃盗団や麻薬密輸団も，日本にやってきて，犯罪を犯すようになっている．

　不況が深まっている最近では，外国人による犯罪，特にピッキングでの侵入盗が，社会的に注目されている．警視庁が摘発した中国人窃盗団の場合は，ピッキングでの侵入盗を，首都圏および関西で1,100件行ない，合計4億円を稼いでいた（2002年12月29日の朝日新聞）．この窃盗団は，6班で組織されていたが，各班では4〜5人が役割を分担して，盗みを繰り返していたのである．

　このような悪質な事件が，マス・メディアによって，興味本位に大きく報道されると，多くの日本人が，危険な人間というラベルを，外国人にはることになるだろう．そのおそれは，不況のために心理的不安を抱く日本人のなかで，一部現実化している．それを示す一例は，「〇〇人が集団で主婦を襲い暴行する」といったデマが飛びかったことである（1992年7月4日の朝日新聞）．

　国際化時代の日本人は，日常生活のレベルで外国人と交際を深め，彼らを理解し，彼らを対等の人間として遇し，それらを通して，彼らとの共生を実現するよう，努力すべきなのである．

引用・参考文献
石垣健一「日本経済の国際化と経済構造調整」石垣健一・瀧口治・箱田昌平編『国際化時代の日本経済』晃洋書房　1990
大内　力「現代経済摩擦の歴史的意義」大内力・五味健吉編『経済摩擦下の日本農業』御茶の水書房　1986
喜多川豊宇「群馬県大泉町における日系人労働者のヒアリング調査」山下袈裟男編『ヒトの国際化に関する総合研究』科研費研究成果報告書　1992
喜多川豊宇・村田宏雄「首都圏・太田市におけるアジア系不法就労者のヒアリング調査」山下袈裟男編　前掲書　1992
警察庁編『警察白書』（平成2年版）大蔵省印刷局　1990
警察庁編『警察白書』（平成13年版）大蔵省印刷局　2001
公共政策調査会『来日外国人労働者の社会不適応状況に関する調査』調査報告書

1991
小林哲夫「外国人労働者とどうつきあうのか」法学セミナー増刊『外国人労働者と人権』日本評論社　1990
斉藤百合子「日本におけるタイ人労働者の現状」江橋崇編『外国人労働者と人権』法政大学出版局　1990
坂本康實「日本的経営の国際化」津田眞澂編『現代の日本的経営』有斐閣　1982
高藤昭「外国人労働者とわが国の社会保障体制」社会保障研究所編『外国人労働者と社会保障』東京大学出版会　1991
竹岡八重子「出稼ぎ女性を陽のあたる場所へ」法学セミナー増刊　前掲書　1990
田嶋淳子「アジア系外国人の地域社会における適応の諸形態」日本社会病理学会編『現代の社会病理Ⅵ』垣内出版　1991
田中清「外国人研修生の現状と問題点」江橋崇編　前掲書　1990
中安定子『現代の兼業』農山漁村文化協会　1988
箱田昌平「国際化と日本企業のグローバル化」石垣健一・瀧口治・箱田昌平編　前掲書　1990
馬場富太郎「農家婦人の就業構造」宝光井顕雅・光信隆夫・清水民子・小野秀生編『現代日本の婦人労働』法律文化社　1987
林陽子「日本における外国人単純労働者」『法律時報』59巻7号　日本評論社　1987
平野秋一郎「入管行政の発想」『法学セミナー』428号　日本評論社　1990
福沢恵子「農村の国際結婚のかげにあるもの」法学セミナー増刊　前掲書　1990
福武直『日本の農村〔第二版〕』東京大学出版会　1981
松田瑞穂「売買されるアジアの女たち」法学セミナー増刊　前掲書　1990
三島徳三「農産物自由化論議の系譜」大内力・五味健吉編　前掲書　1986
矢根真二「国際化と日本の産業構造の変化」石垣健一・瀧口治・箱田昌平編　前掲書　1990
山崎喜比古・若林チヒロ「滞日外国人の生活不適応および健康問題と保健・医療」社会保障研究所編　前掲書　1991
横山実「国際化をめぐる諸問題――特に，国際化と規範の葛藤をめぐって」『国学院法学』30巻4号　国学院大学法学会　1993
ライシャワー，E.O.・納谷祐二・小林ひろみ『日本の国際化』文藝春秋　1989
Bell, D., *The Coming of Post-Industrial Society*, Basic Books, Inc., Publishers 1973（内田忠夫・嘉治之郎・城塚登・馬場修一・村上泰亮・谷嶋喬四郎訳『脱工業社会の到来〔上〕』ダイヤモンド社　1975）
Yokoyama, M. "Analysis of the Crimes by Foreigners in Japan", *International Journal of Comparative and Applied Criminal*, 23(1): 1999, pp.181-213.

第Ⅱ部　成熟社会の病理状況

5 「働きすぎ」社会の病理

1. 成熟社会の到来と労働時間問題

(1) 成熟化の機能障害としての労働時間問題

　第二次世界大戦の敗戦から立ち上がり，驚異的な高度成長を成し遂げ，わが国は世界でも有数の経済大国の地位を築いたといわれる．しかし，その一方で，本当のくらしの豊かさを見つめ直し，追求しようとする動きが高まっている．ここには，GNP（国民総生産）に象徴される経済的パフォーマンスの高さにも関わらず，それに見合った生活実感を得られない人びとの声が大きく反映している．たとえば，かつての首都圏を中心とした地価の高騰は，一般のサラリーマンがまともに働いても十分な広さの住宅を購入できないという不条理な事態を現出させるに至り，投入した労働の成果が自分たちの生活に還元されてこないことにたいして強い苛立ちの声が上がっている．

　佐原洋はその著『成熟社会論』において，20世紀末日本社会について，「石油危機克服と円高危機克服の過程で達成された経済的効果によって日本の経済社会は今まで経験したことのない成熟的段階に到達」したと把握している．と同時に，佐原は「高度成長期には短縮を続けて来た労働時間が若干増大したり，……所得・地域格差は若干拡大するなど，勤労国民のある意味では献身と犠牲のうえに経済的成功が達成されたという側面も認めなければなるまい」と，日本社会の成熟化に随伴する跛行性も指摘している（佐原，まえがき, p.57）．

　現在の日本社会を一定の成熟化の段階にあるとしたとき，上述した状況に社会病理学の立場からアプローチすれば，それは成熟化の機能障害，とりわけ成熟化の未成熟──社会全体や個々の社会的局面ないしその一部が十分に成長ないし成熟しえておらず，成熟社会に期待された機能が十分に遂行されていない状態──として捉えることができる．企業の労働現場，職場の状況に着目すれ

ば，慢性的な長時間労働や「過労死」の問題がここ10年以上にわたり，十分な解決を得られないままになってきた．本章では，「日本的成熟社会」の病理性を象徴するものとして長時間労働の問題を取り上げている．とくに，日本人の「働きすぎ」が社会問題化し，国際的非難を浴びるまでになった1980年代から90年代初めの時期に焦点をあてて考察を行なっている．

(2) **年間労働時間の推移とその背景**

議論の出発点として，まず年間労働時間の推移を概観しておこう．

わが国の労働者1人平均の年間総実労働時間は，今世紀の初めから第二次大戦時まで3,000時間程度で推移してきたが，戦後は2,200時間強にまで短縮した．1950年以降，経済的復興とともに増加し，60年に2,432時間でピークを迎えるが，図5-1にみるように高度経済成長期を通じて一貫して減少し続け，2,100時間以下にまで低下している．ところが，73年の第1次石油ショックを契機に労働時間短縮（時短）の動きは滞るようになる．一時的には，経済活動の停滞にともなう労働時間の減少がみられたものの，78年には再び2,100時間台にもどり，以来，10年間にわたってほぼ同じ水準で推移してきた．

1987年，40年ぶりに労働基準法が改定され，法定労働時間を週48時間から40

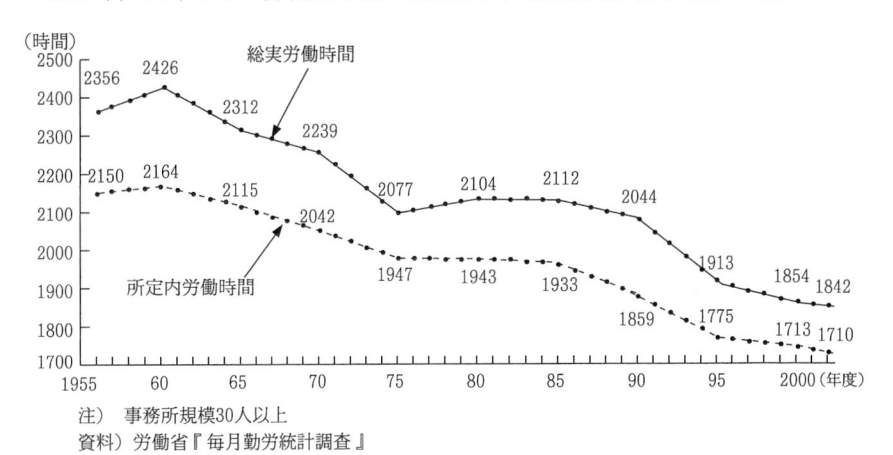

注）事務所規模30人以上
資料）労働省『毎月勤労統計調査』

図5-1 労働者1人平均年間総実労働時間の推移

時間に段階的に短縮していくことが定められた．また同年の『世界とともに生きる日本――経済運営5ヵ年計画――』のなかで，年間1,800時間の政府目標が明示された．加えて，人手不足，採用難に強く後押しされて，企業労使の時短の動きが活発化し，80年代終盤から実労働時間の減少が進み始めた．この後「バブル経済」崩壊後の長期不況の下で，200時間程度の短縮がみられている．

　高度経済成長期以降の実労働時間の推移の背景と規定要因については，次の点が指摘できる．

　第1に，高度経済成長を通じて所定内労働時間（制度上の所定労働時間から休暇取得，欠勤などの時間を差し引いたもの）がほぼ持続的に減少し，とりわけ70年代前半に週休2日制の普及が進んだことがあげられる．労働省の『賃金労働時間制度等総合調査』で何らかの週休2日制を導入している企業の割合をみると，1970年4.4%，75年43.4%，80年47.6%，85年49.1%，89年58.3%と急速に高まっている．高度経済成長の後半期には空前の好景気の下で労働需要がきわめて旺盛であり，各企業は新卒者を確保するために，週休2日制を導入して労働条件の向上とイメージアップに努めた．主として労働市場の需給条件の変化が，経営側に休日増への取り組みを促したといえる．

　第2に，石油ショック以降の時短の停滞の背景には，休日数の増加が鈍化したことに加え，所定外労働時間（残業，休日出勤など制度上の労働時間を超過した時間）が増えつづけてきた事実がある．先の図から読みとれるように，所定外労働時間は1970年代半ばから増加に転じ，80年代後半には200時間に迫っていた．この結果，所定内労働時間の短縮の成果が相殺され，実質的なゆとり拡大に結びつかなかった．その後，長期不況と雇用削減の下で時短の進展がそれなりにみられたが，90年以降の推移は所定内−149時間，所定外−52時間と，相変わらず所定内労働時間の短縮が中心で，残業削減には有効な手が打たれていない．

(3) 所定外労働の恒常化が意味するもの

　わが国の労働時間問題を考えるさいに，この所定外労働の長さはとくに重要

な論点になっている．

　従来の議論では，所定外労働の機能について，景気変動等にともなう生産量の調節弁となり，欧米のようなドラスチックな雇用調整を回避して長期的な雇用の安定を維持することに寄与してきたといわれている．たとえば篠塚栄子らは，石油ショック後の雇用情勢について計量モデルを用いた国際比較を行ない，「先進諸国では大きな生産の落ち込みにあい，雇用者を即座に解雇しているが，日本では，残業の調整がもっとも大きく，解雇という人員調整はきわめて小さかった」と結論づけ，残業時間が雇用保障の代償になっているという解釈を示している（篠塚，pp.175-176）．

　これにたいし労働省では，1975年の時点で景気変動に対応する残業がゼロであったと仮定して，製造業の残業時間における景気変動部分と恒常的部分の試算を行なった（図5-2）．それによれば，80年代後半では景気変動に対応する部分は2割強と少なく，恒常的に行なわれている部分の方がはるかに大きい

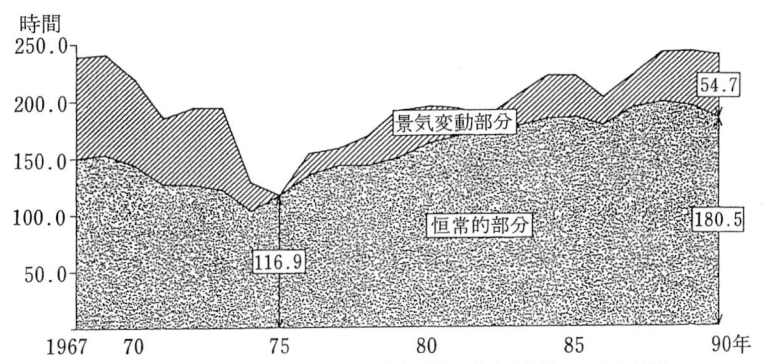

資料）労働省「毎月勤労統計調査」，通産省「鉱工業生産指数」により試算．
出典）労働省労働基準局『労働時間白書』1991，p.39．

図5-2　所定外労働時間の景気変動部分と恒常的部分（製造業）

とされている．

　石油ショック後の低成長経済の下で多くの企業が減量経営志向を強め，コストダウンにしのぎを削った．その結果として，現有人員の恒常的な長時間労働に大きく依存する経営体質が形づくられてきた．一方，労働組合も企業の存続

を第一に考えて経営側に協力的な姿勢を取ったため，長時間労働の構造にはメスが入れられず，こんにちまで温存されてきた．そして，近年の企業間競争の激化や円高景気，平成の長期不況を通じて，過労死を生み出すほどの過酷な労働実態が蔓延してきたのである．さらにいえば，後に述べるように，日本の職場では「サービス残業」といわれる賃金不払いの所定外労働が慢性化しており，違法な形の労働が公然と行なわれているところにも大きな問題がある．

渡辺治は，「現在，国際的にも問題になっている長い労働時間というのは，決して，戦前日本資本主義の低賃金・長時間労働の単純な延長・存続ではない」と強調し，とりわけ石油ショック以降の不況克服の過程における「企業社会」の確立，「会社主義」の浸透，そして「資本主義的原理の過剰貫徹」によってもたらされたものと結論づけている（渡辺, 1990, p.23, 56）．ここで，「企業社会」とは，戦後の日本社会において大企業を中心に企業の強力な労働者支配の構造が形成され，企業の利潤追求を最優先させる社会システムができあがったことを表している．また，「会社主義」とは，上述した企業優位の成長体制を積極的に肯定するイデオロギーであり，そうした考え方が多くの人びとを捉え，社会の諸領域に波及していったことを指したものである（渡辺, 1991, pp. 212-216, 259-262）．さらには，経済企画庁の「労働時間短縮のインパクト研究会」においても，「労働時間短縮の課題は，この10余年の間，……むしろ多様化かつ深刻化して」おり，「長い労働時間は，経済成長によっては解決されない課題に転化してしまっている」との認識を示している（経済企画庁総合計画局編, pp.5-12）．

いわゆる長時間労働の問題は，明治・大正時代の資本主義経済の確立期にも重大な社会問題とみなされ，工場法の制定という社会政策的措置によって労働時間の規制が行なわれた．これを「古典的」な社会問題の段階とするならば，こんにちの日本の長時間労働は，「成熟社会」の段階における社会問題という新たな相貌をもって登場してきたというべきであろう．そして労働時間問題に着目することは，職場組織や企業経営のあり方に再考を促すだけでなく，勤労

者の意識やライフスタイルの病理性を照射する試みともなるものである．

2．「働きすぎ」の実態とその弊害

(1) 長時間就業者の増加と「働きすぎ」意識の拡大

次に，勤労者の就業実態と意識の側面から，労働時間問題にアプローチしてみよう．

ここでは，個人の申告にもとづいた総務庁の『労働力調査』によって，週当たりの労働時間の経年変化をみておきたい．

図5－3は，男子・非農林業雇用者における週間就業時間の構成比の推移を示したものである．それによると，1975年を境に「週35〜42時間」と「週43〜48時間」の就業者が減少して，「週49〜59時間」と「週60時間以上」の就業者が増加している．とくに，「週60時間以上」のもっとも長時間の層は，13.4％（75年）から24.4％（88年）へと大幅に増えたことがわかる．90年の構成比では，「週60時間以上」が全体の2割強（22.4％＝661万人）を占め，これに「週

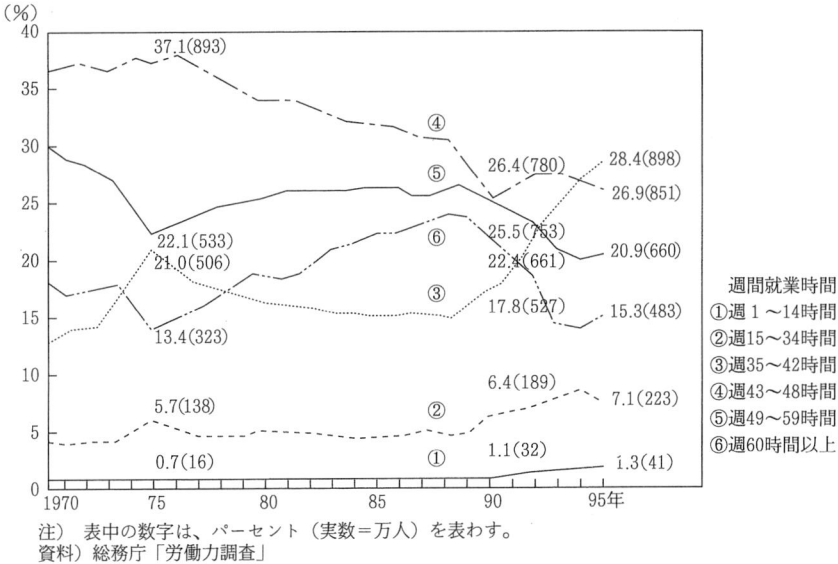

注）表中の数字は，パーセント（実数＝万人）を表わす．
資料）総務庁「労働力調査」

図5－3　男子・非農林業雇用者の週間就業時間の構成

49〜59時間」（25.5％＝753万人）を加えると，ほぼ半数（47.9％＝1,414万人）になっていた．95年には減少しているが，それでも週49時間以上は36.2％で1千万人を越える．このデータから，いわゆる会社勤めのサラリーマン層においてちじるしい長時間労働が蔓延していたことが明らかに見て取れる．

　試みに，週60時間就業のライフスタイルについて考えてみよう．週60時間ということは，6日出勤したとすると1日10時間実働，5日出勤したとすると1日12時間実働，という計算になる．つまり，週休2日を確保するためには1日の生活時間の半分を労働に費やさねばならない．実際には，この他に通勤時間がかかることを考えると，週60時間就業している人は，活動時間の大半を会社または仕事に拘束されていると推察される．しかも，こうした長時間就業者は男子・非農林業雇用者の2割以上に及んでいたのである．

　この実態を反映して，1970年代後半から，ゆとりの欠如を訴える人の割合がますます拡大してきた．

　平成2年版の『労働白書』から，勤労者の時間的ゆとりの有無についてみると，1972年の調査では「ゆとりがある」と答えた人が6割を超えて（63.4％），「ゆとりがない」人をかなり上回っていた．ところが，80年からは「ゆとりがない」と答えた人が5割を超え（56.5％），88年にはそれが6割近く（58.3％）を占めるにいたっている．さらに，総理府の『労働時間・週休2日制に関する世論調査』（1991年）によれば，「収入が増えることよりも労働時間が短くなることが望ましい」と答えた人が4割（41.3％）を占め，「労働時間が長くなっても収入が増えることが望ましい」という回答（26.3％）を大きく上回った．こうした時短を望む声は，20代を筆頭に，どの年齢層でも収入を望む声を凌いでいる．

　これまで，わが国の勤労者の間ではほぼ一定して，時短より収入を望む意見が高く，上記の世論調査のように時短選好が賃金選好にまさったということは，きわめて画期的な出来事だといってよい．当時の時短の動きは，たしかに貿易摩擦にともなう国際的な「働きすぎ」批判や，労働基準法の改定に端を発する

ものである．とはいえ，各種の世論調査，アンケートにあらわれた勤労者の意見をみれば，現状の労働時間が過剰であるとする声はかなり広範に浸透していたといってよい．そこには，激しい企業間競争に明け暮れてきた産業社会のあり方と，家族や私生活を犠牲にして仕事に没頭してきた「働き蜂」的なライフスタイルにたいする，一種の自己反省が芽生えはじめているようである．

(2)　「働きすぎ」がもたらす病理現象と生活障害

長時間労働はゆとり感の欠如を結果するにとどまらず，現実に，働く人びとの心身の健康をむしばみ，家庭生活においてもさまざまな障害をもたらしている．ここで，健康不安とストレスの拡大，過労死，個人の生活と家庭への悪影響などの事象に焦点を当てて，それらと長時間労働との関連性について言及してみよう．

①　健康不安とストレスの拡大

労働省の『労働者の健康状況調査』(1987年)によれば，1日の実労働時間が長くなるにしたがって，仕事での心身の疲労や職場ストレスを自覚する人の割合が高くなることがわかる．ちなみに，1日の実労働時間が「7～8時間未満」の人と「10時間以上」の人とを比べると，「ふだんの仕事で身体の疲労を感じる」割合が59.7%→83.8%，「神経の疲労を感じる」割合が65.3%→87.4%，「職業生活で強い不安，悩み，ストレスを感じる」割合が48.9%→72.4%と，労働時間の長い人では疲労やストレスを訴える率がいちじるしく高くなる．

②　テクノストレスと長時間過密労働

テクノストレスは，ME（マイクロエレクトロニクス）化など技術革新にともなう職場ストレスの発生もしくは昂進を意味する用語であり，おもにコンピュータに関連する仕事に長時間従事する人に生じやすい心身の異状のことを指している．

山崎喜比古らの研究によれば，ソフトウェア技術者のハイストレスは「作業量に比して納期が短く，かつ，納期が迫るにつれて仕様書の事実上の変更などによってかえって仕事が増えていくといった，過重なジョブ・プレッシャーと

長時間過密労働の慢性化ないし頻繁な出現によって引き起こされているもの」であることが明らかになった（山崎，p.5）．これは，テクノストレスといわれる現象には，労働時間の長さおよび仕事上の負荷の大きさが密接に相関していることを示したものといえる．

③ 過労死の発生

「日本人ビジネスマンの過労死」という話題は，しばしば海外のマスコミでも取り上げられてきた．過労死とは一般に，過重な労働負担が誘因となって働き盛りの勤労者に発症した，脳血管疾患，心臓疾患などの病気による突然死を意味している．

1988年から始められた「過労死110番」に寄せられた労災相談の内容によれば，過労をもたらした労働条件としては，週労働時間が70時間以上のケースが半数を超えるなど，圧倒的に長時間労働を指摘する相談者が多い．加えて，過重なノルマや業績競争などの大きな精神的重圧，配置転換や出向からくる不安とストレス，単身赴任による生活リズムの乱れ，休日出勤や出張の多さ，深夜労働などが多くのケースで指摘されている（稲木，pp.3-5）．

④ 日常生活と家庭への悪影響

労働の長時間化は，必然的に生理的必要時間（食事，睡眠など）や自由時間を縮小し，ライフスタイルの歪みをもたらすことになる．それは，家庭生活にも影響を与えざるをえない．

（財）連合総合生活開発研究所の『所定外労働時間の削減に関する調査』（1991年）では「日常の生活時間に対して残業がどんな影響を及ぼしているか」を尋ねている．それによれば，「疲れやストレスがたまる」（69.6％）に次いで，「食事の時間が不規則になる」（53.9％），「家族との団欒の時間が減らされている」（43.8％）に4～5割の人が答えている．この「家族との団欒の時間が減らされている」という回答は，30代から40代前半の男性で6～7割近くに達しており，特定の年齢層では家庭生活への影響がかなり大きいことを物語っている．

働き盛りのサラリーマンを例にとれば，彼らは家庭では父親，夫としての役割を担い，家族とのコミュニケーションの維持や子どもの教育に対して責任を負っている．長時間労働は，収入の確保を通じた家計の維持という面では家庭生活の安定化に寄与しているが，反面，長時間にわたる仕事への拘束はいわゆる「父親不在の家庭」を生み出す．この結果，家族の情緒維持機能が損なわれたり，子どもの教育がほとんど母親のみの手で行なわれて不十分な社会化を招くことになったり，あるいは長時間労働にともなうストレスが家庭のなかに持ち込まれて，さまざまな葛藤を生じたりすることになる．上述の調査結果は慢性化した残業が，勤労者の日常生活や家庭生活に対して広範な悪影響を与えていることを裏づけている．

(3) 「サービス残業」の社会問題化

わが国の労働時間の実態のなかでもとくに不透明な部分が，時間外賃金が支払われていない労働，いわゆる「サービス残業」の存在である．労働時間をめぐる勤労者の意識と職場慣行を論じるためには，この問題にも触れておく必要があろう．

以前報道された事例を拾ってみると，東京労働基準局が都内の金融機関12行80店にたいして立ち入り調査を行なったところ，54店で違反が摘発され，そのうち35店でサービス残業がみつかった．この結果から，同基準局は都市銀行5行にたいして「勤務時間の把握を正確にするように」と厳重注意をしている．また，割増賃金不払いの疑いで新潟労働基準監督署から書類送検された第四銀行は，過去2年間にさかのぼって不払い分を支払うことを決めたという（『日本経済新聞』1992年3月1日，18日）．

これまで公式の官庁統計では，「金融・保険業」では週休2日制が広く普及し，労働時間はもっとも短いとされてきた．ところが，上記の事例は，所定労働時間はかなり短いはずの金融業で，実際の労働時間は大変長いことを改めて思い起こさせるとともに，サービス残業が広く横行していることを確認させるものである．

しかし，労働組合の調査により「サービス残業」の存在が確認されるようになった．再び『所定外労働時間の削減に関する調査』を参照すると，「所定外労働に対する賃金の支払い状況」について「割増賃金が完全に支払われている」と答えた人は67.5％にとどまり，「一部分についてのみ支払われている」が10.4％，「割増はつかないが時間に応じた賃金が支払われている」が10.7％，「時間に関係なく一定額の手当が支払われている」が4.7％で，「所定外賃金はまったく支払われていない」も3.2％あった．とくに，「金融・保険・不動産業」の就業者では「割増賃金が完全に支払われている」人は4分の1（24.5％）に過ぎず，「一部分についてのみ支払われている」が半数を越えた（53.2％）．この調査は，比較的労務管理がしっかり行なわれていると思われる，連合傘下の組合員3,433人の回答結果だが，それでも所定外労働の割増賃金が正当に支払われていない人は相当の数に及んでおり，「金融・保険・不動産業」の結果はとくに際立っている．

いうまでもなく，労働基準法では，時間外労働，休日労働，深夜労働について一定の割増賃金を支払うことが定められており，使用者が割増賃金の支払義務に違反した場合には刑罰が科せられる．しかし，上述の調査結果にみるとおり，現実には法律違反の行為がまかり通ってきた．

確かに経営側が，コスト抑制のために割増賃金の支払に限度を設けたり，人事考課・査定を通じた管理体制を強化して職場のなかに手当の申請をしづらい雰囲気を形成している場合もある．一方，従業員の多くもこうした企業のやり方や職場慣行にあえて異を唱えることはせず，場合によっては業績拡大やノルマの達成のために積極的な姿勢で，無報酬の労働に従事してきた面がある．

しかし，「サービス残業」の存在は，企業の労務管理やマネジメント体制のずさんさを示すシグナルともいえるものであり，これを放置したままでは，長時間労働の改善は一向に進まなくなる．この意味で，「サービス残業」への対応は，時短推進の出発点になるということができる．

3. 「働きすぎ」の形成要因と変革の契機

(1) 長時間労働を生み出す意識と構造

以上のような「働きすぎ」の行動様式や職場風土はどのようにして形成されてきたのだろうか．

まず，筆者らが電機産業のホワイトカラー（事務・技術・営業系社員）3,433人を対象に行なった調査結果に即して具体的に考えてみよう（電機労連労働調査部『非現業部門における労働時間の現状と改善の進め方に関する調査研究報告書』1990）．

この調査では，「休日出勤の発生する理由」と「年次有給休暇が残る原因」について聞いている（複数回答）．まず休日出勤の理由，原因では，「忙しくて仕事が終わらない」（84.4％）がもっとも多く，以下「平日にはできない仕事，たまった仕事を片づける」（60.0％），「人手が足りない」（52.3％），「落ちついた仕事の時間を確保する」（31.5％），「客先から呼ばれた」（11.7％），「（残業，休日出勤の）手当が欲しい」（11.3％）という結果になった．これらをみると，第1に，要員が十分に確保できないことなどのために，人員に対して仕事量が過大である状況が見出されるが，それだけではなく，平日とは異質な仕事時間として休日を活用している様子も目立っている．また，「平日にはできない仕事」「客先から呼ばれた」のような回答は職種による違いが大きく，休日出勤の原因には職種・職場特性がかなり反映していることがうかがえる．これらに加えて，手当を期待する層もある程度存在することがわかる．

次に，有給休暇未消化の原因では，「仕事が忙しくて取れない」（52.3％），「他人に代わってもらえない仕事で，休むとたまる」（48.8％）が多く，以下「病気などの際に残しておく」（41.9％），「職場に休みづらい雰囲気がある」（28.4％），「健康だし，休む理由がない」（23.7％），「代替要員がいない」（18.2％），「自分が休むとまわりの仕事が止まる」（15.9％）という結果になった．ここでも仕事量の多さ，多忙さを示す回答が多いが，それとともに，代替要員

の不在や業務を代行する体制づくりの不備に関する指摘も目立つ．また職場の雰囲気を問題視する回答も多い．その他，「病気の際に残す」「健康で休む理由がない」は，日本企業で病欠に対する保障制度が不備であることをあらわすとともに，日本人特有の休暇観を反映しているものでもあろう．

以上の調査結果を整理してみると，まず絶対的な仕事量の多さが個々の従業員に過重な負担を課し，長時間労働をもたらしていることがわかる．この背景には，少ない人数で多くの仕事を処理しなければならない要員体制の問題と，代替要員の不在や代行体制づくりの不備・困難性といった業務運営に関わる組織編成，役割分担の問題があることが推察される．また，長時間労働をもたらすもう1つの重要な側面として，職場の組織風土や行動様式の特徴も見逃すことができない．これに関しては，「休みづらい雰囲気」を生み出すような集団主義的行動原理と，マネージャー（上司）の職場運営方式と部下の管理の問題があろう．さらに，こうした職場特性に対応して生じた，従業員の仕事に対するモチベーションの特徴，あるいは「日本人の勤勉性」のような行動特性が「働きすぎ」を増幅させている面も指摘できる．

(2) 「日本的経営」と「過剰適応」のメカニズム

上でみたように，長時間労働を生み出す要因はきわめて多様で複合的な性格をもつものであり，これを解明するためには，すぐれて構造的かつ体系的な認識が求められる．ここでは必ずしも十分な議論を展開する余裕はないが，わが国独特といわれる個人と組織との関係に焦点を当てて，検討をすすめてみたい．

日本の勤労者意識にみられる特徴的傾向として，企業組織への強いコミットメントと帰属意識の高さがしばしば指摘されてきた．つまり，日本の勤労者は，所属する企業組織または職場に対して非常に強い一体感をもち，ときには自分自身の利益を後回しにしても，組織目標（業績向上など）のために献身的に奉仕するというのである．こうした性向は，たとえば「集団主義」のような概念で説明され，高度経済成長を実現してきた企業の良好なパフォーマンスの源泉の1つにもあげられてきた．

福島章は，精神医学の立場から，「個人と組織との関係は，少くとも日本においてはけっして単純な契約関係ではなく，……個人的感情の投影や転移をはらんだ幻想的関係」であり，「一体化の幻想，転移・投影といったパーソナルな感情は，大きく束ねられて組織を動かし，活性化するエネルギーとなっている」と指摘する（福島, pp.83−84）．ところが，個人と組織との強固な結びつきが過度に強調された結果，企業組織の内外にいろいろな歪みをもたらすことになり，「過剰適応」というべき状況を生み出した．

　「過剰適応」の結果としての病理現象は，2つの側面から捉えることができる．1つは，企業組織への強いコミットメントが外部体系にとってはマイナスの影響を与える場合であり，この文脈では，家庭生活や地域社会における「夫や父親の不在」をめぐる問題があげられる．いま1つは，勤労者個人に顕在化するさまざまな健康障害，ストレス，逸脱行動などの病理現象である．

　しかし，こうした事態が頻発することになれば，いずれ職場におけるパフォーマンスやモラールの低下につながり，経営サイドとしても等閑視できなくなる．たとえば，近年のメンタルヘルスへの関心の高まりはこの証左であろう．

　「過剰適応」の発生メカニズムについては，個人のパーソナリティ要因と企業の組織構造的要因が，2つの重要な変数となっていると考えられる．

　パーソナリティ要因としては，臨床心理学，精神医学などの分野でいわれている「タイプA行動特性」が，「過剰適応」そして「働きすぎ」と大きな関連性をもつものと位置づけられる．

　この「タイプA行動特性」は，「自分の目標達成のために，タイムプレッシャーのある仕事をより多く，より敏捷にこなし，他者との競争や立身出世を意識して頑張ろうとする行動特性」で，「心身のストレスをためやすく，不安障害や感情障害，虚血性心疾患などをうみやすい」といわれているものである．宗像恒次らの研究によれば，日本人によくみられるタイプA行動特性は，「遅くまで仕事をしないと悪い気がする」「一生懸命に仕事をしていないと落ち着かない」「休んでいると他の人に悪い気がする」というように，周囲の人との

「つきあい」の重視，力の強い者に対する従順さ，物事に対する徹底性・熱中性，強い義務感などの要素を備えているという（宗像，pp.16-21）．こうした行動特性を備えた個人が職場組織に強く同調することによって，「働きすぎ」に至るであろうことは容易に推察される．

一方，こうした特性をもつ人びとを糾合し，彼らの活力を引き出してきた組織構造的要因として，「日本的経営」と総称される企業経営と組織運営の諸特徴を指摘しておきたい．

「日本的経営」についてはさまざまな議論があるが，そのなかでも，終身雇用（または長期安定雇用），年功賃金，企業内労働組合の3要素を重視する説が広く唱えられている．これらの制度・慣行のもとでは，個人は「職業人というより会社人」として，特定の企業に長く勤めて，年功とともに昇進・昇格し，企業組織のなかで自己実現を図っていく（間，pp.170-171）．そこでは社員と企業とのかかわりは全人格的なものとなり，個人の評価においても業績，能力だけでなく，態度，人柄のような属人的要素が重んじられる．こうした特徴があったところに，近年は「能力主義」や「成果・業績主義」がますます強調されるようになり，長時間の残業，休日出勤も厭わず会社に貢献する社員に高い評価が与えられる職場風土が生み出されることになった．

さらには，日本の産業社会の特徴として，市場シェアの拡大をめぐる企業間競争の激しさが，「働きすぎ」の構造的要因となっていることも無視できない．石油ショック以降の経済成長の鈍化を契機に，多くの企業が生き残りを賭けて海外の市場に進出したり，多角化や新規事業の開拓にしのぎを削るようになった．企業経営者は，こうした環境の下で危機感を煽り，社員を厳しい企業間競争に巻き込むことに成功し，同時に，企業別に組織された労働組合もこれに協調的な姿勢を示すことにより，「働きすぎ」の社会構造が確立されたのである．

(3) 「働きすぎ」社会の変革に向けて

先にふれたとおり，1987年に週40時間労働制の原則を定めた改正労働基準法が施行され，年間1,800時間の政府目標が明示された．週40時間労働制は97年

から規模・業種の例外なく完全実施された．長時間労働の弊害が拡大し，時短への世論が形成されて，ようやく企業労使の間で実労働時間削減の動きが進展してきた．さらに2002年度には公立学校の週休2日制も完全実施され，時短——ゆとり拡大——は国民的な運動ともいうべき広がりをみせてきたといえる．

とはいえ，時短の出発点はいうまでもなく，個別企業における取り組みにある．上述した電機産業のホワイトカラー調査では，時短の対応策についても意見を聞いている．ここで「残業削減の取り組みとして最も重視すること」を参照すると，「個々人の時間意識の改革」が22.7％ともっとも多く，以下，「要員の確保」（11.5％），「残業をあてこんだ作業計画の見直し」（11.3％），「管理職の時間意識の改革」（10.4％），「仕事の割り振り，役割分担の見直し」（9.4％）があげられた．

ただし，図5－4によって，所定外労働時間の長短と残業削減の取り組みとの関係をみると，所定外労働時間が短い人ほど「個々人の意識改革」をあげる

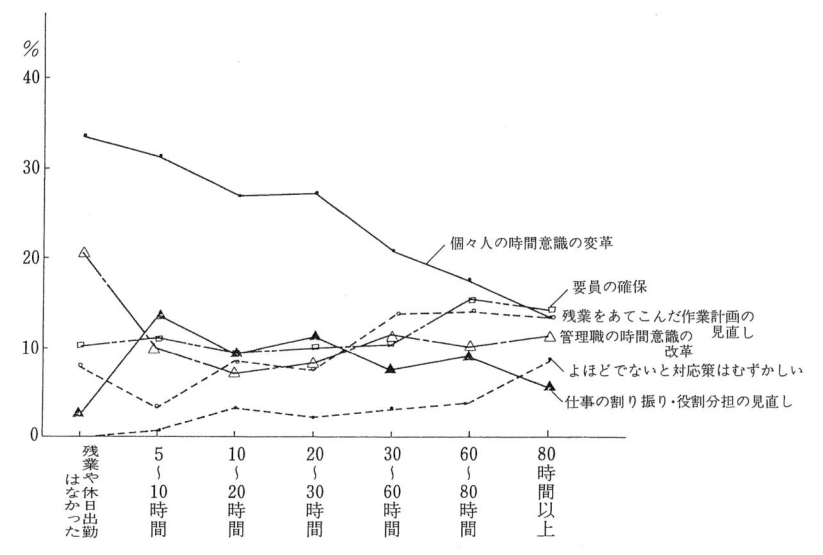

出典）電機労連労働調査部『非現業部門における労働時間の現状と改善の進め方に関する調査研究報告書』1990　p. 167.

図5－4　所定外労働時間（月間）の長短と残業削減の取り組み

比率が高く，所定外が長くなるほど「要員の確保」「作業計画の見直し」が高まる点が注目される．この結果は，所定外労働がそれほど長くなければ個人的な対応で済むが，一定の水準をこえると，もっと組織的な取り組みが必要になることを示すものである．

このように，実効性のある時短推進のためには，企業労使の運動が各職場で展開され，組織的な業務改善や経営革新につながり，生産性向上をもたらすことが不可欠である．しかし，1990年代からの長期不況の過程で企業には多様な経営課題が山積し，現状では時短――ゆとり拡大――に取り組む余裕を喪失しているといわざるをえない．確かに10年以上前からみれば，統計上の総労働時間はかなり減少し，アメリカやイギリスと比べても遜色ないレベルになっている．しかし，サービス残業や休暇取得促進などの問題は相変わらず残されている．また，裁量労働制の導入など労働時間制度の弾力化で，時間管理を働く個人に委ねる傾向が拡大してきた結果，かえって長時間労働の問題は複雑化ないし潜在化の様相を深めているかにみえる．

結局のところ，時短――ゆとり拡大――を現実に推進するためには，日本社会の各階層，各領域における意識と行動の変革が不可欠である．たとえば，勤労者自身の意識改革から，企業の経営スタイルや戦略の見直し，地域コミュニティの再生，公的な規制や政策の見直し，社会資本の整備に至るまで広範囲にわたる課題が山積しているといわざるをえない．ときには，これまで日本人が慣れ親しみ，それによって経済的成功を収めてきた社会的慣行にメスを入れることが必要になるだろう．

国際化，人口高齢化，技術革新，市場ニーズの変化といった社会経済環境の変動は，企業行動の転換と社会的慣行の見直しを迫っている．早晩，旧来のやり方では立ち行かなくなる可能性が大きい．労働時間短縮は，以上のような広範な社会的課題に対応する好機であり，わが国が積極的な意味で「成熟社会」として発展する上で，避けて通れないテーマに他ならないのである．

引用・参考文献

稲木健志・上畑鉄之丞・影山秀人・堤浩一郎・中山森夫・南雲芳夫・星山輝男『過労死とのたたかい』新日本出版社　1989

経済企画庁総合計画局編『1800労働時間社会の創造』大蔵省印刷局　1989

佐藤博樹・藤村博之・八代充史『新しい人事労務管理』有斐閣　1999

佐原　洋『日本的成熟社会論』東海大学出版会　1989

篠塚栄子「なぜ労働時間は短くならないのか」小野旭・佐野陽子編『「働き蜂」社会はこう変わる』東洋経済新報社　1987

間　宏『経営社会学』有斐閣　1989

福島　章『働きざかりの過剰適応症候群』大和書房　1982

宗像恒次『ストレス解消学』小学館　1991

山崎喜比古「ホワイトカラーにみる疲労・ストレスの増大とライフスタイル」『日本労働研究雑誌』No.389　1990年5月

渡辺　治『「豊かな社会」日本の構造』労働旬報社　1990

渡辺　治「現代日本国家の特殊な構造」東京大学社会科学研究所編『現代日本社会　第1巻　課題と視角』東京大学出版会　1991

6　スポーツ参加の社会病理

1．成熟社会とスポーツ参加

　成熟社会とスポーツ参加の関係は，通常,「健康」を媒介として関連づけられる．これは,「成熟社会は人びとの身体活動が減少し，高齢者も多くなる社会で，健康への不安が増大する．健康の維持・増進をはかるために人びとのスポーツ参加率は高まる．したがって，成熟社会ではスポーツ参加が重要な要件となる」という論理である．しかしこの論理では説明が不十分である．

　健康がスポーツ参加の誘因であることは確かである．また，健康がスポーツ参加の結果のひとつになりうることも確かである．オリンピック東京大会以降の「みるスポーツ」から「するスポーツ」へのスポーツ志向の変化が，公害問題をきっかけとした健康への危機意識とシンクロナイズしていることも間違いない．しかしスポーツ参加そのものを考えた場合，健康はスポーツを継続させる主要な要因とはいえない．健康増進センター等でも運動生理学的に「健康によい」とわかっていても「それだけでは続かない」例は多い．スポーツ参加を健康だけで説明しようとすると，スタートとゴールは説明できるが，人がスポーツに参加し続けるプロセスは依然としてブラックボックスということになる．

　成熟社会とスポーツ参加の関係で，もう1つ指摘されるのが余暇の増大を媒介変数とする考え方である．すなわち「成熟社会は余暇が増大する社会である．スポーツは余暇活動の重要な要素の1つである．したがって，成熟社会ではスポーツ参加が重要となる」という論理である．この論理はある程度説得力があるが，この論理でも説明はまだ不十分である．

　スポーツは余暇活動のひとつではあるが，余暇活動のすべてではない．余暇活動にはスポーツ以外のさまざまな活動が含まれる．成熟社会では余暇活動が重要になることは確かであるが，それをスポーツ活動に即時的に結びつけるの

は短絡的すぎる．数ある余暇活動の中でスポーツがとくに注目される根拠を示さないかぎり，この論理は「スポーツは大切だ」という個人的主張を示すに留まるものでしかない．

本章では，スポーツのブラックボックス（人びとがスポーツを続ける理由）の解明と成熟社会においてスポーツがとくに注目される根拠の説明という2つの問題提起を出発点として，まずスポーツへの社会化について検討し，次に成熟社会のなかでのスポーツの意義を理念的に明確にする．このスポーツの意義と現実のスポーツ参加を対比するなかで現在のスポーツ参加の問題点を抽出し，その問題を発生させる社会的な病理性を分析し，その克服の方向について考えることにしたい．

2．スポーツへの社会化

ここでいうスポーツへの社会化とは，人がスポーツの価値を内面化し，スポーツに関連して期待されるさまざまな役割を取得するプロセスであり，その結果としてスポーツがその人の生活の重要な要件のひとつとして確立されることを意味している．したがって，スポーツ参加は，スポーツへの社会化の結果であると同時に，それを通して新たなスポーツの価値を創造する結節点となるという意味で，スポーツへの社会化の中心概念であるということになる．ところで，人がスポーツに参加するという行為は，さまざまなチャネルを通してスポーツの価値を内面化し，スポーツ参加への動機づけがなされることに始まる．この最初の段階で意志決定に影響を及ぼすのは「おもしろそうだからやってみたい」「うまくなりたい」「健康を保ちたい」「やせたい」等々，きわめて具体的な欲求である．

しかし欲求はそのまま行為に結びつくわけではない．本当に自分ができるかどうか，近くに施設があるかどうか，指導者がいるかどうか，経済的に可能かどうか等々，個人の準拠枠に照らして判断し，欲求と準拠枠が合致したところで彼の動機づけがなされ，参加の意志決定に至る．通常の社会化論ならこれで

ひとつの論理が完結する．しかし，本章で解明したいのは「なぜ続けるか」である．継続の論理はまだ完成しない．

通常，個人の欲求は，それが充足された段階で解消すると考えられている．たとえば食欲の場合，「何か食べたい」という欲求は食事をすれば解消される．しかし，これが「おいしいものが食べたい」という次元の欲求になると事情はかわってくる．食事をした後に「美味しかった」か「不味かった」かの評価が続く．そして美味しければまたそれを食べたいという欲求がおこり，不味ければ次からは食べたいという欲求は起きない．

このプロセスはさしあたり個人の行為の循環である．しかし，「評価」という価値判断にかかわる要因が入るかぎり，それは単に個人の好みの問題に留まらない．多くの人びとが「食べられれば良い」とする時代から「より美味しいものを食べたい」という時代にかわれば，個々人の評価はやがて社会的な評価へと変質し，ひとつの文化として価値を有するようになる．そしてその価値を内面化した個人が，また同じものを「美味しい」といって食べ，「不味い」ものは食べなくなる．こうした人びとの選択の結果，美味しいものは残り，不味いものは廃れる．

人びとがなぜスポーツを継続するかも基本的にはこれと同じである．スポーツに参加した結果，良かったか否かの評価がある．その評価に基づき，良ければ価値が増殖する．当初思っていなかった価値が認められれば新たな価値が付与される．悪ければ価値は剥奪される．こうして選ばれた価値が他の人びとにも内面化され，次のスポーツ参加への動機づけにつながる．こうしてあるスポーツは発展し，あるスポーツは廃れる．

以上のプロセスを一般化して示したのが図6－1である．ただしスポーツ参加の場合，食欲の例とは異なる局面があらわれる．食欲の場合は欲求の充足は即時的である．食べればすぐに「満足，不満足」「美味しい，不味い」の判断ができる．しかし「うまくなる」「健康になる」「やせる」等の欲求は，スポーツや運動をすればすぐに効果があらわれるわけではない．「やせる」ために

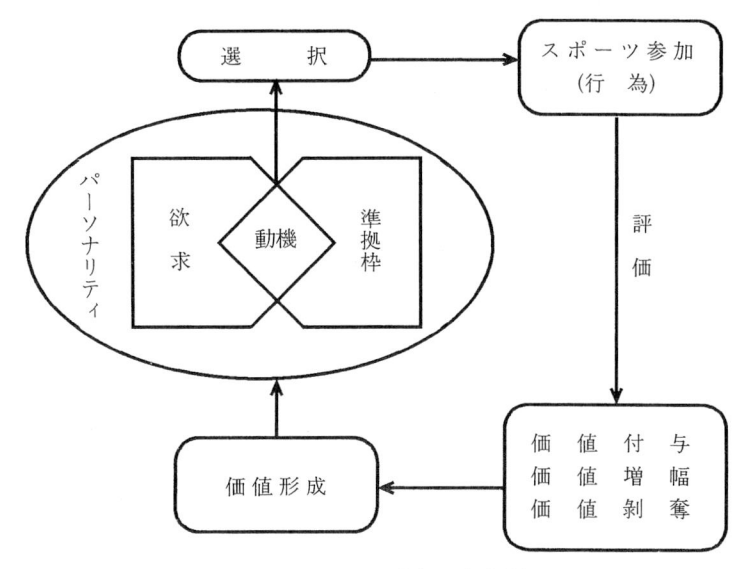

6 スポーツ参加の社会病理　113

図6-1　スポーツ参加の行為循環

　スポーツジムに通う人を例にとってみよう．スポーツや運動をして，消費カロリーにみあう食事をとると最初は逆に体重がふえる．この段階で諦めずにさらに続ければ体重を減らすことができる．しかし「続ければ減る」と説明され，頭でわかったとしても，「効果があらわれない」現実があるかぎりジム通いを続けるにはかなり強い意志の力が必要であり，多くの人がこの段階で挫折する．いくら健康に良いといっても不味い健康食を食べ続けることができないのと同じである．美味しいものでなければ続かない．食事でいえば「美味しい」にあたるのがスポーツでは「面白い」「楽しい」「爽快だ」等の評価である．見田宗介『価値意識の理論』に基づけば，いずれも自己本位・現在中心の「快価値」を具体的に表現したものである．

　見田は，人びとの欲求を「個人本位か他者本位か」と「現在中心か未来中心か」の2つから区分して価値の類型化を試み，図6-2のように「快」「愛」「利」「正」の4価値と各欲求の究極価値として「幸」「善」「美」「真」を抽出している．スポーツでいえば，健康や技術の向上は自己本位で将来志向の「利」

	時間的パースペクティヴ →		
	〈現在〉中心	〈未来〉中心	
〈自己〉本位	㊂ ―苦	㊙ ―害	㊕ ―不
〈社会〉本位	㊛ ―憎	㊣ ―邪	㊝ ―悪
	㊟ ―醜	㊙ ―偽	
	〈感性的・鑑賞的〉	〈理性的・認識的〉	
	パトス	ロゴス	

左軸：社会的パースペクティヴ ↓
右軸：エロース　アガペー

資料）見田, p.32

図6-2　価値の類型

価値である．スポーツ参加は「利」価値を求めるだけでは継続しない．しかしスポーツに「快」価値を認めることができればスポーツ参加は継続する．継続すれば「技術の向上」や「健康」「痩身」等につながり「利」価値の実現もはかれる．それだけでない．継続するなかであらわれる他者との協力や交流は「愛」価値の表現であり，スポーツマンシップやフェアプレイの精神は「正」価値の表現である．このように，「快」価値の実現を基盤とし，その結果として「利」「愛」「正」の各価値が実現するという構造が完成するとき，スポーツはその個人にとって生活の重要な要件のひとつとなり，スポーツの生活化が完成する．「快」「利」「愛」「正」は人間の生活上の価値そのものだからである．

3．「遊び」とスポーツ参加

スポーツへの社会化の分析から，スポーツ参加の継続は「快」価値の内面化を中心とする不断の価値形成過程であることが理解できた．では，この「快」価値はスポーツの何を源泉としているのだろうか．成熟社会のなかでスポーツが注目される理由を明らかにするには「快」価値の源泉にまでさかのぼる必要がある．

6 スポーツ参加の社会病理

　道を歩いていてふとみると丸い石ころがある．周りに人はいない．この石ころをちょっと蹴ってみる．追いかけていってまた蹴る．これが結構面白い．今度は電柱を目がけて蹴ってみる．あたった！こんな何気ない行為にも「快」価値が実現する．それはこの一連の行為が自由な「遊び（プレイ）」だからである．

　遊び（プレイ）を文化の基礎として位置づけ，社会理論にまで展開したのはカイヨワ（Caillois, R.）『遊びと人間』である．彼はホイジンガ（Huizinga, J.）『ホモ・ルーデンス』の理論を基礎にしながら，遊び（プレイ）の原理を6つに大別し，これを2つの分析軸で区分している．表6－1は彼のプレイ論を一覧表にまとめたもので，スポーツはアゴンの典型例として取り上げられている．

　スポーツがアゴンの典型例であるという彼の指摘は正しい．なかにはスキーのようにイリンクスの要素が強いスポーツもあるが，競技としてとらえれば，スキーも基本的に競争原理によって成立している．細かく定められたスポーツのルールも，より公平に，よりエキサイティングに競争するための社会的装置である．路上で人を殴り倒したら罪になる．四角いリングの中で相手を殴り倒せばボクシングのヒーローとなる．ルールに基づいて勝ち取った勝利は，それが遊び（プレイ）であるがゆえに万人から認められ，祝福される．

　では，ゲームに勝つことが「快」価値の源泉ということになるのだろうか？確かに「相手より優越している」ということを確かめることは快感の源泉になる．しかし，勝利だけで論理を完結しようとすると，論理に無理がでてくる．周知のとおり，いかなるゲームでも，原則として勝者は1人，あるいは1チームである．そして本論のひとつの帰結として，スポーツ参加を継続させるのは「快」価値であるということになった．もし，「快」価値の源泉が勝利であるとしたら，勝利しなかった大部分の参加者は価値の源泉をもたないのだからそのスポーツをやめてしまうことになる．これでは現実からかけ離れた論理になってしまう．

　これに対しては「次の勝利を求めるから参加が継続するのだ」という反論が

表6-1　遊びの分類

パイディア（Paidiaギリシャ語，遊戯）：喧噪				
すべての遊びを支配する気ばらし，騒ぎ，即興，無邪気な発散といった原理．遊びの根源である自由を原動力とする即興と歓喜との原初的な力であり，遊びの本能の自発的な現われを意味している．				
アゴン（Agônギリシャ語，試合，競技）：競争 競争という形をとる一群の遊び．そこでは人為的に平等のチャンスが与えられており，争う者同士は，勝利者の勝利に明確で疑問の余地のない価値を与えうる理想的条件の下で対抗する．遊びのこの原動力は，一定の分野で自分の優秀性を人にみとめられたいという欲望である．それゆえに，アゴンの実践は不断の注意，適切な訓練，たゆまぬ努力，そして勝利への意志を前提とする．	アレア（Aleaラテン語，さいころ，賭け）：偶然 アゴンと正反対に，遊戯者の力の及ばぬ独立の決定の上に成りたつすべての遊び．ここでは，相手に勝つよりも運命に勝つことの方が，はるかに問題．運命こそ勝利を作り出す唯一の存在であり，相手のある場合には，勝者は敗者より運に恵まれていたというだけのこと．したがって，アレアは勤勉，忍耐，器用，資格を否定する．	ミミクリ（Mimicry英語，真似，模倣，擬態）：模擬 人が自分を自分以外の何かであると信じたり，自分に信じこませたり，あるいは他人に信じさせたりする遊び．ここでは，見物人を欺くことは本質的な問題ではない．他者になる，あるいは他者であるかに思わせること自体が楽しくなる．強制的で明確な規制への不断の服従という点を除いて，ミミクリは自由，約束，現実の中断，空間的時間的限定という遊びの特徴のすべてをもっている．		イリンクス（Ilinxギリシャ語，渦巻）：眩暈 眩暈の追求にもとづくもろもろの遊び．それらは，一時的に知覚の安定を破壊し，明晰であるはずの意識をいわば官能的なパニック状態におとしいれようとするもの．すべての場合において，一種の痙攣，失神状態，あるいは茫然自失に達することが問題となる．時には器官，時には精神の特殊な惑乱，一時的なパニックの追求は，遊びの特徴である試練を受けるか拒否するかの自由，厳密で不変の限界，現実の他の部分からの隔離などが一緒になくてはならない．
＊　アゴンとアレアは相反する，いわば対称的な態度を表わしているが，しかしどちらも同一の掟に従っている．それは，現実にはありえない純粋に平等な条件を，遊戯者間に人為的に作り出すという掟である．				
ルドゥス（Ludusラテン語，闘技，試合）：規則 パイディアの無秩序で移り気な性質を，馴致し，恣意的だが強制的で，窮屈な規約にそれを従わせる原理．この規約は，遊戯者に限定された困難や課題を課すものであり，この課題を解決すること自体を楽しみとする遊びがここに形成される．この課題解決の言動力となるのがルドゥスであり，努力，忍耐，技，器用を必要とする．				

資料）カイヨワ，R., 1971より筆者が作成

あるかもしれない．しかし，定義から「快」価値は自己本位で現在中心の価値である．今，現在の「快」が充足されないかぎり「快」価値の実現はない．ゲームに負けて，次の勝利を求めてスポーツ参加を継続する場合でも，そこに「快」価値につらなる何らかの現在的な欲求充足がなければならないのである．

　ここで本節冒頭の例を思い出してもらいたい．道端の石ころを蹴って面白いのはなぜだろう．あらためて考えてみると，石ころが自分の意のままに動くわけではないことが大きな要因のようである．思うように動いてくれないから「今度はこう蹴ってみよう」とか「こうしたらどうだろう」等々考えてトライする．いわば課題を自分で設定して，それを自分でクリアーするところに面白さがある．それは彼の自己を表現する快感である．そして電柱にぶつけてみよう，という課題を設定する．あたった！このとき彼は論理ではとらえがたい自己の成就を実現している．

　困難な状況を自ら設定し，それを自ら乗り越えた時，彼は「快」価値を超越したより上位の価値に触れる．それは「快」「利」「愛」「正」といった生活上の価値を超越したもので，前述した見田によれば「幸」「善」「美」「真」という価値になるが，自己成就の実現者にとっては，これらの価値の内容はまったく関心の外である．「自らが幸の世界に存在すること」「自らが美の世界に存在すること」自体が問題なのである．このような状態はまさに「聖」との接触といってよい．

　前述の石蹴りの例でいえば，あたった！という瞬間，彼は俗を超えて聖と一体化する．ここで遊び（プレイ）は俗と聖をつなぐバイパスとなる．聖－俗－遊というトライアングルができた瞬間，彼は恍惚とした至福の状態を体験する．マスロー（Maslow, A.H.）は『創造的人間』や『人間性の最高価値』において自己実現の要素として至高経験を重要視している．マスローに依拠していえば，あたった！という瞬間は，彼が明確に意識しているかどうかは別として，彼の実存にとって大きな意味をもつ至高経験なのである．そして，先述した上位の価値は，マスローのいう「存在価値（B価値）」（表6－2）にあたるもの

表6-2 至高経験における世界記述として

B価値	価値の内容	B価値の欠乏	個々の病理
真実	正直，現実（赤裸々，単純，富裕，真髄，正当性，美，純粋，清純で生一本な完備）	不正直	不信，疑惑，冷笑，懐疑
善	（正確，望ましさ，正当性，正義，徳行，正直），（われわれはそれを愛し，それに魅せられ，賛同する．）	悪	まったくの利己主義，憎しみ，反発，嫌悪，信頼するのは自分だけ，虚無主義，シニシズム
美	（正確，形態，躍動，単調，富裕，全体性，完全性，完成，独自性，正直．	醜	俗悪，不幸，落ち着かない，緊張感，疲労，無意味，荒涼
全体性	（統一，統合性，単一性への傾向，相互連関性，単純性，体制，構造，分裂していない秩序，共働，一体感と統合への傾向．）	混乱 統合の喪失	解体，「世界没落感」 勝手な行為
二分法超越	（二分法，両極性，対立，矛盾の受容，解決，統合あるいは超越．）共働性（すなわち，相反するものの統一への，また対立するものの協力ないし相互に向上し合うパートナーへの変貌．）	白黒の二分法 程度や段階がない強いられた両極性 強いられた選択	白か黒かの考え方，あれかこれかの考え方，すべてを拮抗か戦いか葛藤とみなす，低次の協働 単純な人生観
躍動	（過程，不死，自発性，自己調節，完全なる機能，動的平衡性，自己表現．）	無生気，機械的な生活	無生気，ロボット化，自己を完全に規定されている，と感じる 情緒の喪失，生きがいの喪失，経験的空虚さ
独自性	（特異性，個性，不可代理性，新奇，かくの如き存在，無類．）	同質性，画一性 相互に交換可能	自己および個性の感覚を失う 代理可能性の感情，匿名性 真に必要とされていない
完全性	（余分な物のないこと，無欠，適所におかれたあらゆるもの，適確性，適切性，適合性，正義，完備，過ぎたるものなし，正当性．）	不完全，だらしなさ，悪いできばえ，まやかし	絶望，働くに値するものがないと感じる
必然性	（不可避性，まさにそうでなければならない，微動だにしない，そうあることはよい．）	偶然，偶因論，矛盾	混乱，予測不可能，安全感の喪失，警戒

の存在価値（B価値）とその欠乏による病理

完成	（終末，終局，応報，終了，もはや形態の変化なし，成就，結尾と目的，無疵または無欠，全体，運命の成就，停止，クライマックス，仕上げ，再生以前の死，成長発達の停止と完成．）	未完成	忍耐のともなう未完成の感情 絶望，努力や対応の停止 試みても無駄という感じ
正義	（公正，正当性，適合性，建築的資質，必然性，不可避性，公平無私，無所属性．）	不　正	不安定，怒り，シニシズム，疑惑，無法，一寸先は闇の世界観 まったくの利己主義
秩序	（法則性，正確，過ぎたるものなし，完全な整備．）	無法，混乱 権威の崩壊	不安定，用心，安全性や予測性の欠如，油断のない，警戒・緊張・監視の必要性
単純	（正直，赤裸々，真髄，抽象，無過誤，本質的骨格構造，問題の核心，そっけなさ，必要最小限度，飾り気なさ，余分なもののないこと．）	混乱した複雑さ 非結合，分解	はなはだしい複雑さ，混乱 当惑，葛藤，方向を見失う
富裕	（分化，複雑性，錯雑，全体性，欠乏し隠されたもののないこと，あらゆるものの存在，「無重要性」つまり，何事すべて等しく重要，重要ならざるものなし，万物が改善，単純化，抽象化，再配分されることなく，そのままの形でとどまる．）	貧困，くびれ	不景気，不穏，世界に対する興味の喪失
無礙	（安楽，緊張，努力，困難の欠如，優雅，完全で美的な機能．）	無為	疲労，緊張，努力，不器用，ぎこちなさ，優雅でなく硬直している
遊興	（たわむれ，歓喜，楽しみ，快活，ユーモア，華麗，自在無礙．）	ユーモアのなさ	不機嫌，ゆううつ，パラノイド型のユーモアの欠如，生きがいの喪失 快活でない，楽しむ能力の欠如
自己充足	（自立性，独立，みずからであるために，みずから以外を必要としないこと，自己決定，環境超越，分離，自己律法による生活，同一性．）	偶発性 偶然性，偶因論	他者への依存 責任回避

資料）マスロー，A.H. 1973, pp.158-159, 376-377より作成

である．マスローにとって存在価値（B価値）を実現できるか否かは，その人がそしてその人の住む世界が健康であるか否かのメルクマールになる．表6－2に示される「価値の内容」はきわめて抽象的であるが，基準の対極であるB価値の欠乏とそれによる個々の病理の記述と照らし合わせてみれば具体的な理解が可能となろう．すなわち，たとえば「真実」という価値は物事に対して正直に，そして現実をそのまま受け入れる純粋さをもてば，人間を信頼することができ，疑惑を取り除くことができることを示している．また，「善」という価値はまったくの利己主義や憎しみを排し，徳行を積み重ねれば，われわれはそれを愛し，賛同するということを示している．そして本章でいう遊び（プレイ）はマスローのいうB価値のすべてを内包している．したがって，遊び（プレイ）のなかにある自己表現や自己成就は存在価値の実現という意味で自己実現そのものということができるのである．

　このように考えると，スポーツの原理としての競争原理は，競争に勝つ，ということではなく，遊び（プレイ）のなかで自由に自分を表現できる，という意味において「快」価値と結びつくという論理になる．この場合，競争原理は遊び（プレイ）の一要素としてあることに意味があり，スポーツにおける至高経験（聖との一体化）を通して自己実現に近づくことができる，という点にスポーツ参加の本来的意義があるということになる．

4．人間の成長とスポーツ

　自己実現は，スポーツだけでなく他のさまざまな文化活動においても可能である．絵を描く，演劇を上演する，楽器を演奏する，陶芸をする等々，さまざまな文化活動はすべて自己表現であり，存在価値の実現に結びつく可能性を有している．そしてこれらはすべて「特定の様式化された行為の完成を目指す」という点でスポーツとまったく同じであるといえる．しかしこれらを社会関係のなかに位置づけるとき，スポーツは「自己の身体そのものをメディアとした競争原理に基づく行為」という点で，他の文化活動とは大きく異なる様相を示

す．スポーツは到達目標がはっきりしている．記録を1秒でも縮める，1点でも多く得点する，といった具体的な到達目標が提示される．このような特徴は絵画，演劇，音楽，陶芸等の文化活動にはみられない．

したがって，スポーツは他の文化活動に比べて容易に結果を確認できる．オリンピックで日本の選手が勝ったか負けたかは小学生にも理解できる．しかし，絵画や演劇や陶芸の「良さ」は小学生にはまず理解できない．ピカソの絵のどこがすばらしいのか，理解するのは小学生には困難であろう．場合によっては大人でも理解できない．通常の文化活動はそれを理解できるようになるにはかなりの学習が必要であるのにたいし，多くのスポーツはそれほど学習しなくても，理解し，感動することができる．

スポーツのこの特徴によって，スポーツ参加者は他者（観戦者）の感動をフィードバックとしてうけとめ，自己成就を強く，かつ客観的に確認することができる．それだけでない．参加者本人だけでなく，競技場での観戦者，テレビやラジオの視聴者等，より多くの人びとを巻き込んだ感動の共有は，まさに至高経験の共有そのものである．世界新記録が樹立された瞬間のあの鳥肌の立つような興奮は，競技者本人だけでなく，観客も我を忘れ，超越的な存在に触れていることの証明である．その一瞬，人びとは「聖」の世界に入りこんでいる．

スポーツの世界では，このような至高経験がかなり頻繁に体験できる．絵画や演劇，音楽，陶芸等，他の文化活動の世界であれば，学習に学習を重ね，円熟した人間，まさに自己実現している人間しか到達できないような体験を，スポーツの世界では多くの人間が体験できる．

すでに「スポーツへの社会化」の項で，「快」価値の実現を基盤とし，その結果として「利」「愛」「正」の各価値が実現するときスポーツの生活化が完成する，と指摘した．また「スポーツと自己実現」の項では，遊び（プレイ）の一要素としての競争原理に基づく行為という特徴から，至高経験（聖との一体化）を通した存在価値の実現という意味での自己実現をはかることができるところにスポーツの本来的意義があることを指摘した．そして今，至高経験への

接近可能性は他の文化活動にましてスポーツが非常に高いというスポーツの特長を指摘した．以上を一般化し，理念的にまとめたのが図6－3である．

存在価値（B価値）

価値b

時間の流れ

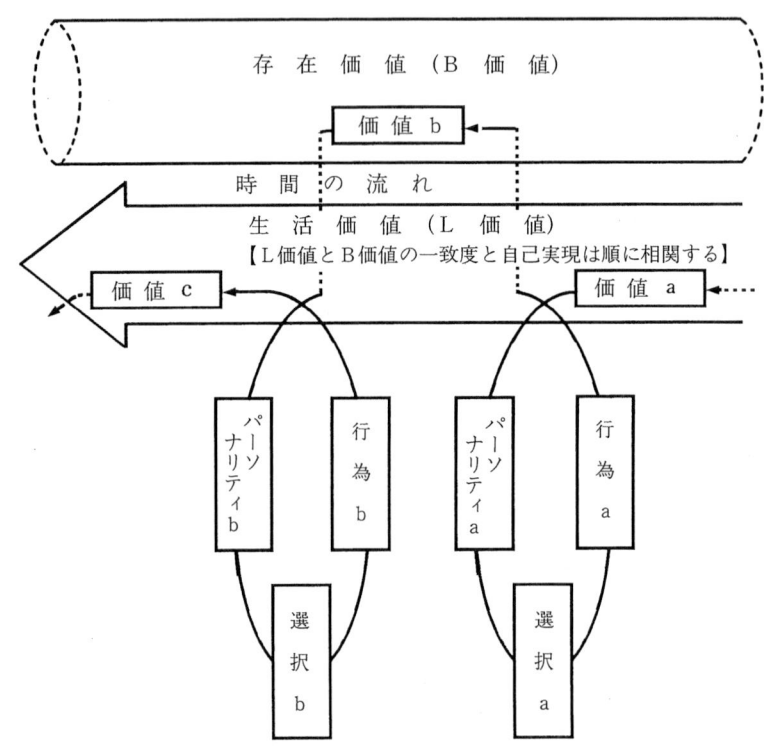

生活価値（L価値）
【L価値とB価値の一致度と自己実現は順に相関する】

価値c　　　　　　　　　　　　　　価値a

パーソナリティb　行為b　　　　　パーソナリティa　行為a

選択b　　　　　　　　　　　　　　選択a

図6－3　行為循環と自己実現の概念図

　人間は価値aを内面化し，それに基づいて自己の行為を選択し行為aを実行する．その結果によって新たな価値bが形成される．価値bに基づき行為bが引き起こされる．そして行為bにより価値cが形成され，それに基づき次の行為が選択される．この循環過程のなかで人間は成功や失敗をくりかえしながら成長する．この成長の軌跡がその人にとってのライフコースであり，成長のあり方はその人の社会関係のあり方だけでなく，歴史的事件等によっても影響を受ける．歴史の流れのなかで価値の具体的表現も変化するからである．そして，日常生活レベルだけで行為を考える時，この価値a，価値b，価値cは「快」

「利」「愛」「正」といった生活価値の実現として現われることになる．

　一方，存在価値はその定義からも明らかなように，時間の流れを超越した価値として存在する．それは人間性の最高価値として人類に普遍的なものである．この価値を実現することが「自己実現」であり，完全に成長した人間は，価値a，価値b，価値c…がすべて存在価値そのものとなる．すなわち，論理的には，完全に自己実現を達成している人は生活価値と存在価値が常に一致する，ということになる．

　もちろんこれは理論的には，という前提での話である．現実には，自己実現しているとみられる人でも，生活価値と存在価値が完全に一致していることはきわめてまれである．そこで概念図では価値aと価値cは生活価値の次元に留まるもの，価値bが存在価値と一致するものとして図式化した．しかし，存在価値が人間性の最高価値であるとするかぎり，人間の成長は存在価値の実現を求め続ける行為の循環過程としてとらえられる．したがって，スポーツのなかで自己の目標を設定しこれを達成すること，自分の身体をメディアとして自己を表現すること，より高次の目標にチャレンジしそれを成し遂げた感動を他者と共有すること，といった要素を内在するスポーツ参加は，他の文化活動にもまして，人間の成長と存在価値の実現に大きく貢献するものということができるのである．

5．スポーツの社会病理現象

　成熟社会において余暇活動が重視される理由は「増大する自由時間のなかで人びとがいかに自己実現をはかれるか」が生活の質を決定する重要な要件になると考えられるからである．ここに文化活動が成熟社会において重視される根拠があり，スポーツも文化活動のひとつとして人びとの自己実現に貢献し，しいては物質的豊かさだけでなく，精神的豊かさを含めた真の豊かな社会の実現に貢献するところにその存在理由がある．さらに，スポーツは自己成就や自己表現，至高体験の共有という面で他の文化活動に比して社会的影響力を及ぼす

範囲が広く，またスポーツ参加を通して人間生活の営みの基礎となる健康の保持・増進が実現できる，という特長を持つ．この特長こそ，成熟社会においてスポーツが他の文化活動に比して特に重視される要因であると考えられる．

しかし，この特長はあくまで理念としてのスポーツの社会的機能を提示したものであり，現実には，このようなスポーツの社会的機能は，スポーツが文化として成熟しきっていないという現代社会の状況のなかでその理念の実現を阻まれたり，逆機能の様相を呈することになる．

スポーツの文化としての未成熟さは，第1に，人びとのスポーツへのアクセスの困難さにあらわれている．たとえば近くに公営のスポーツ施設がない．近くにあっても，1ヵ月も2ヵ月も前に申し込まなければならない．団体の予約が一杯で個人で利用できる時間が限られている．民営の施設はあるが会員制で入会金や会費が高い．このような物理的，経済的条件の不十分さは枚挙にいとまもない．スポーツ関連のインフラストラクチャーの整備が遅れていることは，スポーツが文化として未成熟であるというだけでなく，当該社会が文化的に成熟していないという現実をものがたるものといわなければならない．

スポーツの文化としての未成熟さは，第2に，指導者の基本的知識の問題にあらわれる．学校体育における指導者，つまり保健体育の教員は大学において運動生理学，スポーツ医学，バイオメカニクス等，人体の構造や機能に関する学習を組織的，体系的に修めている．しかし，地域におけるスポーツ指導者の多くは，高校時代や大学時代に部活動等でそのスポーツをやっていた，という理由だけで指導者になっている．ようやく1990年代に入り，文部省，厚生省，労働省等の関係各省でスポーツや健康にかかわる指導者の認定を全国レベルで制度化しようという動きになってきたが，これが実体として定着するまでにはまだ時間がかかるだろう．

運動生理学，スポーツ医学，バイオメカニクス等，スポーツを指導するうえでの基本的な知識を十分修めずにスポーツの指導をすることは，あたかも日本語の基本構造を知らずに国語を教えているようなものであるが，問題はそれに

留まらない．国語を教えるだけなら間違えて教えてしまっても本人が恥をかくだけで，その後十分に取り返しはつく．しかしスポーツの場合はそうはいかない．間違った指導で腕が曲がってしまったら，その人は一生，曲がった腕で生活しなければならない．炎天下に水も飲ませずに厳しい練習を続け，小学生を死に至らしめた指導者もいる．そのような指導者の存在を許していること自体，スポーツが文化として未成熟であることの何よりの証明である．

スポーツの文化としての未成熟さは，第3に指導者の基本的姿勢の問題にあらわれる．学校の部活動にしても，地域社会のグループ活動にしても，多くの指導者がその目標を「勝つこと」に求めている．アンケート調査をすれば，表向きは「勝つことが全てではない」と答えはする．しかし多くの場合，指導している姿からは「勝つことが全て」という姿勢がひしひしと伝わってくる．

スポーツの原理のひとつが「競争」であるかぎり負けるよりは勝つ方が良いことは当然である．しかし，勝つために手段を選ばなかったり，メンバーに無理な練習を強いたり，果ては優勝できなかったことを苦に自殺してしまう監督がでたりするという状況は，スポーツは遊び（プレイ）という範疇における競争である，という文化的特性から著しく逸脱するものといわざるをえない．ここにはスポーツを勝利至上主義でとらえることによる社会的逆機能も顕著に示される．

スポーツの文化としての未成熟さは，第4にスポーツ参加者の基本的態度にあらわれる．この場合，病理現象は2つの異なる様相を呈することになる．

第1の様相は，エリートスポーツ選手に頻繁にみられる他律的態度である．ここで言うエリートスポーツ選手というのは，オリンピックや世界選手権に出場するほどのトップクラスではないが全国大会や地区大会クラスではそこそこに活躍するような選手をさしている．1992年のバルセロナオリンピックで銀メダルを獲得した有森祐子選手に対して，その指導者である小出監督は「自分のために走れ」とアドバイスした．1988年のソウルオリンピックで優勝した鈴木大地選手は，その指導者である鈴木監督と相談し，自分でバサロキックの回数

を増やすことを決断した．トップアスリートはきわめて自律的であるケースが多い．しかし，エリート選手の場合，往々にして自分で自分のプレイを決められないケースがでてくる．いちいち監督の指示を待つ選手，監督のいうとおりにしか動けない選手，ここ！というところで自分で決断できない選手，これらの選手は，結局のところ「スポーツに参加している」のでなく「スポーツに参加させられている」のである．

　第2の様相は，わが国においていわゆる大衆娯楽として行なわれるスポーツに頻繁にみられるモノカルチュラルな状況である．

　相撲がおもしろいといえば皆が相撲を観る．今はサッカーだ，といえばサッカーに目を向ける．人びとの関心が特定のスポーツに集中しやすいところにモノカルチュラルな状況が認められる．社会的分化が認められるにしても，老人といえばゲートボール，少年といえばサッカー，若者といえばスキーとテニス，中年男性といえばゴルフ，婦人といえばエアロビクスと各世代，各対象ごとに支配的なスポーツが特定される．

　もちろん，この特定のスポーツの支配性は永続的なものではない．たとえば少年の場合，かつては野球が支配的で，街を歩く少年たちはこぞって野球帽をかぶり，グラブとバットを持っていた．それが，今度はサッカーボールにすっかりかわっている．また，スポーツに関連する用具や服装など，流行に左右されるものの支配性のサイクルはもっと短い．

　いずれにしても，わが国におけるスポーツが時代的影響を強く受け，流動性を持っていることは確かであろう．しかし，わが国のスポーツが文化として極めて単一的であり，時代の転轍手の指さすままに同一方向に進んでいることも間違いない．スポーツの世界だけをみるとその内部ではさまざまな新しいスポーツが開発され，その普及に努めている団体が数多くある．この意味では多様性を持ってきた．しかしこのようなスポーツの多様性がスポーツの世界内にとどまり，スポーツの世界外にいる一般の人びとの現実のニーズと結びつかず，結果としてスポーツが文化として単一性を脱却できないところにこんにちのス

ポーツの文化的未成熟さが現われている．

そしてこのような文化的未成熟さは，他に参加できそうなスポーツがないからみんながやっているスポーツに参加する，という非主体的なスポーツ参加につながる．「みんながやっているから」「流行に遅れるとみんなにバカにされるから」という理由だけでスポーツに参加することは，参加者本人が気づいているかどうかは別として，スポーツのもつ本来的な価値を逸脱したものであることはまちがいない．

第1の様相，第2の様相のいずれの場合も，スポーツ参加が参加者の主体的選択によってなされるのではない．「やめたくてもやめられない」「他のスポーツをやりたくてもできない」というスポーツ参加の状況は参加者本人のライフコースにとってマイナスであるだけでなく，その人が所属するクラブやチームにとっても大きなマイナスである．参加者の態度からみたスポーツの文化的未成熟さは「強制的なスポーツ参加」という病理性を浮き出しにすることになる．

以上，インフラストラクチャー，指導者養成，指導者の価値意識，強制化されたスポーツ参加の4点からスポーツの文化としての未成熟さを指摘してきたが，これらの状況はわが国の価値構造に規定されたスポーツの姿を如実に示すものということができよう．すなわち，戦後，とくに高度経済成長期の社会に支配的となった経済効率優先の価値がスポーツの価値にも影響を及ぼし，人びとの自己実現に貢献するというスポーツの本来的な価値を背後に押しやり，きわめて人間的であるべきスポーツが非人間的なものとして具現するという状況が生まれてきたものと考えられるのである．そこで次にこの点について詳しく検討したい．

6．スポーツ参加の社会病理

自らが選択した行為としてのスポーツ参加を通して自らの価値意識を確認し，新たな社会的価値形成の主体として自らのアイデンティティを獲得する過程を通して人間の成長と自己実現を達成するというスポーツへの主体的社会化論の

考え方からすれば，勝利至上主義やスポーツ参加の強制化は参加者の主体性の剥奪につながるものであり，スポーツの価値そのものを否定することである．しかしそれが現実の問題として存在することもまた事実である．成熟社会が真に豊かな社会として存在するにはその下位文化のひとつであるスポーツもその価値を正当に実現することが要件となる．この意味において，勝利至上主義やスポーツ参加の強制化という問題はわれわれの文化としてのスポーツにおいて解決されるべき現代的課題である．

では，なぜスポーツが本来の価値を実現することなく，逆に病理現象を発生させるようなものとしてたち現われてきたのだろうか．この問題を考えるために，まずわが国の文化的環境のなかでスポーツが発展してきたプロセスから検討を始めたい．

スポーツが文化として発展するということは，人びとにスポーツの価値を知らせしめ，そのニーズを拡大するということである．そのプロセスは当然，社会状況や社会の基本的な価値構造によって制約を受ける．わが国においてスポーツが現在につながる文化として市民レベルに拡がったのは1964年のオリンピック東京大会以降のことといってよい．多くの日本人にとって，スポーツという文化をこれほど身近な存在として認識するのはオリンピック東京大会が初めてだった．オリンピックは日本人にスポーツの感動を知らしめただけでなく，自らスポーツにチャレンジしようという人びとを増加させた．みるスポーツだけでなくするスポーツも，チャンピオンスポーツだけでなく大衆スポーツも，という方向づけを与えたのである．この意味で東京オリンピックはスポーツの日本社会への浸透に大きく貢献したといえよう．

しかしスポーツに対する認識の面では問題が残されていた．それまでの日本では遊び（プレイ）としてスポーツを享受できる階層は限られていた．戦前から続く勤勉節約を重んずる思想は戦後の混乱期を経て人びとに強く内面化され，加えて高度経済成長を達成しようとする経済状況はわが国の社会に経済効率優先の価値構造を形成させていた．勤勉節約の思想や経済効率優先の価値からす

ると「遊び」はむしろ罪悪視すべき対象だった．このような状況ではスポーツの原理としての遊び（プレイ）という概念自体が受け入れられないのはある意味では当然のことだった．人びとがスポーツの価値を正当に認識するまでにスポーツへの社会化が達成されていなかったのである．ここにわが国におけるスポーツがその本来の価値を自由に実現できず，文化的未成熟状態を生み出す大きな要因があったと考えられる．

　もう少し具体的に考えてみよう．未知の文化に触れたとき人びとはまず自らの経験のなかからそれに最も近いものに基づいてその文化を認識しようとする．当時の多くの日本人はゲームやプレイそのものを楽しむというスポーツの楽しみ方を内面化していなかった．反対にスポーツに含まれる真面目さ，禁欲主義等は当時の日本人の価値意識にきわめてマッチするものだった．ひたすら困難に耐え，努力して最後に勝利をおさめることは当時の日本人の美意識そのものだった．それは戦後の混乱期から高度経済成長へと国力を高める上で必要とされた日本人の基本姿勢に直結する価値として受け入れられたといえよう．

　上述の美意識はもちろんオリンピック東京大会以前にすでにわが国に存在していた．その典型例がプロレスであり，戦後の大衆娯楽としてのプロレスのヒーロー，力道山だった．豊登や吉村といった日本人レスラーが外国人レスラーの反則を含む攻撃でダウン寸前になる．それに歯を食いしばって耐え抜き，最後には力道山の怒りの空手チョップで外国人選手をやっつける．この，今となっては単純とも思えるストーリーに実に多くの大衆が歓喜の声をあげていたのである．それは単にチャンピオンベルトをめぐっての競争としてのスポーツにとどまらない．そこにはわが国に伝統的な相撲や柔道，剣道等にみられる「勝負」の観念が日本人のエートスとして息づいていた．また，外国人レスラーは戦勝国を，力道山は敗戦国である日本をあらわしていた．外国人レスラーは外集団（ソト）の人間，力道山は内集団（ウチ）の人間として意識され，ウチの正義がソトの邪悪をこらしめるストーリーに日本の復興の夢が重ねられていた．戦後日本の復興期におけるプロレスはこの意味において日本人としてのわれわ

れ意識を凝集するものとして機能していたのである．

　このような価値意識とスポーツの機能を底流におきながら，人びとはオリンピック東京大会を日本の経済成長の証として受け入れ，カラーテレビを購入し，体操競技，女子バレーボール，そしてマラソン等における日本選手の活躍に熱中した．あたかも，プロレスにおいて吉村や豊登が外国人選手にノックアウトされては怒り，力道山が空手チョップで外国人選手をノックアウトすると喜ぶのとまったく同じレベルで，オリンピックで日本人選手が負けると悲しみ，勝てば歓喜した．そこにあるのは「敵か味方か」，ゲームに「勝ったか負けたか」の二者択一であった．換言すれば，スポーツはわが国において，フェアプレイの精神より内集団（ウチ）の論理を優先させて認識されることになったのである．ここにわが国のスポーツが，スポーツの本来もっている原理を完全に開花させる方向でなく，日本社会の価値構造に規定されて現出してきた二者択一の論理を基礎とする勝利至上主義の原理に基づいて独自に発展してきた理由の1つがあると考えることができる．

　この原理のなかで日本のスポーツ選手や指導者たちは，国のため，郷土のために勝たなければならないという圧力のなかで競技を続けることになる．人びとの期待が大きければ大きいほど，彼への圧力は強くなる．そして練習に練習を重ねても人びとの期待に応える実績をあげることができないとき，本来楽しくあるべきスポーツが彼にとって桎梏となり，結果として彼はバーンアウトする．「もう走れません」という遺書を残して自殺したマラソンの円谷選手や勝てないことを苦に自殺したゲートボールチームの監督などがその典型的な例である．

　また人びとのスポーツに対する期待が勝利至上主義という社会的価値として定着することにより，それを内面化した人びとのスポーツへの参加欲求も「利」価値を求める傾向が強くなる．本来的には，「快」価値の実現を基盤とし，その結果として「利」「愛」「正」の各価値が実現するときスポーツの生活化の構造が完成する．しかし勝利至上主義という価値が支配的な場合，スポーツは

「利」価値の実現を基盤として構造化されることになる．この構造化が成立すると，指導者や参加者個々人が「スポーツはもっと楽しくありたい」と思っていても価値構造がそれを許さなくなる．たとえ短期的にせよ勝負に負けることは価値剥奪を意味するのである．このような状況のなかで「快」価値の内容はゆがめられる．ここでは，「利」価値実現の結果としての「快」価値の実現はありえても，スポーツそのもののなかで自己目的的に「快」価値を実現することは困難となる．そこではスポーツは本人の主体性に基づく活動たりえない．それは何らかの外在的圧力によって「やらされる活動」としての性格づけがあたえられることになる．

同時に，スポーツの「利」価値実現のプロセスはスポーツの商品化の問題を顕在化させる．スポーツは本来的には人間性の最高価値に通じるものである．したがってそれ自身としてはなんらの経済的価値も有するものではない．しかし，スポーツがその本来的価値に基づき，特定の文化（生活様式）を表現しようとする時，そこに財やサービスの交換が生じる．スポーツにかかわる「モノ」が商品としての価値をもつようになる．スポーツが経済的価値を生み出し，産業として展開するようになる．その結果，人びとのスポーツ参加もこの経済関係の一環に組み入れられるようになる．

このプロセスはスポーツが文化として成熟する過程で必然的に現われるものであり，これ自体としては問題があるわけではない．また社会の成熟化が進展するにしたがってスポーツへのニーズも高まるのであるから，スポーツが産業として展開することもそれ自体としては社会の発展にとって必然的である．人びとの生活をより豊かにするためにスポーツが生活の中に取り入れられることも，それ自体としては自己実現の可能性を高めるものとして望ましい．

しかしスポーツが商品価値という面からのみ評価され，さらにそれが経済効率優先という価値構造と結びつくとき，スポーツのもつ本来的価値が疎外され，経済的価値によるスポーツの支配と市場操作という問題状況を発生させることになる．すでに示したスポーツのモノカルチュラルな状況はその典型例である．

スキー場に行けば同じようなスキーをはき，同じようなウエアに身をつつみ，同じような年齢の人びとで一杯である．1人ひとりは個性的であろうとするが，それが結果として同じ方向に向かってしまう．まさに市場操作の結果であり，それが大衆化の一般原理に則りスポーツのモノカルチュア現象を発生させる．スポーツ参加はここでは主体的で自己実現に結びつく積極的活動というよりは，「あてがわれた商品」としてのスポーツの受動的な消費活動として現象することになる．

　以上まとめると以下のとおりとなる．外来文化としてのスポーツは，戦後のわが国における勤勉節約の思想や内集団（ウチ）の論理と結びつき，さらにそれが経済効率優先の価値構造によって規定されることにより，スポーツのもつ遊び（プレイ）の側面は後退し，「真面目さ」「禁欲主義」「勝負」の側面が前面にでることになった．その結果としてわが国のスポーツは勝利至上主義を原理的価値として定着させることになった．この勝利至上主義の価値は内集団（ウチ）の論理を内包することからスポーツ参加者に集団への過剰同調を引き起こし「やらされスポーツ」というかたちでのスポーツ参加の強制化を引き起こすことになった．一方，スポーツはその独自の発展と社会の成熟化の過程で商品としての経済的価値を有するようになる．それが経済効率優先の価値構造と結びつくことによりスポーツのもつ本来的な価値が疎外され，スポーツの囲い込みというべき「あてがわれスポーツ」というかたちでのスポーツ参加の強制化を引き起こすことになったのである．戦後のわが国のスポーツはまさにこのような状況の中で文化としての全面開花が阻害され，さまざまな問題を生じさせることになったということができよう．

7．結びにかえて

　スポーツが当該社会の価値構造に規定されてその性格をかえることは，文化伝播過程の一般理論に照らして当然である．その意味で日本のスポーツが勝利至上主義に傾いたことはある意味では当然の帰結だった．またスポーツが文化

として発展する過程で商品として対象化されることも社会の成熟化の過程で当然の帰結だった．そしてわが国が高度経済成長政策をとり，経済発展を目指そうとするかぎり，経済効率優先の価値構造を選択するのも当然のことであった．わが国のスポーツの文化としての未成熟さとそれのともなうスポーツ参加をめぐる社会病理現象はこの「当然」のなかから発生した．すなわちそれは単にスポーツそれ自体の問題として認識されるべきものではなく，われわれの社会そのもののもつ病理性がスポーツという社会現象に顕在化したものとして認識されなければならないことを意味している．

　このことは，けっしてスポーツのもつ本来的価値を否定するものではない．逆に，このような状況であるからこそスポーツの本来的価値とその社会的機能が一層重視されなければならないだろう．スポーツが人びとの生活に一層浸透し，その成熟化が進めば進むほどスポーツに外在する桎梏とスポーツに内在する価値との対立関係は大きくなる．この対立関係を止揚する時，スポーツは真に成熟社会の基本要件として人びとの自己実現に貢献できるものとなる．

　スポーツの成熟化の原点はすでに存在する．たとえばオリンピックで活躍する選手たちには力一杯自らを表現し切る喜びがあふれている．そこでは日本人，外国人といった国籍上の区別さえ意味をもたない世界がある．自由で，主体的な参加を通じて自己実現を達成するというスポーツの本来的価値は政治体制や経済制度を超えた不変・中立的な価値なのである．そしてスポーツのこのような価値特性のゆえに逆に政治体制や経済制度によって利用されやすいというパラドックスも生じやすい．この意味においてスポーツはわれわれ自身が選択した社会制度のリトマス試験紙であるということができる．スポーツがその本来的価値を自由に実現できないということは，われわれが人間の自由な成長を阻む社会制度のなかにいることを示している．

　逆にスポーツがその価値の実現を希求するということは，人間の自由な成長を保証できるような新たな価値構造を求めるものということになる．その具体的な第一歩は葛藤を生むものではあるが困難なことではない．「やらされスポ

ーツ」にたいして　No！というべきところで　No！といえるかどうか，「あてがわれスポーツ」にたいして自分の本当の気持ちを大切にし，自分の素直な気持ちでスポーツ参加を選択するかどうかである．自分たちの身の回りに勝利至上主義があること，経済効率優先の価値構造のなかでスポーツが自由な発展を阻害されていることを認識さえしていれば，No！というべきところ，またスポーツ参加選択の際の判断基準はおのずとわかるはずである．すなわち，個人の面からみると人間の自己実現を保証するかどうかであり，社会の面からみると人間優先の価値構造に則っているかどうかである．

　われわれの社会は今，経済優先の価値構造から人間優先の価値構造へかわろうとしている．成熟社会が真に豊かな社会であるためにはこの価値構造の転換が最重要要件といえる．しかし，さまざまな制度的拘束のなかでその歩みは直線的ではあり得ない．紆余曲折，出口の見えない状況のなかでわれわれの社会は何らかの突破口を必要としている．スポーツはその基本的な価値を主張することによって突破口を切り開くパイオニアとなる可能性を有している．その実現へのひとつのきっかけをつくるのが，本章2～4で示したような，スポーツへの主体的参加を促し，スポーツの価値を正当に内面化するプロセスを研究・実践する「スポーツへの主体的社会化論」であるといえよう．本稿で示したスポーツ参加の社会病理の顕在化とその克服に関する理論はまだ全面的に展開されているものではないし，必ずしもすべてが実証されたものではない．今後論理のさらなる展開と理論の仮説化，データに基づく仮説の検証を進める必要がある．同時に，人間優先の価値構造への転換，人間の自己実現欲求が充足される社会の実現にむけて実践活動を展開し，歴史的事実によって理論を実践的に証明する努力がより一層必要となる．それが将来の豊かな成熟社会の実現に責任をもって現在に生きるわれわれ1人ひとりの今後の課題であるといえよう．

引用・参考文献

カイヨワ,R.著（多田道太郎・塚崎幹夫訳）『遊びと人間』講談社　1971
竹之下休蔵『プレイ・スポーツ・体育論』大修館書店　1977
ホイジンガ,J.著（高橋英夫訳）『ホモ・ルーデンス』中央公論社　1971
マスロー,A.H.著（佐藤三郎・佐藤全弘訳）『創造的人間』誠信書房　1972
マスロー,A.H.著（上田吉一訳）『人間性の最高価値』誠信書房　1973
見田宗介『価値意識の理論』弘文堂　1966

7 高齢者の社会的扶養・介護と福祉・介護マンパワー問題

　人口構成の高齢化が進行するなか，高齢者の社会的扶養・介護を担う福祉・介護マンパワーの量的確保，および質的な向上が大きな政策的課題となってきている．本章では，この2つの政策的課題のうち，とくに高齢者の社会的扶養・介護を支える特別養護老人ホーム等の介護施設の寮母や，在宅サービスにおけるホームヘルパーといった福祉・介護マンパワーを取り上げ，その量的な確保に関する問題状況について考察する．

1．人口構成の高齢化と高齢者の社会的扶養・介護

(1) 人口高齢化と高齢者扶養

　2001（平成13）年10月1日現在の総人口は，1億2,729万人である．そのうち，高齢者人口（65歳以上人口）は2,287万人であり，総人口に占める比率（高齢化率）は18.0％である．国立社会保障・人口問題研究所が公表した「日本の将来推計人口（平成14年1月推計）」の中位推計によると，高齢化率は2005年が19.9％，2010年が22.5％となり，さらに高齢化が持続して2025年には28.7％，そして2050年には35.7％に達するものと予測されている．つまり，おおよそ半世紀後には2.8人に1人が65歳以上人口になるものと見込んでいるのである．この人口高齢化の最新推計では，前回の推計値よりも高齢化の水準が高くなっている．わが国の人口高齢化は，これまでの何回かの高齢化の予測値を超えて，急速に進行しているのである．

　65歳以上の高齢者であっても，60歳代後半や70歳代の前半層では，その多くが健康状態は良好である．他者からの生活援助を必要とする人は，それほど多くはない．しかしながら，75歳以上の後期高齢者層となると「寝たきり」や「痴呆性」等の要介護高齢者の出現する比率が高くなってくる．人口高齢化の将来予測で問題となるのは後期高齢者人口の増大であるが，前述した最新推計

においては，この後期高齢者層のいちじるしい増加が確実視されているのである．

厚生労働省による「寝たきり」や「痴呆性」そして「虚弱」な高齢者を合計した要介護高齢者数の増加予測（表7－1）では，2010年は390万人，2025年には520万人になるものと見込まれている．ただ，この増加予測の数値も，前回（平成9年）の高齢化推計に基づいたものであるから，前記した最新の推計をふまえるならば，表7－1に示されている数値以上に要介護高齢者が増加する可能性を否定することはできない．

表7－1　厚生労働省による要介護高齢者の予測
―寝たきり，痴呆性，虚弱高齢者の将来推計―

（単位：万人）

	総数	寝たきり（寝たきりであって痴呆を含む）	要介護の痴呆性（寝たきりを除く）	虚弱
1993（平成5）年	200	90	10	100
2000（平成12）年	280	120	20	130
2010（平成22）年	390	170	30	190
2025（平成37）年	520	230	40	260

資料）厚生省（監）『21世紀福祉ビジョン』第一法規出版，1996年，p.86．

「寝たきり」や「痴呆性」といった要介護高齢者は，身体的・精神的機能の低下により，生活場面において他者からのさまざまな生活援助が必要となる．高齢者への生活援助は，そのニーズに対応して経済的援助，身体的介護，情緒的援助を組成要素とする．高齢者扶養とは，このような生活援助を高齢者の所属する社会集団内部において「物的資源」や「サービス労働」の配分という形で提供し，高齢者の生活自立性の確保を目的とした援助の総体ということができる（那須宗一「老人扶養の変貌」『現代日本の家族』培風館，1974, p.80）．さらに，高齢者扶養を援助主体から区分すると，社会的扶養と私的扶養とに区分することができる．さらに，社会的扶養には，「制度化された社会的連帯」に基づき公的機関が実施・運営する年金保険や医療保険さらには介護保険などの社会保障制度といった行政主体の公的扶養と，ボランティア活動等の地域住民を

援助主体とする非公的であり非血縁的な社会的連帯に基づく狭義の社会的扶養とがある．また，私的扶養の典型例としては配偶者や子どもによる家族的扶養があるが，さらに親族や友人による個別的援助が私的扶養のなかに含まれる（拙稿『淑徳大学研究紀要』No.25, 1991）．

(2) **家族変動と家族的扶養の限界**

わが国の高齢者扶養は，子ども家族と老親が同居する家族的扶養の形態が中心的な位置を占めてきたことは周知のとおりである．だが，第二次世界大戦後の家族変動の影響はいちじるしく，子ども家族による私的扶養の限界が明らかになってきている．

戦後家族の形態上の変化を端的に示しているのが，「核家族化」である．核家族化とは，一般的には，世帯類型のうち核家族的世帯（夫婦のみの世帯，親と未婚の子どもからなる世帯）の比率の上昇を指している．これに，単独世帯を加えて表わすこともある．厚生労働省の国民生活基礎調査によると，65歳以上の高齢者を含む世帯の状況は，2000（平成12）年において，単独世帯は307万9千世帯（19.7％），夫婦のみの世帯は423万4千世帯（27.1％），親と未婚の子のみの世帯は226万8千世帯（14.5％）である．対して，典型的な老親と子ども家族との同居世帯である三世代世帯は414万1千世帯（26.5％）にとどまっている．65歳以上の高齢者の家族形態において，核家族の形態が支配的であり，高齢者家族の核家族化の傾向をうかがいしることができる．さらに，留意すべきは，単独世帯の多さである．単独世帯は65歳以上の高齢者の約2割を占めており，高齢期の家族形態として，単独世帯がイレギュラーな家族形態とは言い切れなくなってきているのである．このように，高齢者家族の核家族化が顕著であり，子ども家族との同居を基盤とした高齢者の家族的扶養は困難の度合を高めているといえよう．

また，老親との同居規範意識について，表7－2により，国立社会保障・人口問題研究所が実施した「全国家庭動向調査」の結果についてみていこう．この調査では，家族に関する妻の扶養規範意識に関する質問として，「年をとっ

表7－2 妻の年齢階層別の老親との同居規範意識

(単位：％)

		賛　　成		反　　対	
		1993年調査	1998年調査	1993年調査	1998年調査
総　　数		61.5	50.4	38.5	49.6
妻の年齢	29歳以下	58.8	45.4	41.3	54.6
	30～39歳	53.0	44.0	46.9	56.1
	40～49歳	60.7	47.2	39.3	52.8
	50～59歳	69.9	57.6	30.1	42.5
	60～69歳	70.7	60.1	29.3	39.8

注）設問は、「年をとった親は、息子夫婦と一緒に暮らすのがよい」に対する「妻」の意識
資料）国立社会保障・人口問題研究所『第2回全国家庭動向調査』2000年より

た親は息子夫婦と一緒に暮すのがよい」という質問を設定している．言うなれば，この質問は「嫁」の夫の両親に対する同居扶養の意識を尋ねていることになる．これによると，「反対」という否定的な意識は，1993年の第1回調査が38.5％であるのに対して，1998年の第2回調査では49.6％に増加している．「賛成」であるとする肯定的な意識は1993年の第1回調査の61.5％から1998年の第2回調査では50.4％に減少しているのである．回答者の年齢による差異はあるものの，いずれの年齢階層においても，老親との同居については肯定的意識が減少し，否定的な意識が増加している．このように，高齢者扶養の同居規範意識は，社会規範としての拘束力を減退させている．

また，たとえ子ども家族との同居の形態をとっていても，高齢者の介護に関し老親世代と子ども世代が，世代間で分離する傾向も指摘されている（『在宅重介護老人世帯の介護と家計に関する実証的研究報告書』(財)老人福祉開発センター，1987)．もはや，高齢者扶養なかでも介護機能は，子ども家族が第1次的に担う役割ではなくなりつつある．家族には，血縁としての情愛から，高齢者に対する情緒的援助の役割こそが期待されているのではないだろうか．

戦後家族のライフサイクルの変化では，子どもの養育期間の縮小から女性の社会進出，とりわけ就労機会が増加した．高齢者の家族的扶養は「男は仕事，女は家庭」の性別役割分業に依拠しているため，実際の介護者の多くは女性

(それも中高年の) である. 既婚女性の就労化は, 在宅時間の減少等から介護役割の遂行に大きな障害となりうる. また, 女性の就労は「自己実現の手段」としの側面をもつ. 就労を断念し介護役割に専念することは, その経済的損失とともに精神的にもいちじるしいストレスとなり, 結果として家族に期待される高齢者への情緒的援助の妨げとなりうるのである. さらに, 家族のライフサイクル変化では, それ自体の伸長から起こる問題もある. それは介護役割を担う配偶者や子ども世代の高齢化問題である. いわゆる「老老介護」の問題である. 入浴・排泄等の介助は, 高齢化した介護者には大きな身体的な負担となるであろう.

このように, 戦後の家族変動は家族的扶養の限界を顕在化させつつあるといえよう. そして,「非婚」「シングルズ」「家族の個人化」など, 家族の変化は直系制家族はもとより核家族の時代をも超えようとしている. もはや,「家族にのみ (場合によっては嫁にのみ) 全面的に老親介護の機能を期待することは, 家族それ自体の崩壊」をもたらす可能性がある (野々山久也「家族形態の多様化と在宅ケア」『地域福祉研究』No.16, 1988, p.26). 高齢者扶養のなかの身体的介護については, 家族・親族以外の社会的扶養・介護が担当する「扶養・介護の社会化」への社会的期待が高まっているのである.

(3) 高齢者の扶養・介護の社会化とマンパワー需要の増大

「物的資源」と「サービス労働」の配分として社会的扶養・介護が具体化するには, これを支える「モノ」と「ヒト」の確保が必要である. 前者は, 年金・医療保険や介護保険といった社会保障制度や老人福祉施設等の社会福祉サービスの財源・費用問題でもある. 後者は, 社会的扶養・介護を日々の生活援助活動として実際に担う福祉・介護マンパワーの問題である. むろん, 介護施設の職員や在宅サービスのホームヘルパーといえども「労働者」であることにかわりはなく, マンパワー問題は社会的扶養・介護のための財源・費用問題と切り離すことはできない.

人口構成の高齢化, そして高齢者の扶養・介護の社会化によりマンパワーに

対する需要は増大する．第1は，人口の高齢化による寝たきりや痴呆性等の要介護高齢者数の増加に対するマンパワーの必要量の増大である．第2は，家族的扶養の限界から生ずる社会的扶養・介護の社会的需要の増大である．このように，急速な人口高齢化と高齢者の扶養・介護の社会化により，要介護高齢者を援助し生活を支える福祉・介護マンパワーに対する需要は，今後ますます大きくなるであろう．さらに，第3点として，サービス内容の質的変化や多様化，あるいはサービス水準を向上させるためのマンパワー需要の増大を看過してはならないだろう．高齢者保健福祉のみならず，社会福祉の領域全般でノーマライゼーション（normalization）の理念の浸透や多様化する生活ニーズに対応した，サービスメニューの多様性の確保やサービス水準の向上が求められている．社会福祉サービスの量を確保するだけでなく，サービスの質の向上が援助活動の課題となっているのである．より良質なサービスを提供するための福祉・介護マンパワーの能力開発，そして「ゆとり」ある行き届いたサービスを提供するためのマンパワーの量的な確保への要求が不可避である．

2. 労働力需給と福祉・介護マンパワーの必要量の試算

(1) 労働力の需給予測と若年労働力の減少

要介護高齢者に対するさまざまな施設・在宅サービスを産業上の業態分類からみた場合，それは「労働集約型」あるいは「人材投入型」の業種に分類することができる．「ヒト」の十全な確保に，高齢者に対する社会的援助活動の成否があるといっても過言ではない．

そこで，労働力の需要と供給について展望すると，福祉・介護マンパワーの量的確保は，少子化の影響を受けることにより，現在よりもかなり厳しい状況が予想される．2000（平成12）年の合計特殊出生率[1]は1.36である．1960年代に2.0を超えていた合計特殊出生率は，今日では人口置換え水準[2]を大きく下回ったままで推移している．前述の最新の人口将来推計でも合計特殊出生率の低水準状態が継続することを前提に推測している．このような低出生率が与える人

口構造や社会経済的影響にはさまざまなものがあり，若年労働力の労働市場への供給減少もその1つである．すでに，わが国の出生率は低水準で推移しており，この出生率の減少世代が労働市場に参入する1990年代半ば以降には，新規学卒労働力の労働市場への供給減少が始まっているとみることができる．ただ，景気の長期間の低迷により労働市場での労働力需要が伸び悩んでいることから，若年労働力不足が顕在化していないだけである．

労働省（現，厚生労働省）の雇用政策研究会が1999（平成11）年5月に発表した『労働力需給の展望と課題』によると，表7－3のように労働力人口は，2005年の6,856万人から2010年の6,736万人へと減少するものと推計されている．男女計の年齢階級別に労働力人口の見通しについて表からみていくと，「15～19歳」は1990年から低下傾向が続いており，今後もその傾向が持続する．「20～24歳」と「25～29歳」は1998年以降，労働力人口の低下が見込まれている．このように少子化の影響により，若年労働者をめぐる労働市場は逼迫することになる．しかしながら，前述のように，現状では長引く不況により労働力に対

表7－3 労働力率及び年齢階級別労働力人口の推移と見通し―男女計―

(単位：万人)

	1990年	1998年	2005年（推計）	2010年（推計）
労働力率	63.3%	63.3%	62.6%	61.6%
労働力人口計	6,384	6,793	6,856	6,736
15～19歳	181	141	123	112
20～24歳	653	688	556	490
25～29歳	641	802	718	629
30～34歳	584	648	774	671
35～39歳	731	631	712	806
40～44歳	884	675	686	744
45～49歳	765	875	662	690
50～54歳	653	764	734	639
55～59歳	560	646	797	675
60～64歳	372	439	513	646
65歳以上	360	485	580	633

資料）労働省職業安定局『労働力需給の展望と課題』1999年

する需要が低い水準にあるため，若年労働力不足は顕在化せず，むしろ若年労働力の余剰状態，すなわち若年層の就職難や失業率の上昇の問題が発生しているのである．

再度繰り返すことになるが，バブル経済が崩壊し長期の景気低迷が続いていることにより，社会福祉の「業界」は若年労働力の不足状態が顕在化していないだけなのである．

(2) 福祉・介護マンパワーの必要量の試算

福祉・介護マンパワーの将来的な必要量の試算が，これまでにいくつか行なわれている．

その1つが，表7－4である．これは，厚生労働省（当時は厚生省）が内部に設置した「保健医療・福祉マンパワー対策本部」の『中間報告』における今後の必要量の推計である．バブル景気の時代に，厚生労働省が福祉・介護マンパワーの不足を念頭に試算したものである．高齢者人口の伸びにほぼ比例して

表7－4 保健医療・福祉マンパワー対策本部中間報告のマンパワー数予測

(単位：千人)

		1975 (昭和50)年	1980 (昭和55)年	1986 (昭和61)年	1988 (昭和63)年	2000 (平成12)年
保健・医療関係者		897	1,126	1,418	1,513	2,350
社会福祉関係者		447	576	672	695	1,110
合計 (A)		1,344 (100)	1,702 (126)	2,090 (156)	2,208 (164)	3,460 (257)
高齢者（65歳以上）人口		8,865 (100)	10,647 (120)	12,870 (145)	13,785 (155)	21,338 (241)
労働力人口 (B) 労働力人口 (C)		53,230 53,230	56,500 56,500	60,200 60,200	61,660 61,660	67,350 73,650
保健医療・社会福祉関係者の対労働力比率	A／B	2.5%	3.0%	3.5%	3.6%	5.1%
	A／C	2.5%	3.0%	3.5%	3.6%	4.7%

注）労働力人口(B)は，これまでの趨勢に基づいて推計した2000年の労働力人口（昭和62年労働省発表の「労働力供給の長期予測」）．労働力人口(C)は，60歳以上の高齢者や主婦が可能な限り参入した場合の労働力人口（平成2年5月労働省発表の「労働政策企画プロジェクトチーム報告書」による数値）．

資料）厚生省『保健医療・福祉マンパワー対策本部中間報告』1991年，p.3

保健医療・福祉サービスのニーズが増大し，それに比例した保健医療・福祉マンパワーを確保することを前提にしたものである．この試算によれば，2000年（平成12）年には約346万人が必要であるとされている．そのうち，保健医療関係者は235万人，社会福祉関係者は111万人と推定されている．保健医療関係者では，1988（昭和63）年が151.3万人であったから83.7万人の，社会福祉関係者は同じく69.5万人であったから41.5万人の，合計で125.2万人の増員が必要と見込まれていた．だが，実際には，これ以上のマンパワーが必要となる．その理由の1つは，その後の高齢化の進行にある．高齢化はさらに加速度を増しているのである．『中間報告』が示すマンパワーの推計値は，基本的には高齢者人口の伸びに比例したマンパワー需要である．その後の高齢化の推計において高齢化率が上方に修正されたことは，その分だけ必要となるマンパワーの量が増大することになる．また，高齢者人口の伸びだけを算定の基礎におくことは，現在のサービス水準の維持を前提にマンパワーを確保しているにすぎない．「寝たきり」や「痴呆性」等の出現率の高い後期高齢者人口の増大に対応する社会的扶養・介護への需要の増加，離職者の存在，そして福祉・介護サービスの水準を向上させるならば，必然的に『中間報告』の推計値を大きく超える福祉・介護マンパワーが必要となるであろう．

　また，厚生労働省は「社会福祉の計画化」の方針から，児童福祉，障害者福祉そして高齢者保健福祉の領域で種々の「福祉プラン」を策定している．その先駆けとなるのが，「高齢者保健福祉推進10か年戦略」（いわゆる「ゴールドプラン」）である．これによると，1999（平成11）年までの10ヵ年の目標として特別養護老人ホームのベッド数を24万床，老人保健施設は28万床，ホームヘルパー10万人等々の整備を計画していた．小笠原祐次は，この計画によって必要なマンパワー数を現在の国の基準から推計した数値と，ホームヘルパーの大幅な拡充や施設職員の配置基準を改善（スウェーデン並みの水準）した推計必要数を試算している．それによると，国基準では25.4万人のところ，小笠原の推計必要数では89.5万人となっている．小笠原は，「行き届いたサービスを行な

い，労働条件などを改善した水準で介護マンパワーを確保しようとすれば，目標年で約90万人を，退職者などの年々の補充を含めれば100万人」の人員確保が必要とみているのである（小笠原，p.128）．高齢者保健福祉関係の福祉・介護マンパワーだけで，『中間報告』が推定する社会福祉マンパワー数に近い水準に達してしまうのである．その後，「ゴールドプラン」は改定され，現在では「ゴールドプラン21（『今後の5か年間の高齢者保健福祉施策の動向』）」となっている．そこでは，「ゴールドプラン」以上の利用定員等が計画化されており，これからしても，福祉・介護マンパワーの大幅な増員が不可欠であることが確認できる．

　次に，丸尾直美が介護保険制度を前提にした福祉・介護マンパワーの必要量の試算がある（医療経済研究機構，pp.123-125）．その算出方式は，高齢者の比率，高齢者人口の中の介護施設入居者比率，介護施設における施設職員数の比率から推計するものである．それによると，2030年には，ケア付き住宅を含め高齢者介護施設では職員数が約105万人必要であると推計されている．ただし，この丸尾の推計では，施設の全職員が計上されているため，直接的な介護等にあたるマンパワー数はその半分として，実際には約50万人程度が特別養護老人ホームや老人保健施設等での必要な福祉・介護マンパワーの量ということになる．前記で若干ふれた「ゴールドプラン21」では，2004年で35万人のヘルパーが必要であるとしている．実際には，その後の後期高齢者人口の伸びから，それ以上のヘルパー数が必要と思われる．したがって，2030年時点では，施設のマンパワーと在宅のマンパワーの両者を合計して，少なくとも85万人以上が必要ということになる．そのうえ，老人病院や精神科の病院に入院している要介護等の高齢者の介護にあたっているマンパワーを加えると，2030年にはヘルパー数が100万人規模となる．

　以上，いくつかの福祉・介護マンパワーの必要量に関する試算を紹介してきた．これらの試算は，算出の対象となるマンパワーの分類や範囲が異なり，またそれぞれの算出方式が異なるために，単純に比較することはできない．また，

高齢化の動向を踏まえなければならないため,実際に今後必要となるマンパワー量を確定的に提示することはできない.だが,要介護高齢者の社会的扶養・介護の役割を担う膨大な数の福祉・介護マンパワーが今以上に必要とされていることは明らかであろう.

3. 福祉・介護マンパワーの確保と労働条件

(1) バブル景気時における福祉・介護マンパワーの不足状態

上述のように,いくつかの試算によると,現在そして今後において,大量の福祉・介護マンパワーが労働市場から供給されなければならないことになる.その際,かつてバブル景気の時期に一時的に発生した福祉・介護マンパワーの「不足状態」という事態は発生するのであろうか.

バブル景気の時期,社会福祉分野で施設職員の欠員・不足問題が発生した.東京都社会福祉協議会が,当時実施した「社会福祉施設における職員採用に関する調査」(1991)によると,都内民間施設の30.2％で施設職員の欠員が生じている.前年度において欠員が生じている施設の比率は26.5％であったから,3.7ポイントなど職員の欠員が生じている施設が増えていることになる.また,欠員の人数は,前年よりも33ポイントも増加していた.そのころは措置制度[3]のもと,社会福祉施設の種別・規模により職員数の配置基準が職種ごとに定められており,これを充足することが措置費という公の補助金の受領要件となっていた.通常ありえない事態が発生したのである.

しかし,このような必要な職員の不足という状態は長く続くのであろうか.市場経済の論理に立てば,それは一時的な問題となるはずである.なぜならば,市場経済では,大量の労働力不足が顕在化する以前に,賃金等の労働条件が上昇して,それを媒介に需給関係が調整され均衡する(小林,p.64.高梨,1991,p.649)からである.つまり,労働条件を向上させることにより,他の産業分野から労働力を吸引したり,非労働力化している人口を労働力化することによって不足分を補うからである.労働力不足という状態は,一時的には発生しても,

最終的には労働市場のメカニズムにより調整され「不足状態」は回避されることになるのである．さて，それでは社会福祉分野にとって，労働力が市場のメカニズムにより調整されるとは，どのようなことを意味するのであろうか．

　労働力の需給関係が市場原理に基づいて調整されるとき，経営基盤の弱い産業や事業所では労働力を確保・定着させるのが難しい．介護保険制度下においては，高齢者保健福祉の介護施設は主に介護報酬によって経営財源が賄われることになる．たしかに，公的な費用によって経営されることは，安定的な事業収入が確保されていることを意味する．しかしながら，それは同時に，事業収入が公定価格であり，利用者数が定員等によって規制されているために，自主的な努力によって大きな収益を上げることには限界のあることも示している．たとえば，好況時には，製造業の場合，業績の向上に伴なって賃金等を大幅に上昇させることが可能である．証券会社もしかりである．社会福祉領域では，好況であっても，サービスの単価が公定価格であり，利用者数が法令等により定められているため，事業収入をいちじるしく増大させるということはできない．したがって，賃金等の労働条件を向上させるには限界がある．その結果，好況時には，他の産業との間に，労働力確保をめぐる競争力の格差が生じてしまうことになる．

　福祉・介護サービス労働は「ヒト」を対象とするため，本質的な部分のサービス提供は「人手」に頼らざるをえない．福祉・介護サービスは労働集約型・人材投入型産業の典型である．それに，他の産業分野で急速に進行している機械化による省力化には馴染まない領域である（高梨，1991, p.646）．

　バブル景気の時期，大都市部を中心に発生した福祉・介護マンパワー不足の状態は，その後，景気の低迷により収束をみた．バブル景気後の，今日まで続く長期の経済不況が，マンパワー不足という問題の解決に寄与したのである．しかしながら，今後景気が回復した場合，はたして社会福祉の「業界」は事業運営に必要なマンパワーを確保できるのだろうか．労働市場における労働力の獲得競争に勝ちマンパワーを確保しないと，事業運営に支障を来すことになる．

マンパワーが十分に確保されない場合、提供されるはずの援助サービスの水準等の低下もみられかねない。さらに、利用者数の抑制による事業の縮小などから、高齢者の社会的扶養・介護の機能障害も結果しうるのである。

(2) 介護施設における福祉・介護マンパワーの労働条件

　福祉・介護サービス労働は、施設利用者や在宅の要介護高齢者等と直接的に接し種々のサービスを提供する仕事である。人間の生命・生活に直接関わるため、身体的な負担と精神的な緊張を伴なう仕事である。同時に、高齢者の喜怒哀楽に触れたり、その死を看取るときの悲しみなど人間臭い仕事であり、かけがいのない仕事、働き甲斐のある仕事の代表（高梨、1992, p.277）である。にもかかわらず、福祉・介護マンパワーの職場への定着は一般的には低いといわれている。その最大の理由の1つが労働条件である。バブル景気の時期に福祉・介護マンパワーの不足・欠員が生じたのは、採用する社会福祉施設などの雇用管理や待遇のしかたに問題があり、他産業などより見劣りしていたことが背景の1つとして指摘できるであろう（高梨、1992, p.277）。

　ここでは、介護施設のうちの特別養護老人ホームにおける寮母や生活指導員の労働条件の実態について、労働時間を中心に、『平成9年社会福祉施設等調査報告』(1999)から整理していこう。表7−5には1週間の実労働時間の分布が職種別に示してある。1週間に実際に働いた労働時間の分布では、生活指導員が「40〜45時間」が50.6％と過半数を占め、「35〜40時間」が22.1％、「45〜50時間」が10.2％である。平均労働時間は39.6時間となっている。この数値には専任以外も若干含まれているために、短い労働時間にも数値の分散がみられる。寮母に関しても、同様に専任以外が含まれているために、「40〜45時間」が34.7％、「35〜40時間」が25.8％、次いで「30〜35時間」が17.9％となっている。平均労働時間は37.1時間である。このようにみてくると、労働行政において推し進められてきた労働時間の短縮が成果を上げ、週40時間労働制の定着がみられる。ただ、ここで問題となるのは、これらの労働時間のなかには、夜勤や宿直等の時間が含まれていることである。また、就業規則上の労働時間以上に、

表7-5　1週間の実労働時間—特別養護老人ホーム—

(単位：%)

	総数	25時間未満	25〜30時間	30〜35時間	35〜40時間	40〜45時間	45〜50時間	50時間以上	不詳	平均労働時間
生活指導員	100.0	1.7	1.1	10.2	22.1	50.6	10.2	2.9	1.2	39.6時間
寮母	100.0	5.4	4.6	17.9	25.8	34.7	8.2	0.8	2.5	37.1時間

資料）厚生省『平成9年社会福祉施設等調査報告』1999年，p.328

実際の時間的拘束は長く，そこから派生する精神的・身体的負担の大きいのも事実である．そこで，勤務形態及び交替制勤務者の夜勤回数について，表7-6からみていこう．生活指導員の7割強は「日勤」である．事実上の夜勤形態である「宿直制」は2割弱にとどまる．宿直は，本来，夜間に勤務はなく，緊急時に対処するために，職員の待機が必要な施設で採用されている制度であり，必要な事態が生じた場合に対応することになっている．実際の勤務は，日勤終了後に，引き続き日勤が始まるまで宿直し，日勤につく形態であるが，その間に排泄等の介護にあたる可能性が高い．したがって，宿直時に十分な休憩が取れない場合，実質的に2日連続で働くことにもなりかねない．対して，寮母は「二交替制」が44.7%，「変則二交替制」が28.4%である．「二交替制」は，1日24時間を日勤，準夜勤，夜勤などの2組にわけ，各組ごとに交替しながら勤務する形態である．「変則二交替制」は，日勤終了時から夜勤者が勤務を開始し，翌日の日勤終了時まで勤務する形態である．これらの勤務形態では，人員が十分に確保されていれば，それほど問題は生じないかもしれないが，夜勤担当者の急病等が発生した場合，日勤の者が引き続き夜勤体制に入るとすると，夜勤

表7-6　勤務形態—特別養護老人ホーム—

(単位：%)

	総数	日勤	三交替制	二交替制	変則二交替制	宿直制	その他	不詳
生活指導員	100.0	73.7	1.0	3.9	2.2	18.6	0.2	0.4
寮母	100.0	7.8	14.9	44.7	28.4	1.6	2.1	0.4

資料）厚生省『平成9年社会福祉施設等調査報告』1999年，p.334

表7－7　交替制勤務者の夜勤回数―特別養護老人ホーム―

(単位：％)

	総数	0回	1回	2回	3回	4回	5回	6回	7回以上	不詳	平均夜勤回数
生活指導員	100.0	3.7	14.9	21.3	23.9	21.5	9.5	2.9	1.1	1.1	3.1回
寮母	100.0	4.4	3.2	4.6	14.9	36.3	27.1	5.6	3.7	0.2	4.3回

資料）厚生省『平成9年社会福祉施設等調査報告』1999年，p. 336

を含めた長時間労働となってしまうのである．

　表7－7から，その夜勤の回数をみていくと，1月当たりの夜勤回数の平均は，生活指導員が3.1回，寮母が4.3回である．この夜勤時間をも含めたのが，先ほどの1ヵ月の実労働時間なのである．

　労働行政は，諸外国に比べ長い労働時間の短縮を図り，1日8時間，週40時間の労働時間制の定着に努めてきた．また，社会福祉施設側も就業規則の制定や労働時間等の労働基準諸制度の遵守に努めてきた．その成果が1週間の実労働時間の平均が40時間以内におさまっているところに現れているといえよう．以前に比べれば，社会福祉施設の労働時間は着実に短くなってきているのである．ただし，短くなったとはいえ，前記の1週間の労働時間には，夜勤等の時間が含まれていること等を考えると，今日の若年層が好む職場環境とはいいがたい．他の産業と比べ，労働条件の面で，競争力が強くなってきたとはとてもいえない状態にある．

　それに加えて，昨今は施設職員の採用時における非常勤化の傾向を指摘しておかなければならない．これまで施設職員は，その労働負担はあるものの，雇用形態はおおむね常勤形態の正規職員が大部分であり，とりわけ地方においては公務員に準ずる安定した雇用の場という評価がなされていた．しかるに，介護保険制度の運用開始を前に，その介護報酬と経営との関連で，施設経営側が人員採用を抑制したことから職員の非常勤化の影響が出ている．非常勤化することは，雇用関係の不安定化と賃金水準の低下を招くことになり，介護施設における福祉・介護マンパワーの労働条件の低下という事態に対する懸念を払拭

することはできないのである.

(3) ホームヘルパーの労働条件

次に,在宅サービスにおいて中核的な役割を担うホームヘルパーの労働条件について,その雇用形態と賃金形態等を中心にみていこう.ここでは,全国規模で調査した日本労働研究機構の『ホームヘルパーの就業実態と意識』から実情を明らかにしていきたい.

ホームヘルパーの大半は40歳代,50歳代の中高年女性が大部分である.これらホームヘルパーの労働条件を左右するのが雇用形態である.表7-8から,調査全体の総数でみると,正規職員が21.5％,常勤ヘルパーが26.3％,そしてパートヘルパーが47.7％である.ホームヘルパーの雇用形態の特徴の1つが,雇用期間の限定のあるパートタイマーが主力であることがわかる.それ自体,雇用の不安定さを示していることになる.この調査によると,回答したホームヘルパー全体の賃金形態は,「時間給・日給」が55.7％,「固定給」が42.0％であった.さらに,パートヘルパーにかぎっていえば,「時間給・日給」が99.3％と大部分を占めているのである.労働条件の面でいえば,きわめて不安定な状況にあるといえよう.

さらに問題となるのは「常勤ヘルパー」である.この調査における常勤ヘル

表7-8 年齢階級別の雇用形態

(単位:％)

	総数	正規職員	常勤ヘルパー	パートヘルパー	不明・無回答
総数	100.0	21.5	26.3	47.7	4.4
20歳代	100.0	47.7	28.1	20.3	3.9
30歳代	100.0	38.7	22.5	34.9	3.9
40歳代前半	100.0	22.8	26.8	45.8	4.6
40歳代後半	100.0	20.1	29.4	46.7	3.8
50歳代前半	100.0	14.6	27.8	51.6	6.0
50歳代後半	100.0	14.9	22.2	59.3	3.6
60歳以上	100.0	5.8	24.0	66.1	4.1

注)ヘルパーの所属する組織は,福祉公社が44.7％,社会福祉協議会が17.2％であり,この両者で全体の6割を占める.
資料)日本労働研究機構『ホームヘルパーの就業実態と意識』1999年,p.44

表7－9　雇用形態別の月収（固定給，労働日数5日／週，労働時間8時間／週）

（単位：％）

	総数	10万円以上15万円未満	15万円以上20万円未満	20万円以上25万円未満	25万円以上	不明・無回答
総数	100.0	16.8	48.1	22.2	11.7	1.2
正規職員	100.0	12.5	43.8	26.0	16.0	1.7
常勤ヘルパー	100.0	25.9	57.8	14.8	1.5	0.0

資料）日本労働研究機構『ホームヘルパーの就業実態と意識』1999年, p.59

パーの定義は厚生労働省のそれに従い，「1日6時間以上，週に5日以上勤務する非正規職員」ということである．この常勤ヘルパーと正規職員ヘルパーとを，「固定給」であり，「労働日数5日」，そして「1日労働時間8時間」という同一の労働条件で比較してみると，表7－9のようになる．すなわち，正規職員では「10万円以上15万円未満」12.5％であり，「20万円以上25万円未満」26.0％，「25万円以上」が16.0％である．それに対して，常勤ヘルパーの場合は，「10万円以上15万円未満」が25.9％，「15万円以上20万円以上」が57.8％となっている．常勤ヘルパーの方が，賃金水準が低い方に分布している．こうして，「同一労働同一賃金」の原則が貫徹されていないという問題が指摘されるのである．労働時間については同じ労働条件であるにもかかわらず，賃金額にはいちじるしい差異が生じているのである．

　福祉・介護サービス労働において，入所施設での夜勤等の業務形態が存在するのは，仕事の性格上やむをえないことである．しかし，人間の生命と生活やプライバシーに直接関わり，身体的負担とともに精神的に高度に緊張のある仕事に従事することを斟酌すれば，その労働条件は相当に優遇されてしかるべきである（小笠原　1991）．しかるに，夜勤等を考慮した賃金・労働時間等の労働条件の実態は，民間企業より高水準にあるとは言い難いのである．また，ホームヘルパーに関していえば，雇用形態の違いにより，その労働条件の実態がいちじるしく異なるという実情にある．はたして，このような労働の実情のなかで，社会福祉の領域は，減少する若年労働力のなかから，必要とされる労働力を十分に確保することができるのであろうか．

4. 福祉・介護マンパワーの確保と公共政策の諸問題

少子・高齢社会が進行するなか，要介護高齢者の社会的扶養や介護のために必要とされる福祉・介護マンパワーの確保は，喫緊の政策課題である．

現在は，バブル景気崩壊後の景気後退局面からの長引く不況期にあり，有効求人倍率は低水準で推移している．また，失業率は高い水準にあり，「高失業時代」と称することもできる．労働市場の動向からすると，若年層の採用は容易な状態にあり，介護施設では採用にあたり，介護福祉士やホームヘルパー2級の所有を前提とするなど，「買い手市場」の状況にあるといえる．しかしながら，労働力需給の長期展望においては，合計特殊出生率の低水準での推移からして，労働市場への若年層の供給減少は不可避な状況にあることに変わりはない．

福祉・介護マンパワーの量に関する需要は，実際には，高齢者の社会的扶養・介護に要する特別養護老人ホーム等の介護保険施設の増加，あるいは在宅サービスの強化によるホームヘルパーの増員といった，公共政策が生み出すものである．高齢者の社会的扶養・介護の担い手が「ヒト」である以上，マンパワー需要の増大に対応するマンパワー養成システムの整備や，マンパワーの定着や確保のための条件整備が必要不可欠となる．これは公的部門が責任をもって対処しなければならない政策的課題である．今後，日本経済の成長が回復したとき，社会福祉の領域は必要とするマンパワーを確保できる条件を備えていないとき，そして社会的扶養や介護に要するマンパワーを用意できない場合，それは，結果として，高齢者扶養のための福祉・介護サービスの事業運営に支障をきたすことになる．援助サービスの水準低下や利用者数の抑制による事業の縮小につながり，福祉・介護サービスのもつ高齢者の社会的扶養・介護の機能障害が発生することになる．

バブル景気の時期，政策当局（現在の厚生労働省）は，社会福祉領域でのマンパワー確保のために法整備を行なった．1992年に成立した福祉人材確保法も

その1つである．同法では，福祉人材センターの設置，情報提供・職業紹介・就業援助等を実施する労働市場的な政策に重点がおかれていた．潜在化しているマンパワーを，社会福祉の領域に吸引し労働市場への労働力の供給増を図るという点では評価できるものである．ただ，この法律は，労働条件それ自体を含めた「給与改善法」とはなっていないところに最大の問題点があった．社会福祉領域に働く福祉・介護マンパワーの労働条件を改善する政策的チャンスを活かしきれてはいないと評価せざるをえないであろう．

社会福祉分野での仕事には，常に愛情ある人間的で献身的な職務の遂行が強調される．その半面で，そこに働く福祉・介護マンパワーの労働条件等の処遇向上に十分な成果が上がっているとはいい難い．むろん，社会福祉の「業界」がこれまでまったく努力を怠ってきたというわけではない．現時点で，特別養護老人ホームに働く生活指導員や寮母といった施設職員，要介護高齢者の在宅での社会的介護の主力であるホームヘルパーの労働条件は，以前に比べ向上し，改善しているといえよう．しかるに，仕事の社会的意義や「聖職者性」が強調され，施設職員の熱意等に過大な要求をし，むしろそれに依存してきたことも否定することはできないであろう．労働時間等の労働条件の整備が，十全になされているとは断言できないであろう．

たとえば，入所形態の介護施設では，必然的に夜間での勤務形態が存在するのであり，それに見合う処遇水準にあるとはいえない．介護業務の身体的精神的負担を勘案すれば，他産業に比べ競争力が強化されているとは，必ずしも強調できる状況にはない．むしろ，介護保険制度の導入前後から，社会福祉法人の施設においても，職員採用に際して，従来のような正規職員ではなく，非常勤の形態での募集・採用が顕著になってきている．全般的には，むしろ労働条件は低下しているとすることもできるのである．また，ホームヘルパーにしても，登録型といったパートタイマーの雇用形態が大半であり，不安定な雇用形態が支配的である．その業務内容を吟味したとき，その社会的責任にみあった報酬であるとはいえない．さらにホームヘルパーの場合，同一職種あるいは同

じような仕事をしていても，賃金格差が問題となってくる．同じような職種であり，同じような仕事を日常的にしていながら，その雇用形態が異なるため賃金額に差異が生じることは，働く者の勤労意欲に支障をきたさないであろうか．また，介護の仕事に対する社会的評価と信頼を損なう恐れがあるのではないだろうか．ノーマライゼーションの理念からすれば，今後，在宅でのサービスの提供が基本となってこよう．その中核であるホームヘルパーに対し，より高い専門性を要求するのであれば，雇用形態の常勤化，正社員化への方策を探る必要があろう．

ともあれ，介護保険制度は，社会福祉の領域全体を「市場の論理」によって作動させようとしている．非営利の社会福祉法人や有償ボランティアの地域団体を含め，市場の論理が賃金市場や労働市場を支配することになる．その際，十分なマンパワーを確保できるかいなかは，残念ながら社会福祉の理念ではなく，それは「市場」が決めることになる．「市場」での労働力の需要と供給に強い影響力を及ぼすのは，雇用形態，賃金そして労働時間といった労働条件なのである．

（注）
1）合計特殊出生率とは，15〜49歳の女性が年齢別出生率の合計値．1人の女性がその年次の年齢別出生率で一生の間に産む平均の子どもの数．
2）人口置換え水準とは，現在の人口を維持できるだけの合計特殊出生率．これが2.08を超えていれば，日本の人口は減少しない．現状は，この水準を下回っているため，早晩，人口は減少過程に入ることになる．
3）福祉領域における「措置」とは，養護老人ホームへの入所等のサービスの利用にあたり，その決定を行政庁（福祉サービスであれば，福祉事務所）が職権によって行なうことである．これに付随して，措置制度には，サービスの最低基準，職員の配置基準等が定められており，これをクリアしていることが，措置（委託）費の受領の要件となる．

引用・参考文献

川上武編著『医療・福祉のマンパワー』勁草書房　1991
厚生省『保健医療・福祉マンパワー対策本部中間報告』　1991
小林謙一「看護職員不足をめぐる公共政策」経済志林（法政大学）Vol.59　No 1　1991
下山昭夫「現代家族の老親扶養機能」『淑徳大学研究紀要』　No25　1991
下山昭夫『介護の社会化と福祉・介護マンパワー』学文社　2001
高梨昌「産業構造の変化とヒューマン・リソース」『病院』医学書院　Vol.50, No.8, 1991
高梨昌「高齢社会の福祉・医療サービス」『ジュリスト』　No.1000　有斐閣　1992
「日本の新将来推計人口（平成14年1月推計）」『厚生の指標』　第49巻第4号　2002
内閣府編『平成14年版　高齢社会白書』2002
那須宗一「老人扶養の変貌」家族問題研究会編『現代日本の家族』培風館　1974
野々山久也「家族形態の多様化と在宅ケア」『地域福祉研究』　No.16, 1988
小笠原祐次「老人福祉サービスと介護マンパワー」三浦文夫編『図説高齢者白書』全国社会福祉協議会　1991
(財)老人福祉開発センター『在宅重介護老人世帯の介護と家計に関する実証的研究報告書』　1987

8　学校化社会の病理

1．社会変動としての学校化

(1) 学校化の社会的コンテクスト

　学校化というタームは，さまざまなコンテクストのなかで用いられている．たとえば，アリエス（Aries, P.）は，近代ヨーロッパにおける「子ども期」の発見とその認識の発展が社会集団の分化的発展に及ぼした影響を分析するなかで，その「弱さ」ゆえに大人たちの保護と規律あるコントロールが必要であるとみなされるようになった子どもたちに対して，彼らが「大人の世界」あるいは「人生」に入るまでの準備期を過ごす場所として近代社会が保障したのが伝統的な徒弟修業に代わる教育手段としての学校であると論じ，このような，子どもを大人社会から分離し，「一種の隔離状態」に置く「閉じ込めの過程」を「学校化」（scolarisation）と捉えた（アリエス，邦訳，pp.1-16, 227-316, 384-388）．また，学校を「われわれの世界観や言語を特徴づけている人間の本質と近代的制度の本質」との相互連関を明確化するための理論モデルをつくる素材として取り上げたイリッチ（Illich, I.）は，制度への依存による人びとの「心理的不能化」もしくは「心理的受動性」を必然的にもたらすような「価値の制度化」を「学校化」（schooling, schooled）の概念によって把握し，専門の制度によって生み出される価値こそが人類の進歩にとって意味あるものだとする神話に支配されている社会を「学校化された社会」（schooled society）と規定した．むろん，このような神話を創り出す制度は学校だけではないが，イリッチによれば，唯一学校のみがその主要機能として批判的判断力を形成する役割を果たしているという，人びとの学校に対する普遍化された期待と信頼——新しい「世界的宗教」としての学校——が，学校教育という制度化された過程への依存をとおして，逆説的に制度一般に対する信頼性へとより深く，より

系統的に結びついていくという意味において，学校は制度化された価値についての神話を最も有効に創り出し，また有効に維持することになる（イリッチ，邦訳，pp. 13-102）．

　学校化というタームを用いるさいの焦点は，アリエスにおいては「子どもの学校化」であり，イリッチにおいては「社会の学校化」である．これらのコンテクストは，当然のことながら，上述したようなそれぞれの問題関心のなかで学校制度の分析が占める位置を端的にあらわしている．しかし，ここで留意すべきことは，第1に，いずれの場合においても，学校化というそれぞれに概念化された用法のベースには「教育の学校化」という過程がとり込まれていることであり，第2に，自明と思われるこの結びつき，すなわち「教育の学校化」と「子どもの学校化」あるいは「社会の学校化」との社会的連関は，それ自体分析を必要とすることである．

　したがって，本章においては，学校化を，まずもって最も原基的な意味合いにおける「教育の学校化」というコンテクストのなかで把握することから始めたい．このコンテクストのなかで理解するならば，学校化とは，社会の教育機能がもっぱら学校という体系のなかに制度化される過程としてひとまず規定される．学校を狭い意味での学校教育制度の場に限定せず，広い意味での社会教育・生涯教育の場として社会的に開放すること，あるいはイリッチが「学校化」の枠内にとどまると示唆的に捉えたところの既存の形態に依存しない新しい学校づくりの試みやリカレント・エデュケーションなどの現状も（イリッチ，pp.1-4, 85），上記のような「教育の学校化」の理解の延長線上において捉えられる事象といえる．

(2) 学校化と学歴化

　社会の教育機能がもっぱら学校という体系のなかに制度化される過程の歴史的進行は，単に教育のなかで学校教育が中核的位置を占めるようになったことだけを意味するにとどまらない．学校化の過程は，2つの要素的契機ををもつ．1つは，社会の教育機能の制度としての自立性もしくは独立性であり，いま1

つは，自立化した教育機能の成果のフィードバックという契機である．

　学校教育，少なくとも近代以降の学校教育は，社会生活を営むに必要とみなされる知識・教養や技能・才芸等の能力・資質，行為・思考の様式等を実際の生活過程から切り離して教授し，あるいは開発・育成し，あるいはまた発達させようとする営為・実践が，一定の理念もしくはイデオロギーによって組織的に統合化されるところに成立する．換言すれば，実際の生活諸活動に含まれる教育的諸機能を体系的に抽出し，それらを統合して専門的に遂行するためにつくりだされた特別の制度が学校教育である．このような教育の組織的統合化―制度的自立化は，日本においては明治維新後の「富国強兵」という国家的目標を実現するための人材養成の手段としてはじめから公教育のかたちをとってあらわれたが，他の社会においても，歴史的進展の様相は異なるものの，学校教育が全社会的規模において制度化される過程は，多くの場合，国家の関与によって推進されることになる．

　ところで，このような教育の機能的自立化の所産としての学校教育制度の特徴は，それ自体としては自己完結性をもたないというところにある．つまり，学校教育が制度として担う教育機能は，それが切り離されてきたところの実際の生活諸活動に何らかの現実的な意義をもたらしてこそ初めて完結するのであり，その遂行の成果を最終的に判断する基準をこの制度的空間の内部にもつわけではない．教育機能の自立化としての学校化が，その成果のフィードバックという要素をいま1つの契機とするというのはこの意味においてである．

　このようなフィードバックの1つの様式として近代社会が選択したのが，学歴主義である．すなわち，学歴主義とは，学校化の過程の以上のような要素的連関のなかで，制度として自立化した社会の教育機能の成果が実生活へとフィードバックされる際の1つの様式と理解され，それは一定の教育課程の修了をもって一定の知識と能力とを習得，獲得し，人格を形成したとみなす評価のメカニズムである．それは具体的には職業的人材配分の基準となってあらわれ，職務内容への適性を客観化する基準の設定が困難な状況のもとで（田中，p.55）社

会的に浸透していくことになった．学歴主義というこの評価のメカニズムが社会的に浸透していく過程を，ここでは学歴化と呼ぶ．この用法に従うならば，高学歴化とは，上記メカニズムの社会的浸透過程において社会における評価の焦点が高学歴へと移行していく傾向と理解される．高等教育機関に進学する人びとが増加し，全人口のなかで高等教育課程修了という履歴をもつ人びとの占める割合が増大する過程としての高学歴化は，上記のような評価の焦点の移行の結果といってよい．

(3) 学校化の新しい局面——資格化の進展とその社会的機能——

公教育の普及と学歴化の進展は，属性原理の支配する社会から業績原理の支配する社会への転換のレールとなり，近代産業社会の成立と発展に大きな役割を果たしてきた．この過程における産業の高度化にともなう高学歴化への社会的要請は，学歴を内部的に序列化することになり，職業機会の階層化は，この序列化された学歴，すなわちいわゆる学校歴によって一層細分化されて進行していくことになる．

しかしながら，学校歴を含む学歴が個別の職務遂行能力あるいは職務遂行の訓練可能性の有無・程度をストレートにはかる指標たりうるかということに目を転じるならば，それはきわめて不明確である．学歴＝一定の教育課程の修了・未修了という事実が示しているのは，当該教育課程に到達した時点における，通常入学試験というかたちをとおしてはかられる学力レベルのマスとしての平均値と，当該教育課程を通して獲得されることが期待される能力・資質等のマスとしての傾向性にすぎず，いずれも個々の職業機会に要求される個別の職務遂行能力やその訓練可能性をはかる指標としては明確な妥当性を欠くからである．すなわち，上記の意味における学力にしろ，能力・資質等にしろ，それらは，第1に，個々の職業機会や職務内容についての特殊な適性を厳密に考慮するものではなく，第2に，マスとしての平均値と傾向性であるかぎりにおいて，個々人の差異を表現するものではない．

にもかかわらず，学歴による職業機会の階層化が進行することは，いわゆる

「学歴の身分化」現象をもたらし，学歴は「近代的衣をかぶった」あるいは「現代的に再生された」属性要因として職業的地位達成を支配するようになる．むろん，学歴の獲得自体は，多少の留保付きであるとはいえ徹底した業績原理によっており，そのかぎりにおいては学歴は近代的合理性をもつものであり，個人の努力によってはいかんともしがたいという意味における属性的地位とは異なる．しかし，いったん獲得された学歴が固定的な能力変数となって職業的，ひいては社会的地位達成を支配する以上，それは単なる業績的地位にとどまるものではない．学歴は，いわば両者の中間にある「第3の地位要因」といえよう[1]．

このような「学歴の身分化」現象は，能力主義を標榜する社会において能力の開発や発揮を阻むことにつながる．出自に拘束されないという意味において社会的平等の達成手段としての機能をもつ学歴が，その反面において固定的能力変数として新たな社会的不平等を生み出すという矛盾した機能をもつようになるのである．とはいえ，現代の高度産業社会は，この矛盾が生み出す経済的損失や不合理を放置するほど粗野な学歴信仰に侵食されているわけではない．企業社会の側においては，むろん社会的不平等の緩和という観点からではなく，利潤追求に向けた合目的的観点からではあるが，企業内教育の重要性が十分に認識されており，どれだけ教育投資をするかが企業成長のバロメーターとされているほどである．また人材を選抜した後における能力再開発だけではなく，選抜にいたる以前にその職務遂行能力や適性をできるかぎり的確に把握しようとする社会的規模における動きもみられる．第9章で取り上げられている「資格化」がそれである．

資格化とは，学歴主義という能力評価を媒介項とした職業的―社会的地位決定の単線的回路に内在する矛盾を，資格による能力評価という別の回路を分岐させて吸収しようとする動きであるといえるが，学校化との関連でとらえるならば，それは必ずしも単純に学歴化とパラレルなものとして位置づけられるわけではない．つまり，資格化は，制度として自立化した社会の教育機能が，そ

れが切り離されてきたところの実際の生活諸活動へとフィードバックされる様式という観点からのみ理解されるものではない．資格に要求される能力・資質等としては，一定期間にわたる特定の職業活動への従事をその獲得の要件とするものがあることなどから明らかなように，学校教育を通じて開発・獲得されるものだけではなく，すぐれて実社会の生活に直結した能力や資質も含まれるからである．しかしながら，第9章で述べられているように，資格化の動きが強まるにつれて，資格獲得のための教育が制度として自立化するようになり，あるいは学校教育の既存の体系のなかに組み込まれるようになり，「教育の学校化」がより広範囲にわたって進行することになる．それにともない，資格による能力評価のメカニズム——資格主義——が，学歴による能力評価のメカニズムとパラレルなものとして「教育の学校化」のなかに占める位置を強めていく．

したがって，資格化は，一面においては，能力主義を標榜するにもかかわらず能力の開発や発揮を拒むような矛盾した価値体系を保持する社会にとって，その矛盾を解消する1つの方法としての意味合いをもつが，他面において，矛盾した価値体系そのものに真っ向から対抗するのではなく，むしろそれを温存することによって，結果として矛盾を一層拡大することになる．要するに，資格化は，学歴主義に内在する矛盾を拡大進化させながら，「教育の学校化」をより一層促進する機能を果たしているといってよい．

2．学校化社会における価値の制度化と価値意識の諸相

(1) 子どもの学校化——学校的価値による子どもの生活の組織化

1) 近代産業化社会における子どもの学校化

近代以降の学校が，実社会の生活諸活動から切り離された場において子どもの教育を専門的に遂行する機関である以上，「子どもの学校化」は，まずもって生活の場と学習の場の分離としてあらわれる．むろん，近代以前に存在した学校教育の場合でも，それが日常生活から特別に切り取られた空間における教

育という形態をとるかぎり，それは必然的にこのような空間的分離をともなうものであった．しかし，近代以前の学校教育は，たとえば江戸時代の封建的身分階層に応じた幕府直轄の学校や藩校，あるいは寺子屋などにみられるように，それぞれが対象とした階級・階層の直接的な主体的再生産という位置づけをもっており（麻生，pp.15-17），したがって，子どもを大人社会から空間的に分離しても，価値的に分離するものではなかった．

　大人社会からの空間的分離が価値的に意味あるようになったのは，近代産業化社会に入って以降のことである．産業社会の労働者に要求されるのは，合理的な計算の支配する人工的な労働環境に対する適応力であり，それは，特定の自然環境のなかで特殊に培われる経験や技能という属人的要素が強い農林漁業といった採取型の労働に要求されるものとは質的に異なっている（近藤，pp.207-208）．したがって，生業労働に参加させながらの子どもの教育という「伝統的な教育によっては新しい産業労働の担い手を育成してゆくことができず，工業化の進む過程で，それに代わる労働者の安定した育成基盤が必要」となり，ここにおいて「子ども世代が成人世代と離れたところでこれまでとは別の学習に専念することに対し正当な理由が与えられ」たのである（同，pp.208-209）．つまり，地域的特殊性や階層的特殊性を越えた産業社会の論理が子どもを大人社会から切り離す場として制度化された学校を要求したのであり，ここにいたって学習の場，すなわち学校における生活を支配する論理と，学習以外の生活の場，すなわち家族や地域社会における生活を具体的に支配する論理との間に乖離が生じ，子どもを大人社会から空間的に分離することが，同時に価値的に分離することをも意味するようになったのである．しかも，産業社会の論理は，新しい産業労働の担い手を全社会的規模で育成していくことを要請するため，学校教育は公教育として義務教育制をとることによって，大人社会からの，空間的のみならず価値的な分離をも伴うかたちにおける「子どもの学校化」を，普遍的に押し進めていくことになった．

　学校生活を支配する論理と家族生活や地域社会生活を支配する論理とが乖離

を示す以上，この段階における「子どもの学校化」は，子どもにとっては日常生活の統合という面において緊張をもたらす要素であったといえよう．換言すれば，学校的価値—学校社会を支配する価値は，この段階ではまだ子どもの日常生活全体を組織化するにはいたっていないといってよい．一方において，子どもは，学校生活のなかで，新しい産業労働の担い手となるべく工業生産という形態に普遍的に適用される知識や技術の習得に励み，また工業生産にふさわしい行動様式，たとえば，トフラー（Toffler, A.）が公共教育の「裏のカリキュラム」と指摘した「時間励行と従順と機械的な反復作業」（トフラー，p.50）等の行動様式を身につけることを要求される．しかし，いったん学校という学習の場を離れ，身近な大人たちに取り囲まれる生活の場に戻れば，そこでは依然として生業労働に必要な技能や生活習慣，伝統的な共同体秩序に則った慣行の維持に重きが置かれ，子どもも「半人前」とはいえ共同体の一員としてそのような価値体系のなかで生きることを要求されるのである（徳岡, pp.87−99．浜田, pp.216−230）．

　もちろん，産業化を推進していくうえでは，子どもを結局伝統的な共同体秩序のなかに埋没させかねないこのような価値体系の相克は障害となるため，両者の接合をはかるイデオロギーが準備される．共同体的価値への志向を強力な原動力とする立身出世主義（見田, pp.198−200）がそれである．学問をすることが立身出世につながり，それが「家」や共同体の名誉につながるという日本近代のおしえは，直接的には個々人を立身出世へと駆り立てる内在的な動機づけとして機能したが，同時に共同体的秩序のなかにも立身出世主義を浸透させ，「閥」というかたちの上昇移動の共同体的ルートを開くことにもつながった．ただし，ここで留意すべきは，立身出世主義によって学業にはげむことが目的志向的に支持される場合でも，学業はあくまで「家」や共同体的秩序の維持・存続をはかる日常的活動とのバランスのうえに成立したであろうことである．「立身出世」が親の「恩」に対する子の「孝」という道徳の具体的内容として位置づけられている（川島, p.97）かぎりにおいて，また実際立身出世主義が

「家」や共同体の期待を背後に負うものであるかぎり，立身出世に向けての努力としての学業（への専念）も，その期待する様式のなかでのみ実現したであろうからである．

　2）現代高度産業社会における子どもの学校化

　しかし，産業化の進展にともない伝統的な共同体秩序が動揺し，その規範の拘束力が弱まると，立身出世から共同体的な価値に志向する動機づけのメカニズムが欠落し始める．この傾向は第二次世界大戦後の民主主義・個人主義の潮流によって決定的となり，立身出世は，少なくともフォーマライズされた理念としては「個人的なもの」へと変化した．他方，教育に関してみると，学習権の保障のうえにたつ戦後教育の流れのなかで，外集団志向的な規制による教育の統合という観念は背後に退けられ，子どもが教育を受けることはそれ自体で価値あることとみなされるようになった．[2] 子どもが学校生活に適応し，学業に専念することは当り前のこととなり，それが子どもの唯一の「義務」とみなされるようになったのである．大人社会からの空間的分離の価値的意味合いは，ここでは，発達する存在としての子どもの独自性に着目し，その発達を阻害する危険性に満ちた大人社会の環境から子どもを保護するという点に求められる．アリエスのいうところの近代社会が発見した「子ども期」の概念は，日本においてはここで初めて完全な制度的表現を獲得したといってよい．

　こうして大人社会の義務と責任を免除された子どもの生活において学校生活は次第に排他的な優位性を獲得するようになるが，その変化にはもちろん産業社会の変化とその影響による家族の変化とが深く関わっている．

　第1に，雇用労働者化がすすみ，親世代の生活から，子どもを家業労働に参加させながら教育するといったような教育の効果的な機会が失われつつある．

　第2に，経済の高度成長により国民の生活水準が上昇し，子どもの労働に頼らなくても生活を維持することが可能となるとともに，子どもを就学させる経済的余裕が拡大した．

　第3に，現代の絶えざる技術革新による産業の高度化とそれにともなう社会

の高度組織化はますますその変化のスピードを速め,それにつれて学習すべき事柄として子どもに期待される内容が質的にも量的にも絶えずより高次なレベルへと変化している.子どもの身近にいる大人がこのレベルの変化に即応して子どもに学習内容や学習方法を具体的に指示することはほとんど不可能に近いといってよい.

　要するに,効果的な教育機会が減少することによって教育機能遂行の負担が大きくなる現代家族の生活は,それだけでも教育の専門的機関としての学校に親の期待の目を向けさせることになるが,その期待は社会が要求する子どもの学習内容が高度化するにつれて一層高まり,他方その期待を実現しうる経済的余裕が拡大するならば,いきおい子どもの教育は全面的に学校に委ねられる傾向が強くなるのである.その結果,子どもの生活全般にたいする学校の支配力が強まり,現代の官僚制化した公教育機関としての学校による子どもの生活指導が,管理教育として進行していくことになる.

　官僚制化した公教育機関としての学校の特徴は,規則によってその組織機能の維持をはかるところにある.子どもの生活指導もそのために定められた規則――校則――に準拠して行なわれるが,この校則による子どもの生活管理が最も進行したのが,校内暴力の多発とその対策が社会問題化した1980年代であった.この時期の校則には,子どもの学校生活のすみずみにまで規制の網をかぶせていたものが多くみられ,登校から下校にいたるまでのあらゆる場面における子どもの行動の文字どおり一挙手一投足までが校則による規制の対象となっていた(日本弁護士連合会,pp.10-87).しかも,このような校則を通した子どもの生活管理は学校外の生活にまで及び,放課後や休日の過ごし方,外出時の服装,友人との交際の仕方等に関して詳細な禁止規定を設けたり,さらには家族生活,基本的生活習慣に属する活動や生理的必要を満たす睡眠,食事などの生活必需行動に関してまで校則で事細かな規制を加える例もみられた(同,pp.88-109).

　このような校則による行き過ぎた生活指導・生活管理は,90年代以降見直し

傾向にある．しかし，校則が子どもにとって日常生活行動を拘束するものとしてあることに依然としてかわりはなく，その内容が，自らを拘束するもの一般に対して強い反発を感じる子どものみならず，大人からみても妥当性を欠くと思われる場合があること（総務庁青少年対策本部，1996a）は，校則による規制の度合いが緩和されつつあるとしても，学校が子どもの生活の広範囲にわたる領域に，社会的妥当性の範囲を超えて介入する傾向が現在もみられることを示しているといえよう．また，校則というかたちをとるとらないは別として，健康管理や生活点検という観点から子どもの日常的な生活習慣を学校が組織的にチェックする例は一般的にみられよう．

　以上のような校則やそれにもとづく規制は，学校的価値体系への適応を子どもに迫る直接的かつ具体的な手段であるが，「通知表」「学習の記録」「成績評価表」等の形態における成績の段階評価や，内申書における日常生活行動・生活態度の記載もまた，子どもに学校的価値体系への適応を迫り，かれらを事実上管理する道具として機能している．成績の段階評価は，いうまでもなく明示的には学習活動における目標達成度の絶対的あるいは相対的評価の代表的形態であり，それは，学業をとおしての能力開発という，学校社会を支配する中心的価値を子どもに内面化させるための動機づけのきわめて有効な一手段として制度的に位置づけられている．しかし，その評価は，単なる学習活動の結果にとどまらず，学校の規律やそれを具体的に顕現する存在としての教師への適合の結果としてもたらされると子どもに認識されがちである（総務庁青少年対策本部，1996a）．したがってそれは，単に学習という限定された生活領域における学校的価値への適応を迫るものにとどまらず，生活全般において学校的価値への適合を自発的に促す手段として機能している面があることは否定しえない．たとえ実態的根拠が薄弱であるとしても，この面における成績評価の機能は，教育に占める学校教育制度の比重が高まり，人材の社会的選抜機能が学校に集中――少なくとも社会に広くそのような認識が浸透し――，それにともない成績や勉強，あるいは進学が生活における子どもの主要な関心事となればなる

ほど（総務庁青少年対策本部，1996b），子どもたちを心理的に拘束することになる．

　内申書も同様に，校則による規制のように強制力をともなうメカニズムをとおしてではなく，「不安」を媒介とする心理的メカニズムをとおして，子どもをその生活全般において学校的価値体系に自発的に適合させる機能を有している．内申書において焦点となるのは，成績評価以上に，対応いかんによって「望ましい」評価を獲得することが可能であると受け止められがちな生活行動・生活態度である．それだけに，それは一層適合促進的に機能する．90年代，とくに半ば以降高校普通科の推薦入学が拡大してきたことは，内申書における日常生活行動の記録が果たすこの機能をさらに高めることにつながったといってよい．[3] 80年代の，学校による子どもの生活指導・生活管理が，校則による規制という剥き出しの力を用いたいわば「硬い統制」によって特徴づけられるとするならば，90年代におけるそれは，心理的「不安」をとおして自発的適合を引き出す，いわば「柔らかい統制」によって特徴づけられるといえよう．

　学校が子どもの生活のあらゆる活動領域にまで介入し，学校的価値体系への適応を子どもに迫るシステムを制度として具備するようになる一方，子どもの側においても，その生活時間構成をみると，学校に拘束される時間が長いことはもちろん，学校外の生活も比較的早くから学校社会における業績達成を補完する活動——自宅学習や塾通い等——の比重が高い（NHK世論調査部，1986．NHK放送文化研究所，1991．同，1996）．自宅学習や塾等での学習といった学校外学習の時間は一時減少する傾向にあったが，80年代後半から90年代後半にかけての塾通いの比率の顕著な上昇（日本PTA全国協議会）を反映してか，90年代には再び増加傾向を示した（NHK世論調査部．NHK放送文化研究所，1991．同，1996）．学業以外の生活行動に目を向けても，その生活行動を規制する校則に対して，不満を抱きつつも，便宜的にせよ受容する姿勢をみせており（総務庁青少年対策本部，1993），その生活の全体が時間的にも空間的にも，また価値的にみても学校生活を中心に展開している傾向がいちじるしい．

以上から明らかになることは，現代社会においては，子どもは単に学校という場――空間――のなかに囲い込まれているというだけではなく，学校社会の秩序と規律を維持する価値体系のなかに囲い込まれ，その生活の全体が学校的価値によって組織化されていることである．子どもが学校社会にとどまる期間が長期化していることも考え合わせるならば，このような意味における「子どもの学校化」はより長期化し，より広範囲にわたり，より深く進行しているとみてよい．

(2) 社会の学校化

「教育の学校化」，すなわち社会の教育機能を学校という制度化された体系の枠内にいわば封じ込める現代社会の趨勢は，イリッチが価値の制度化の必然の結果として強調したように，学校という制度に依存せずに行なわれる学習の価値を剥奪する．すでに指摘したような「教育の学校化」にともなう「子どもの学校化」が，このような学校外学習の価値の剥奪の意識，裏返せば学校という制度に則って行なわれる学習こそが価値あるものだという意識に支えられていることはいうまでもないが，ひとたびこのような制度化された学習に対する信頼性の意識が社会全体の意識のなかに浸透すると，あらゆる人間的営為が「学校化」され始める．

われわれの日常的生活を構成する営みはそのすべてが学習という契機を有しているといってよい．もちろん，そのすべてに関してわれわれは学校という形態を通して一定のパターンを身につけるわけではない．むしろ多くは日々の実践のなかで試行錯誤しながら身につけた自分なりのパターンによっている．しかし，制度化された学習に対する信頼性の意識が強く，このような「自己流」「独学」「試行錯誤」の価値が剥奪されている状況のもとでは，日々の実践のなかで十分な成果や満足感，充実感が得られなかったり，迷いや不安が生じたり，あるいは失敗したりすると，われわれはすぐさま，無意識のうちにであれ，その原因を「自己流」という学習方法に還元し，専門の制度に依存しようとする．むろん，この場合，一定の行動がそのまま「学校化」されるわけではない．一

定の行動に含まれる学習という契機が抽出され，学習する内容がいったん制度的遂行に適した形態に置き換えられたうえで，より高い成果が学校という空間のなかで追求されるのである．

　この一連の過程は，子どもの遊びを例に取り上げて考えるとわかりやすい．子どもは遊びを通してさまざまなものを獲得する．一定の身体的能力，生活のなかにおける危険性あるいは安全性の感得，創造性，決り事を守ることの重要性と状況に応じてそれを変えていくことの必要性，事物に即しての判断や行動展開，同輩とのつき合い方を含む多様な社会的距離にある人びととの接触の仕方，状況に応じて変化する役割の特質の知覚，事物や人間に対する情緒的反応，自然にたいする感性と洞察力等々，子どもの遊びは不定形で可変的であるだけに，さまざまなことを学びとるチャンスに満ちている．むろん，主として屋外での集団単位での遊びを前提とした考察から得られる特質は，生活環境の人工化にともない，大人ばかりでなく子どもに関してもその生活の個人化傾向がいちじるしい現代社会（高橋，pp.47-58）における子どもの遊びに，そのままストレートにあてはまらない場合も多い．しかし，ここで注目すべきは，遊びを通じて従来子どもが獲得してきたさまざまな能力や資質を，氾濫する種々の「スクール」や「教室」におけるスポーツや楽器などの練習という形態をとおして身につけさせようとする傾向が顕著に認められる現代社会の動向である．「身心ともにたくましくするために」，「よい友達をたくさんつくるために」，「豊かな感性を磨くために」等々の理由から水泳や柔道やピアノなどの形態が選びとられ，子どもを専門のスクールに通わせることによってその目的を達成しようというのである．ここでは，不定形であるがゆえの遊びの意義の不確かさに目が向けられることはあっても，不定形であるがゆえに遊びがもつ豊かさは無視され，学習の方法としての制度化されない遊びの価値はほとんど顧みられることはないといってよい．

　大人の世界においても「学校化」の状況は同様である．古典的には花嫁修業という位置づけを与えられた「料理学校」や「洋裁・和裁学校」があり，比較

的新しい，趣味などの分野における技能性の高い活動を対象とすることが多い「カルチャースクール」や健康増進のための「スポーツクラブ」などもすでに一般化しており，さらには「話し方」から「人間関係の形成」「自己開発・自己啓発」までもが「講座」や「セミナー」の対象となり，その数はいちじるしく増えてきているといわれる（『朝日新聞』1991年11月9日付朝刊）．人間として生きるあらゆる場面，あらゆる過程が学習の場となり，それゆえに個々それぞれに獲得したことが自己の存在証明にもつながるものを，たとえ獲得の方法に関してであれ，「学校化」された形態をとおして学びとろうとする志向の拡がりがみられることは，制度化された学習にたいする信頼性の意識がわれわれの社会のなかに深く浸透していることをあらわしている．制度化された学習にたいする信頼性の意識が社会全体に浸透するにともない，そのような学習形態を通してのみ多様な人間的営為の価値もしくは意味が獲得できるという普遍化された信念に社会が覆われるようになると，制度化された学習に内在する価値が，学習活動のみならず，種々の生活諸活動を統合する原理として人びとの社会生活の総体を規定するようになり，それにともない制度化された学習に対する信頼性の意識が制度一般へと拡張され，人びとは制度との関わりのなかでこそ「よりよい生活」が可能となるという信念に支配されるようになる．本章では，この一連の過程を「社会の学校化」と規定する．「学校化社会」とは，したがって，制度化された学習に対する信頼性の意識が社会全体に浸透し，その信頼性の意識が制度一般へと拡張され，制度との関わりのなかでこそ「よりよい生活」が可能となるという信念に支配された社会のことである．そのような信念を具現する環境がすでに広範囲に整備され，人びとの生活のなかでその環境が与えてくれるものへの期待が一般化している現代の日本社会は，まさに「学校化社会」といえよう．

(3) **学校化社会における価値の制度化の態様と価値意識の病理的諸相**

学校という形態のなかで展開される制度化された学習の特徴は，教師という教育の専門的職業人による指導のもとに，あらかじめ定められたカリキュラム

に系統的に示されている学習内容に従い，必要とされる一定の活動に従事した後，その成果が試験制度を通じて測定されるというところにある．ここに含まれる教授の「専門性」，学習内容の「体系性」，成果の「測定可能性」という要素に着目するならば，学校化社会における価値の制度化は，包括的形態としては制度に依存しない学習の価値の剥奪として現われるが，その内実においては上記の「専門性」「体系性」「測定可能性」という要素をもたない活動の価値の剥奪として理解される．これらの要素をもつかぎりにおいて，公教育機関としての学校と，名称はさまざまであるが前述の各種「スクール」は共通の特性を有しており，ともに学校化社会を支える制度的枠組として同様の機能を果たしている．

ところで，「専門性」「体系性」「測定可能性」という要素は，単に学校制度による学習を特徴づけるだけではなく，制度によるサービス一般を特徴づける価値的要素でもある．つまり，あらゆる制度が提供するサービスは，その担い手の「専門性」，内容の「体系性」，成果の「測定可能性」という特徴をもち，制度の，制度としての存立基盤を構成しているのはこれらの要素であるといってよい．そして，学校制度と制度一般にみられるこの共通性のゆえに，学校化社会においては，学校制度にたいするだけではなく，制度一般にたいする信頼と期待と依存の意識が社会全体のなかに深く浸透し，制度との関わりのなかでこそ「よりよい生活」が可能となるという信念に人びとは支配され，制度との関わりのなかでその実現を求めていくようになる．なぜなら，前節で述べたように，学校制度は社会生活を営むに必要とされる知識や能力を教授するために特別につくりだされた制度であり，したがってそこにおける学習が「専門性」「体系性」「測定可能性」という特徴をもつ以上，それらはわれわれが社会生活を営むうえで「よりよい生活」を実現するためには何が必要かを判断する一般的基準となるからである．「学校だけが批判的判断力を形成する主要機能をもっていると（人びとに）信じられている」ことが，学校への依存を通じて逆説的に制度一般への依存へと深く結びついていくという初めに掲げたイリッチの指

摘は，学校制度と制度一般とのこの価値的同質性という観点を通してより明確に理解されよう．

いずれにしても，価値の制度化の進行は，イリッチが強調したように，制度への依存をとおして人びとを「心理的不能」の状態に陥れる．学習は学校に，生産と創造は企業・工場に，医療と健康維持は病院に，健康維持と保健衛生は保健制度に，安全確保は警察に，紛争処理は裁判所に，等々というように制度への依存を続けていくうちに，われわれは制度と制度が与えてくれるサービスに依存しなければ自発的には何もできない状態に陥ってしまう．生きる方向や目的を見定められずに不安にさいなまれ，生活上の不便を改善できずにいらだちを覚えたり病気や生活の危険におびえ，人とのコミュニケーションがうまくとれずに孤立化し，それらすべてを制度が解決してくれることを期待するようになり，制度の関与があればそれで心理的安定を得るようになる．一方には体系的知識をもった「専門家」の一群がおり，もう一方には専門家の操作の対象となるおびただしい数の「素人」の群があり，イリッチが「社会の分極化」と称したこの構図のなかで，人びとの批判的創造力は失われていく．先に述べた「自己啓発セミナー」などの隆盛は，人びとの「心理的不能化」もしくは「心理的受動化」を示す好個の例といえよう．

制度に依存することで心理的安定を得るようになるということは，学校化社会における価値意識の特徴的様相としてさらに2つの点にわれわれの目を向けさせる．1つは，依存の自己目的化である．制度の利用は本来何らかの目的に対する手段として位置づけられるが，制度に依存することで心理的安定が得られるようになると，この心理的安定は依存し続けることでしか維持されないために，依存することそれ自体が自己目的化する．つまり，何のために何を学ぶのか，どのような使用目的で商品を買うのか，なぜ医者が必要なのか等々の目的意識が後退し，学校で学ぶこと，モノを所有すること，診療や投薬を受けること等々それ自体が意義あることとみなされ，重視されるようになるのである．このような依存の自己目的化は，手段的価値の目的的価値への転化という意味

で，価値の転倒といえよう．

　いま1つは，生活諸欲求の物質化とその究極的形態としての，人間の価値を評価する尺度の物質的一元化である．制度への依存が心理的安定を得ることにつながるのは，制度によるサービスの成果が測定可能なかたちで，すなわちわれわれの目に見えるかたちで示されることにもよる．試験制度における点数や上級移行をはじめとして，予算や人員配分，製品そのものやその価格，病気の治癒率や発生率，犯罪の検挙率等々によってわれわれは制度が機能していることを知り，安心する．しかしながら，われわれの生活諸欲求は，その実現の度合いがこのような数量化された基準によって測定できるようなものではなく，その意味において非物質的なものであるといってよい．にもかかわらず，それを測定可能なもの，すなわち物質的なものへと還元してしまう制度への依存は，あらゆるものを，人間までをも，一次元的尺度の上に並べ，評価し，序列化する世界へとわれわれが足を踏み入れることを意味する[4]．サービスの成果を測定する尺度が，人間を評価し，序列化する尺度として自立化し，われわれを規定するようになるのである[5]．勉強ができる―できない，偏差値の高い―低い，有名校―無名校，大企業―小規模零細企業，収入の多い―少ない，職位の高い―低い，等々の一次元的尺度（あるいはその組み合わせ）のもとに人間を序列化する人間評価の尺度の一元化は，学校化社会における価値意識の病理を最も鮮明に映し出しているといってよい．

3. 学校化社会における子どもの逸脱行動——学校という場をめぐって出現する子どもの逸脱行動を中心として——

(1) 学校化社会における子どもの生活意欲の低下

　学校化社会における人間評価の尺度の物質的一元化の圧力に最も強くさらされているのは，何といっても子どもである．子どもの生活の全体が学校的価値体系のもとに組織化されているというばかりではなく，学校こそはその制度的活動の成果の測定を直接人間評価という形態を通して行なう社会だからである．

この学校社会における人間評価の尺度として普遍的に通用しているのは，いうまでもなく業績主義的な価値に基づいて人間を序列化する尺度であり，その象徴が学業成績のよし悪し，すなわち「勉強ができる―できない」，あるいは「偏差値が高い―低い」という尺度である．制度的理念のレベルにおいてこの尺度がどれほど限定的に位置づけられようとも，試験制度と進級制度に拘束される現実の制度的活動が総体としてこの尺度に排他的な重要性を認める方向に傾くことは否定できず，それは子どもたちの価値意識に明確に反映されることになる（藤田，pp.172-178）．実際，学業成績という尺度による子どもの自己評価は，将来の社会的達成の度合いの予測に結びつくだけではなく，自我像を規定する要因ともなっており，学業成績の不振は将来に対する意欲の低下をもたらすとともに，自尊感情の喪失につながっている（深谷，1983，pp.136-186．大阪幼少年教育研究所）．自分自身に関して秘かに自負することがあったとしても，それが社会的な意味をもちえないとあっては，自尊感情がうまく育たないのは当然といえよう．他方，学業成績のよさは，「勉強ができる―できない」という尺度が排他的に重視される状況下ではそれだけで子どもの誇りとなり，その自信が明るい安定した自我像に結びついていく．

　ここで留意すべきは，将来に対する意欲と安定した現実認識と明るい自我像につながりうるほどの学業成績を獲得できる子どもはごく一部に限られていることであり，現実には子どもたちの自己評価は全般的にみて概して低く，将来に対してのみならず生活全般に関して積極的意欲や目的意識を欠き，「無気力」と形容される自発性や自主性に乏しい子どもが多くなる（深谷，1990，pp.20-77，196-197）．もちろん，このような子どものいわば無気力化の傾向は，学校化社会における子どもの管理化の結果でもあり，生活への基本的適応の様式に関してまでも学校による管理が浸透し，判断の自由が子どもから事実上剥奪されている状況のもとでは，子どもは無気力化せざるをえず，学校適応さえも儀礼主義的なものになってくる．そして，この傾向は学校という場をめぐって出現する子どもの逸脱行動に関しても同様に指摘できる．すなわち，校内暴力か

らいじめを経て不登校へといたる逸脱行動の特徴的様相の推移にも子どもの全般的な無気力化傾向はみてとれるのである．以下では，まずそれぞれの行為形態に即して逸脱的行動特性の特徴を個々に明らかにした後，校内暴力から不登校へいたる推移を学校化社会のコンテクストのなかで分析してみたい．

(2) 子どもの逸脱行動の行動特性とその変化

校内暴力（とりわけ対教師暴力）やそれが社会問題化する以前の伝統的な子どもの逸脱行動の1つの大きな特質は「対社会性」もしくは「対強者」という点にある．つまり，子どもの場合には，彼らに対する社会からの種々の行動規制に対する反発が対社会的なかたちで形成され，その対社会的な反発が広く逸脱全般の1つの契機となっていたとみてよいのである．したがって逸脱は具体的には外に向かっての自己顕示という形態をとってあらわれ，その対象は権力性，権威性を帯びた者，すなわち自分よりも「強い」者となる傾向がみられたのである．子どもにとって教師や学校は彼らが感取できる権力とか権威の1つの象徴であり，対教師暴力や学校内での器物損壊といったような校内暴力は，少なくとも1980年代はじめくらいまでは，それらの権威に反抗するための1つの表現形態であったといってよい．

しかしながら，80年代に入り社会的にクローズアップされてきたいじめは，そうした子どものいわば伝統的な行動特性がもはやストレートにあてはまらないことを示すものであった．いじめの行動特性は「対弱者」というところにあるからである．厳密にいえば，集団内における優位―劣位の関係性の組み替え行為として把握されるいじめは，優劣のはっきりした力関係を前提に行なわれるというよりも，力関係の優劣をつけるために，あるいは自らの優位性を明確化するために同一集団内の成員に対して心理的・物理的攻撃を加えることを通じて弱者をつくり上げる行為である（野田，pp.188-189）．したがってここで「対弱者」性という場合，それはいじめ行為の結果として現われる特性と理解する必要があるが，いずれにしても，いじめにおいては権力性，権威性を帯びた者に向かっていくという70年代末から80年代はじめにかけての対教師暴力に

みられたような特性は失われ，自分より「弱者」となりうる者を標的にするという全く逆の特性がみられるようになったのである．

いじめのいま1つの大きな特徴は，それが大人社会の価値観を背負った行動であることにある．いじめの際に貼りつけられる「のろま」「ぐず」「きたない」「くさい」「暗い」などのラベルは，大人社会のスピード志向や能率志向，清潔志向，健康志向，弱肉強食志向をそのまま反映していることが多い．伝統的な子どもの逸脱行動においては彼らが批判し，反発したところの大人社会の価値観，あるいは「強者の論理」が，ここでは子どもたちの行動を支える論理となっているのであり，この点においてもいじめは校内暴力とは180度異なる特性をもつ．

付言するならば，「強者の論理」を借りた「弱者」創出行動という特性は，学校という場をめぐって出現するいじめ行動にのみみられるというわけではない．1983年に発生した横浜の中学生による浮浪者襲撃事件は，この特性が学校内における逸脱にとどまらず子どもの逸脱行動一般へと広がりつつあることを示唆するものであった．「抵抗しないから襲った」「逃げ惑う姿が面白くてやった」という少年たちの供述（『朝日新聞』1983年2月12日付朝刊）には抵抗しないことをあらかじめ確認したうえで襲撃することによって自分たちの優位性を確かなものにするという行動特性が明確に現われており，かつ「社会の落伍者」として位置づけられている浮浪者を対象としたところに大人社会の価値観が明瞭に映し出されているのである．このような浮浪者襲撃は90年代に入って「浮浪者狩り」ということばを生み出すにいたり，それは子どもたちが浮浪者襲撃を遊びの1つの選択肢として位置づけはじめたことを示唆するものといえよう．これらの点に着目するならば，いじめは，子どもたちの伝統的な行動特性があてはまらない例が出てきたというよりも，子どもの行動特性が大きく変化しつつあることを示すものとみなすことができる．

こうしてみると，対教師暴力というかたちにおける校内暴力といじめとは全く質的に異なるもののようにみえるが，一点において両者は共通の特性をもっ

ている．すなわち，いずれも学校という場の内部において出現する逸脱行動という点である．このことを逆照するかたちで明らかにしたのが，不登校問題である．不登校は，学校という場をめぐって出現する逸脱行動ではあるが，それは学校という場から撤退する行動である．校内暴力やいじめは，いかなる意味においてであるにせよ，学校がまだ子どもにとっての自己表現の場であったことを示している．しかし今や，不登校へといたらないまでも，「学校へ行くのが嫌だ」という感情（登校回避感情）経験が子どもの間に広範囲に広がっていることが指摘される（森田）とともに，不登校が実際に一貫して増加し続けていることは，もはや子どもたちにとっては学校が何らの意味においても自己表現の場ではなくなりつつあることを示唆している．

(3) 学校化社会の進展と子どもの逸脱行動の変化

　学校化社会の進展は，子どもたちを人間評価の尺度の業績主義的一元化という状況のなかにより深く囲い込み，またこのような空間的包囲網のなかで子どもたちにたいする管理化の傾向を強めることによって彼らから自由な生活適応を奪うことになった．このような人間評価の尺度の一元化の進行と生活適応の自由の剥奪は，先にみたように子どもたちの目的意識の喪失，学校適応の儀礼主義化等となって現われる一方，子どもに一種の免罪符を与えることによって「子どもに甘い社会」を生み出すことにもなった．すなわち，儀礼主義的であれなんであれ，学校社会への適応が外形的に維持されているならば，「ほかのことは何をやらなくても許される」あるいは「多少のことは何をやっても許される」という風潮を生み出すことにつながったのである．「現代社会は子どもを甘やかしている」とときに指摘されるが，それは学校社会への適応と引き換えであり，そのかぎりにおいてあくまで子どもを「望ましい子ども像」に近づけようとする社会の教育的営みと表裏一体の関係にある．そして，この両者の矛盾に満ちた関係は，子どもの目的意識の喪失，学校適応の儀礼主義化に一層拍車をかけることになる．校内暴力，いじめ，不登校といった学校という場をめぐって出現する子どもの逸脱行動とその推移は，こうした状況のなかで子ど

もがそれだけ追いつめられてきたことをあらわしているといえよう．

　追いつめられながらも，校内暴力という形態は，自らを取り巻く抑圧的，拘束的な状況にたいしていったんは子どもが正面から反抗したことを意味している．「失うもの」の存在によって社会矛盾にたいする感覚が鈍麻している大人と比較すれば，もともと子どもは「失うもの」が少ないだけに社会矛盾にたいしてより鋭敏であり，したがってそれにたいする批判もストレートに表明しうる．社会矛盾や自分たちを抑圧する状況を明確に意識化できるかどうかは別としても，抑圧的であると感じられる状況のなかで，彼らにとって大人社会の権威の象徴である学校や教師に校内暴力という形態をとおして真っ向から反抗できるのは，このような子どもの特性による．

　しかし，校内暴力からいじめへという逸脱行動の特徴的様相の変化は，抑圧的な状況にたいして子どもがストレートに反抗することがもはやできない，もしくはむずかしくなったことを現わしていたといえる．それは，ひとつには，学校化社会の進展のなかで，80年代にとりわけ社会的に強調されたように思われる「いい会社に入るためにはいい大学へ」「いい大学に入るためにはいい高校へ」さらには「いい中学へ」「いい小学校へ」という言説に支えられて受験戦争が下へ下へと過熱することによって，「勉強ができる―できない」という一元的尺度による人間評価の開始時期が急速に早まったことに起因するといってよい．就学の全過程を人間評価の一元的尺度が貫通することは，子どもたちにとって就学過程のどの段階でも落ちこぼれることは許されず，「今こそがお前の将来を決定するのだ」と脅迫的に迫られることを意味し，それはまた子どもたちに早い時期から「失うもの」，すなわち「輝かしい将来」という「失うもの」が出てきたことを意味するからである．

　他方，管理教育化の進行が校内暴力の力による押え込みという意図を強め，それにつれて一時的な脱線であっても永続的な戦線離脱へと事実上意味転化させることが可能なメカニズム（たとえば内申書による管理）が露になったことも，抑圧的な状況にたいする不満を潜在化させる方向に作用したといえよう．

このようなかたちで子どもたちにたいする「若さゆえ」の許容性の幅が狭まるならば，それは「今失敗したら取り返しがつかない」と子どもたちに強迫的な思いを植えつけることになるからである．

そのような状況下で出現したいじめは，多くの子どもたちが一方では「今失敗したら取り返しがつかない」と感じつつ，他方では「選ばれた民」からもれ始めていることを実感し，成績のよい子どももそのレベルを維持しなければならない，あるいはさらに上のレベルを目指さなければならないという心理的負担に焦燥感を募らせ，そうした子どもたちのなかから，正面きっての反抗は無理であっても，自らの存在意義の確認を求め，自分たちを拘束する状況に対して抵抗を試みる者が出てきたことを意味する．

いじめはそのような抵抗の一形態であり，自分たちを追いつめる人間評価の価値の一元化という状況に対して別の尺度，すなわち自分たちが浮び上がれる尺度をもって対抗しようとする行為であるといってよい．換言すれば，「きれい―きたない」「すばやい―のろい」「明るい―暗い」等々の尺度によって自分たちの仲間のなかに自分たちよりさらに弱い者をつくり出し，それを攻撃することによって自らの地位を相対的に浮び上がらせようとする行為がいじめである（野田，p.188）．それはそのような形態をとおしてしか自らの存在意義を確認できない子どもの「歪んだ」反乱といえるが，その行為が表面的には学校への儀礼的適応を維持しつつ可能であること，かつ先に述べたように大人社会の価値観を背負った行為であるというところに，子どもたちを追いつめる状況の拘束力の強さがあらわれている．しかも，多くの子どもがいじめに関わった経験をもつこと（森田・清永，pp.39-41．総務庁行政監察局）は，拘束的状況のもたらす重圧感が等しく子どもたちにのしかかっていることを意味している．

しかし，いじめは自分たちの首を絞める行為でもある．あらゆる尺度がいじめを正当化する尺度になりうる以上，いじめる側も常にいじめられる側，「弱者」への転落の危機にさらされていることになる．「いじめないといじめられる」という状況（森田・清永，pp.10-11）は，特徴的にみられるいじめの口実

が現実にあるとしても，基本的にはいじめの基準がきわめて流動的で定まった根拠は何もないことを示している．このようないじめが蔓延すればするほど，いじめる側や傍観者も自分たち自身を自分たちの手で追いつめる結果となり，いじめられる側ともども学校という場のなかに安全地帯を確保することは困難になってくる．逃げ場のないこのような状況から脱するには，学校という場からの撤退しかない．不登校の理由として友人関係の占める比重が高いこと（森田，pp.167-172）は，そのすべてが直接いじめを契機とするものではないとしても，いじめが人間評価の尺度の一元化という状況を乗り越えるようなものではなく，より一層友人関係を分断する方向にしか作用しなかったことを示唆している．それはまた，いじめが自滅せざるをえない「子どもの反乱」にすぎなかったことを意味していると同時に，学校適応の儀礼主義化を推し進め，いじめを容認してきた状況の集合的挫折を意味している．

　校内暴力からいじめへ，いじめから不登校へという以上のような子どもの逸脱行動の特徴的様相の推移は，子どもたちが学校化社会がもたらす人間評価の尺度の一元化という状況にのみ込まれる過程のなかで，制度への依存－従属傾向が増し，その裏返しとして状況への積極的かつ主体的関与が困難になってきた姿をよくあらわしている．いじめは，反抗すべき対象に真っ向から反抗できないために，対象をすり替えることによって自分たちを抑圧する状況から一時的に逃れ出ようとする行為であり，またいじめの傍観という事態には，自分たちを二重に抑圧することになりかねないいじめの蔓延という状況に対してさえも，多くの子どもが自らの身の安全をはかる以上の積極的行動がとれない姿が映し出されている．さらに，不登校という学校からの撤退行為の拡がりは，いじめ問題に対する大人社会の対応が混乱し，誰も子どもたちに対してどのようにふるまえばよいかを明確に示してくれない状況のなかで，孤立がもたらす耐え難いストレスフルな状態を回避するためには，唯一撤退だけが子どもにとって「主体的に」選択可能な行為であることをうかがわせるのである．

　制度との関わりのなかでこそ「よりよい生活」が可能となるという信念が，

そのような信念を具現する環境が広範囲に整備された状況のもとで人びとの間に一般化しているという現代社会の趨勢，すなわち本章でいうところの，現代日本社会の学校化社会としての局面は，本書の枠組のなかで捉え直すならば，生活の質の追求という，日本社会の成熟化の一側面を具体的に顕現するものとして位置づけられる．「よりよい生活」を目指すものとしての学校制度への依存が，みてきたように，人間評価の尺度の業績主義的一元化をとおして逸脱化というかたちで学校社会に生きる子どもたちを追いつめてきていることは，生活の質の追求を目指す人びとの営為が，逆に生活の質的向上の達成を阻む方向に作用しているという意味において成熟化の逆機能として捉えられ，ここに成熟社会の病理の1つの現われをみることができる．

4．おわりに

教育に関連する日本人の規範意識の1つの特徴として，「親のいいつけや先生のいうことに従わないことはあってもいいが，学校をさぼっては絶対にいけない」と考える人が親にも子どもにも非常に多かったこと（総務庁青少年対策本部，1987，p.134）があげられる．「競争的でメリトクラティックな教育システムとそこでの成功が極度に重んじられる社会では，教師や親の権威と価値もその側面に限定されがち」である一方，「学校の拘束力が非常に強く，……学校をさぼるとか学校での成績がよくないということは社会的に落伍者のレッテルを貼られることになりかねないといった類いの不安や強迫観念が潜在している」ことがそのような特徴を生み出すにいたったと考えられる（藤田，pp.171-172）．

教育の学校化の過程のなかで，学校が教育の専門的機関として唯一絶対の位置づけを獲得した日本の場合には，学校教育を通過して初めて一人前の社会成員となれるという見方が絶対視されてきたため，教育の欠落と学校教育の正統性の否定につながるような「学校をさぼる」という行為が罪悪視されてきたのであろう．また，学校教育の正統性が絶対視されてきたからこそ，学校におけ

る評価が容易に子どもの絶対的な評価に移し変えられてきたのであり，学校による評価が成績による序列化に収斂する社会的傾向が強まるにつれて，成績による評価が子どもの人格全体を識別する基準となってきたのである．さらに，学校が子どもの生活の全体を管理し，子どもに学校の秩序と規範に従うことを要求するのも，学校教育の正統性という信念に支えられているからこそといってよい．

しかしながら，このような学校教育の正統性を前提とした教育の現状のなかで子どもたちが追いつめられてきたことは，みてきたとおりである．にもかかわらず，上記したように，長い間，子どもたちの間においてさえ制度としての学校の正統性の意識が揺らぐことはなかった．しかし，不登校が四半世紀の間，一貫して増加し続け，1990年代半ば以降さらに勢いを増しつつあることは，子どもたちの間で学校教育の正統性の意識が揺らぎ始めていることを示すものとみてよい．

もちろん，不登校が増加する一方で，その対応策としても強く期待されている「保健室登校」が拡大しつつあることは，「ともかくも学校に行く」ということ自体において，学校教育の正統性の観念に依然として子どもたちが拘束されていることを表している．また，不登校経験者でもよくないと思いつつ学校を休んだ子どもが多いことや，登校回避感情をもちつつも一度も学校を休んだことがない子どもの方が多いという事実（森田，p.334），あるいは不登校の状態にある場合でも「早く学校へ行って勉強がしたい」と考えている子どもが少なからずいること（法務省，p.14），さらには不登校児童生徒中，学校や教師による「指導」の結果，再登校するようになったり，再登校に向けた状況の変化がみられるようになった子どもが半数前後いる（文部省）ことなどに着目するならば，不登校現象を学校教育の正統性の意識の揺らぎを示すものと単純にみなすことはできないかもしれない．しかし，それでも，他方で「休みたかったのだから仕方がない」「休みたいときはそうしても当然だと思った」「（休むことに対して）なんとも思わなかった」という子どもが不登校経験者の中で半

数を占め（森田, p.334），学校に行くことに執着しない不登校者の方が圧倒的に多いこと（法務省, p.14. 文部省）は，やはり子どもたちの間で学校がもはや絶対のものではなくなりつつあることをあらわしているといえよう．

　もし，社会の学校化の中核にある学校制度が，今その正統性に疑義を投げかけられていることから目をそむけ，内側から崩れ始めたその正統性にたいする信頼を，正統性を自明の前提とした対応策によって回復しようとはかるならば，それは制度に無批判に依存する子どもたちを排出し続けることにつながり，人びとの批判的創造力はますます失われ，社会は自らを改変する力を失うことによって，その病理的様相をさらに深めることになろう．学校化社会の病理は，学校教育の絶対化を押し進めてきたことに基本的に由来するのであり，したがって，学校制度の内側からも外側からも学校制度の絶対性を自明の前提としないところから出発して社会の教育的営みを再編する努力を始めなければ，社会の学校化が必然的にもたらす病理を克服することはできない．学校教育の正統性が揺らぎ始めている今こそ，その努力に取り組み始める絶好の機会であるかもしれない．

（注）
1）園田英弘は，「業績原理の象徴であった学歴の『身分化』傾向」の登場の要因を，「学力だけにもとづく公平な自由競争によってもたらされる報酬」が威信（「学力に応じた威信」「威信の段階的秩序からなる組織内の地位」）という「非常に脆い社会的資源」であるところに求める．つまり，「威信とは神聖不可侵であればあるほど，その特性が十全に発揮できる」ものであるため，「ひとたび，自由競争によって分配された威信は，その威信を持続させるためには，自由な競争を抑圧する原理となって作用する」のである（園田, p.57）．
2）藤田英典は，社会変動に伴なう学校教育の4Rs（読みreading，書きwriting，計算arithmetic，宗教（コミュニティの規範とモラル）religion）の変化に関して，「かつては，四番目のRが3Rsを統合し価値あるものにしていたのに対して，こんにちでは，四番目のRが拡散し後退して，3Rsがそれ自体として価値あるものと見なされるようになってきた」と述べている（藤田, pp.24–27）．

3）宮城県教職員組合が行なった入試制度に関する調査（県下の中学3年生を受け持つ学級担任対象）によれば，推薦入試との関連で学級において「推薦や調査書を意識した生徒の言動が見られたか」どうかに関して「みられた」という回答が44.6％と半数近くにのぼり，その具体的内容として挙げられたほとんどは，学校社会において望ましいとされる活動への意欲的取り組みや教師への同調的な言動となっている（宮城県教職員組合）．
4）イリッチは，本文中ですでに指摘した「人々の心理的不能化」ならびに「社会の分極化」と，「物質的な環境汚染」の3つの現象を価値の制度化の必然の結果として捉えているが，ここでいう「非物質的なものの物質的なものへの還元」，イリッチの言葉でいえば「非物質的な要求が物質的なものへの需要に変質させられる」ことが，彼が「物質的な環境汚染」と捉えたところのものである（イリッチ，p.14, pp.81－83）．
5）桜井哲夫は，学校という空間を支配する差異化（序列化）イデオロギーが，合理的な論理をもつ科学によって裏打ちされてゆくことによって，社会的階層化の原理として社会総体を支配するようになると，社会そのものの「学校化」が完成すると述べている（桜井，pp.87－89）．

引用・参考文献

麻生誠「日本における学校の変遷」麻生誠・小林文人・松本良夫編著『学校の社会学』学文社　1986
アリエス，P.（杉山光信・杉山恵美子訳）『＜子供＞の誕生　アンシャン・レジーム期の子供と家族生活』みすず書房　1987
イリッチ，I.（東洋・小澤周三訳）『脱学校の社会』東京創元社　1983
NHK世論調査部『図説日本人の生活時間1985』日本放送出版協会　1986
NHK放送文化研究所『1990年度国民生活時間調査全国編（時間量）』日本放送出版協会　1991
NHK放送文化研究所『データブック国民生活時間調査1995』日本放送出版協会　1996
大阪幼少年教育研究所『「自分が好きか嫌いか」現代小学生の自己意識調査』1996
川島武宜『イデオロギーとしての家族制度』岩波書店　1957
近藤博之「産業社会のなかの学校」麻生・小林・松本　前掲書　学文社　1986
桜井哲夫『「近代」の意味──制度としての学校・工場──』日本放送出版協会　1984
総務庁行政監察局『いじめ・不登校問題などの現状と課題』　1999
総務庁青少年対策本部『日本の子どもと母親──国際比較──』　1987
総務庁青少年対策本部『青少年の規範意識形成要因に関する研究調査』　1993

総務庁青少年対策本部『青少年の学歴観と非行に関する研究調査』　1996a
総務庁青少年対策本部『日本の青少年の生活と意識——青少年の生活と意識に関する基本調査報告書——』　1996b
園田英弘「学歴社会——その日本的特質——」日本教育社会学会編『教育社会学研究』第38集　1983
高橋勇悦『都市化社会の生活様式』学文社　1984
田中義章「高学歴化社会の病理」那須宗一編『現代病理の社会学』学文社　1983
徳岡秀雄「庶民家族におけるしつけ」柴野昌山・麻生誠・池田秀男『リーディングス日本の社会学16　教育』東京大学出版会　1986
トフラー，A．（徳岡孝夫監訳）『第三の波』中公文庫　1982
日本PTA全国協議会『平成9年度学習塾に関するアンケート調査報告書』　1998
日本弁護士連合会『学校生活と子どもの人権』　1986
野田陽子『学校化社会における価値意識と逸脱現象』学文社　2000
浜田陽太郎「農民の学歴取得の意味について」柴野・麻生・池田　前掲書　1986
深谷昌志『孤立化する子どもたち』日本放送出版協会　1983
深谷昌志『無気力化する子どもたち』日本放送出版協会　1990
藤田英典『子ども・学校・社会』東京大学出版会　1991
法務省人権擁護局『不登校児の実態について——不登校児人権実態調査結果報告——』　1989
見田宗介『現代日本の心情と論理』筑摩書房　1971
宮城県教職員組合『高校入試アンケート調査』　1997
森田洋司『「不登校」現象の社会学』学文社　1991
森田洋司・清永賢二『いじめ——教室の病い——』金子書房　1986
文部省初等中等教育局『生徒指導上の諸問題の現状と文部省の施策について』　1998

9 資格化の病理

1. 資格の概念と機能

(1) 資格の概念

　松村明編『大辞林』(三省堂)によると，資格とは「①あることをする場合の，その人の立場や地位．②一定のことを行うために必要とされる条件や能力」となっている．このことは他の辞典でもほとんど同じである．

　①の意味をさらに拡大すると，「資格を『社会的個人の一定の質』ととらえ，学歴，地位はいうまでもなく，社長・社員，資本家・労働者，地主・小作人もそれぞれ資格であるとし，更に，男・女，老・若などの生物学的条件から派生する相違まで資格の範疇に組み入れる広義の規定」(日本教育社会学会編集『新教育社会学辞典』東洋館出版社，1986)ということになる．

　しかし，「資格の時代」などと呼ばれている際のその「資格」とは，②の意味をさらに限定して用いている．「資格は(学歴，勤勉さに次ぐ)第3の評価条件」(荒井，p.9)，「(資格とは)自分の実力を他人にわからせる，あるいは証明する手段」(『2004年版　資格・取り方・選び方オールガイド』日本文芸社，2002，p.37)，「(資格は)専門知識，専門能力の客観的評価」(同，p.41)などといわれるのは，資格が医師，弁護士，教師，公認会計士などの職業・技術資格の意味に限定されて用いられているからである．

　なお，②の意味には「学歴」つまり教育資格も含まれている，と解することができる．天野郁夫は『教育学大全集5　教育と選抜』において，資格を教育資格と職業資格に分けて論じており，学歴・学校歴を教育資格としている(天野，1982，p.16, 56, 148, 198)．ここでは，大学などの高等教育諸機関の入学も卒業も，資格(教育資格)なのである．

　そこで本章では，上記の最広義の概念は度外視し，「特定の身分・地位を得

るため，あるいは特定の職業・職務・業務に就くため，またある一定の社会的評価・待遇を受けるために必要な知識・技術・能力，その他の条件」(『新教育社会学辞典』) を「資格」とし，資格は「職業資格」と「教育資格」(学歴，学校歴) の2つの下位概念を内包する，と定義づける．

ところで，「資格化」といった場合，それは社会における資格の制度化であるし，資格の浸透化，資格の重視化である．つまり，時代の推移とともに，資格が人びとの間に広く浸透すること，資格の社会的評価ないし社会的必要性が高まること，資格制度がさまざまな職種・教育に浸透すること，資格制度が整備・体系化されること，を意味しているし，またそれらの変動から起こる社会や個人のさまざまな変化を意味している．

こうした意味を有する資格化という変動を，あえて『成熟社会の病理学』が取り上げるということは，職業・技術の資格化ないしは職業資格の制度化が，現在では1つの大きな社会変動となっているからである．なおこの章では，職業資格を論述の中心に据えつつも，教育資格も論及の射程内に納め，教育資格と職業資格との結び付き，資格 (制度) 化の歴史と資格社会の現況，そしてそれらに内在する病理について論じていくことにする．

(2) **資格の機能**

現在かなりの数の資格ガイドブックが市販されており，どのガイドブックにも，資格 (職業資格) を取るとどのようなメリットがあるか，ということが書かれている．これらのメリットはどのガイドブックもほとんど同じであり，①就職や転職に有利，②出世や昇進に有利，③給料がアップする，④独立開業が可能，⑤スペシャリストを目指せる，⑥年をとっても働ける，⑦社会に貢献し得る，⑧趣味を実益につなげる (『2004年版　資格・取り方・選び方全ガイド』高橋書店，2002，p.2.『2003年版　就職，転職に有利な女性の資格全ガイド』成美堂出版，2002，pp.26-27)，ということである．ガイドブックなのでそれなりに宣伝的ではあるが，個人にとっての資格取得のメリットがよくあらわれている．

しかし上記の8つの他に，⑨地位や名誉を得ることができる，⑩高収入が期

待できる，⑪自己満足を味わうことができる，⑫充実した余暇生活を送ることができる，という4点を追加することができる．

ところで，こうした職業資格取得のメリットは，別の言葉で言い換えれば，職業資格の個人的次元での機能ということになる．職業資格を人びとが先を争って取得しようとする理由には，職業資格に備わっているこれらの機能があるからである．しかし，職業資格は個人的次元とは別に，社会的次元での機能も有している．

まず第1に，職業資格とその制度は，歴史的にみて，教育資格（制度）とともに，近代化，産業化，さらに富国を推し進める機能を有していた，ということである．そして今でもなお，産業化，合理化を推し進めるためには必要な機能である．

第2は第1の現代版であり，またより具体的な機能であるが，職業資格は労働力の第3の評価基準となる機能をもつ．つまり，学歴や年功序列といった従来の労働力の評価基準が，職業の専門化，高度化が進むにつれ，うまく機能しえなくなってきているがゆえに，これらの基準を補足するものとして，職業資格がクローズアップされてきているのである．「資格の時代」と現在呼ばれるのは，この第2の機能に着目してのことである．

第3に，職業資格とその制度は，国家の資格認定を通しての人びとにたいしての管理と統制に寄与する，という機能をもつ．公務員の任用試験制度がその典型であるが，国家はあらゆる職業資格制度の制定を通して，さまざまな職業と労働を管理・統制する．そしてその管理と統制に基づき，間接的に人びとを管理・統制しているわけである．またさらに国家は，有資格者の職場への配置の義務づけにより，組織・企業をも管理・統制しているのである．

第4は，まさに第3の組織・企業版であるが，組織・企業は職業資格により，構成員・社員を管理・統制する．つまり，組織・企業にとって職業資格とその制度は，構成員・社員を管理・統制する機能である．企業にとって，社員に資格を取らせるということは，もしくは資格取得にチャレンジさせるということ

は，社員の技能を向上させるということだけでなく，社員の労働意欲を高め，職場のモラールを高めることにもなる．これは個人の次元では「自己啓発」ということになろうが，企業にとっては，労働力管理・労働意欲管理の一手段なのである．

第5は第4に類似するが，資格付与を独占している組織にとって，資格制度はその構成員を支配・統制する手段であり，さらに組織の権威，権益を保持する手段でもある．たとえば，宗教団体や茶道，舞踊，華道などの伝統的芸道の団体などでは，資格付与の独占こそが組織の基盤であり，独占によって，構成員を支配・統制し，権威と権益を保持し，組織を保っているといえるのである．

第6に，職業資格は，教育資格の強化・補足もしくはその代替としての機能を有している．1986年に「ダブルスクール族」という言葉が流行したが，近年，大学に在籍していながら，資格を得るために専門学校等にも通うという学生が多くいる．こうした現象は，学歴という一定の教育資格を得て，さらにそのうえにその補足として，もしくは追加として職業資格も取得するという行動からきている．このことは，現代社会における地位獲得・金銭獲得の制度的手段として，教育資格とともに職業資格が存在していることを意味する．また，大学に入れなかった青年が，資格の獲得を目指すという行為は，教育資格の代替としての資格取得が制度として存在していることを物語っている．

以上のように，職業資格とその制度は個人の次元においても，また社会の次元においても，いくつかの機能をもっているのである．

2．資格制度の歴史

(1) 欧米にみる資格制度の歴史

資格制度の歴史は中国の科挙制度から始まるといわれている．隋の時代に始まったこの官僚任用制度は，以後20世紀の初めまで，1400年近く続いた（宮崎，pp.2-7）．しかし，現在の資格制度のルーツは科挙制度ではなく，中世ヨーロッパの同業組合にみることができる．

各種職業ギルドに代表される中世ヨーロッパの同業組合は，一定の資格要件を満たす者だけがその成員となることができた．そしてその資格要件は同業組合の親方のもとで一定期間徒弟として教育訓練を受けた者に与えられた．つまり同業組合は教育訓練権とともに資格認定権をもっていたのである．この資格認定権の独占こそ，同業組合の組織を強固にし，権威を高め，自らの権益を守り，他を排斥しえた大きな要因だったのである．

　この同業組合のもっていた教育と資格認定の機能をより明確に持ちえたのが，中世の大学であった．中世の大学から，「教育」「試験」「資格」がセットとして成立したのである．このことは第1に，教育資格と職業資格とがその発生から密接に結び付いていたということを示唆している．そして第2に，それが最高学府の大学から出現したということを物語っている．言い換えれば，業績本位の社会的選抜と配分の機構の萌芽が，つまり社会的上昇移動のチャンネルの萌芽が，大学において，教育資格と職業資格とが結び付きながら，出現したわけである．

　しかもその後，「教育」「試験」「資格」のセットに「任用」が加わる．絶対主義王政国家は，貴族の勢力をそぎ，王政を確立する手段として，また国家の富強を計る手段として，有能な高級官僚群を必要とした．またその後，国家の近代化・産業化のためにも，有能な高級官僚群を必要としたのである．そして，その有能高級官僚育成・供給の手段となったのが，大学教育制度と官僚任用試験制度であった．

　こうした制度がもっとも早く成立したのがプロイセンである．プロイセンでは，大学は明確に国家の大学として位置付けられ，官僚になるための教育がなされ，大学卒業が官吏となる条件となった．フランスとアメリカはプロイセンにやや遅れ，イギリスはさらに遅れたが，19世紀の後半までには，欧米の主要国はいずれも試験による官僚任用制度を一応確立させているし，大学制度と官僚任用制度との結び付きも確立した．そしてさらに中等教育が，この確立に基づいて，再編・整備されていったのである．

しかも19世紀には，官僚任用制度のみならず，多様な専門職業についても，資格制度が広く取り入れられるようになり，さらにそれが同業組合や職業団体，教会の資格試験・認定から，国家の資格試験・認定にかえられていった．またこの過程で，学校卒業が受験資格として制度化されるのである．

こうして20世紀の初頭には，欧米の主要諸国では教育資格の体系化と序列化，職業資格の体系化と序列化，そして教育資格と職業資格との連係化がおおむね確立され，それが現在に至っているのである．すなわち，大学を，しかも有名大学を頂点とした教育資格の体系化・序列化が確立され，官吏の体系化・序列化が確立され（それゆえ官吏の任用・昇進の体系化・序列化が確立され），医師，弁護士といった高い職業資格から未熟練工に至るまでの職業資格の体系化・序列化が確立され，さらに，高い教育資格は高い職業資格と連動し，低い教育資格は低い職業資格と連動するという，教育資格の序列と職業資格の序列とが体系化されていったのである（天野，1982, pp.45-75. コリンズ，pp.119-172. ドーア，pp.25-66)．

以上の歴史的考察を通して，われわれは，①資格認定が認定権の独占をもたらすものであり，さらにそれは認定権を独占した団体・組織の支配と統制の有力な手段になるということ，②国家が国家の富強のため，また近代化・産業化のため教育資格認定と職業資格認定の独占化を計り，それが近代国家の確立に大きく寄与したということ，言い換えれば，国家の中央集権的支配の手段として資格認定が制度化されたということ，③しかも，教育資格制度と職業資格制度とが一体となって，このことが成されたということ，④教育資格と職業資格が制度化されるにつれ，そこに序列化が生じ，しかも両者の序列化がきわめて連動していたということ，以上のことが理解されるのである．

(2) わが国の資格制度の歴史

わが国でも中国の科挙の影響を受け，奈良時代にはすでに高級官僚の任用制度が形としては存在していた．また，江戸時代末期には各藩はこぞって優秀な人材を藩の重職に抜擢した．しかし，わが国での本格的な資格制度化は明治維

新後のことである．

　職業資格制度がもっとも早く整備されたのは，職業としての長い伝統をもつ医師であった．1876（明治9）年に各府県で医師開業試験が開始され，1879年には内務省に試験の管轄が移され，1883年の「医師免許規則」と「医術開業試験規則」とにより，医師の資格制度はほぼ確立した．また，「代言人」と呼ばれた弁護士は1872（明治5）年に職業として認められ，1876年に免許状の必要な職業となる．1880年に試験の管轄が司法省に移され，1893（明治26）年の「弁護士法」にて弁護士の資格制度の確立をみる．

　教師については1872年の「学制」にて，小学校教員は師範学校または中学の卒業免許状をもっている者，中学校教師は大学の卒業免許状をもっている者と定められた．ところが，卒業免許状を有した者だけではとても教師の需要をまかないきれるものではなかった．しかも師範学校や中学校の卒業生は当時としてはエリート候補生であり，教員になる者の比率も低かった．そこで明治政府は1880年の「改正教育令」により，教員検定による教員免許状の制度を発足させた．そして1885年の「第三次教育令」により，師範学校卒業生も免許状を得ることが必要とされ，ここに教員の資格制度の一応の成立をみるのである．この変容過程は，教育資格認定＝（即）教員資格認定という制度が，教員の需要と供給とのアンバランスからやむをえず，教員資格認定という制度へと変化していったことをあらわしている．

　医師と弁護士（代言人）も同様に，供給が需要に追いつけないでいた．そのため資格試験制度は，その試験を受験する人びとのための教育機関の発展を促した．これらのなかで官立学校の法学，医学の卒業生には無試験で資格が与えられ，その後医師の場合には，私立学校にもその特権を拡大した．また，私立の法科学校には受験資格が与えられた．

　これらのことは，官立学校卒業という教育資格の絶対的有利性を物語るものであるが，同時に，私学にたいしても一定度の教育資格と職業資格との連動を認め，それによって私学の教育を管理・統制するものであった．以後，資格付

与というアメによる私学教育への管理・統制は，こんにちまで続くのである．

　国家の資格制度化は，官僚任用制度の制定でさらに強化されることになる．わが国で試験による行政官僚の任用制度の検討が始まったのは1884（明治17）年であり，実際に制度として成立したのは1887年のことである．それまでは明治維新での勲功に基づいた人材配置であり，薩長土肥の支配する行政体制であった．

　この官僚任用制度の成立する1年前，帝国大学が成立している．このことは，行政官僚の養成と任用とが一体となって制度化されたということを物語っている．しかも同年，中学校も「中学校令」により制度が改正され，ここに，官僚養成機関としての尋常中学校－高等中学校（のちの高等学校）－帝国大学というピラミッド体制が整ったのである．そして，高等文官の場合は帝国大学卒業生のみ無試験任用（しかも優先任用），普通文官の場合は，官公立の中学校卒業生もしくは帝国大学の監督下にある私立法学校の卒業生は無試験任用となったのである．

　こうして明治の中期頃（19世紀末頃）までには，官僚，教師，医師，弁護士といった職業資格が教育資格と連動した形で成立していった．この両資格の連動は国家体制の遅れたわが国が早急に近代国家体制を確立させるための効率的な手段であったし，またその連動をわずか30年たらずのうちに明治政府は成立させたのである．わが国の近代化は欧米に比べかなりの遅れを取ったが，職業資格制度，教育資格制度の確立においてはさほど遅れを取っていないし，職業資格と教育資格を連動させて確立させていったという効率の良さは，欧米諸国よりも一歩進んでいたともいえよう（以上の記述に関しては，引用・参考文献に掲げた天野，竹内，麻生の一連の著書を参照した）．

　さて，このような職業と教育との連動は，その後一般企業においても促進されることになる．わが国の学歴・学校歴重視の風潮はまさにこの時点において出現したといえる．

　企業の場合，教育資格と職業資格とは制度的にはまったく連動していない．

ある一定の教育資格がないかぎり社員や経営者になれないということは，制度上まったくない．明治政府は富国強兵の政策を採り，そのための人材育成に積極的ではあったが，民間企業の社員・経営者の資格に関しては，ほとんど無頓着であった．また，明治の末に至るまで，民間企業や民間実業家の社会的評価・地位が低かったため，高等教育機関の卒業生も，企業にたいしてさほど魅力を感じていなかったようである．「末は博士か大臣か」であって，「末は社長か経営者か」ではない．

ところが，明治末から大正にかけて，資本を蓄え，生産力を増していった企業は，賃金という経済的報酬，そしてスピード昇進の確約により，優秀な人材を企業に引き付けたのである．

たとえば昭和初期の王子製紙では，尋常小学校出の者は，見習工員からスタートし，その後，三級工員，二級工員，一級工員，上級工員，工長（上級工員の一部）と昇進していくのにおよそ25年以上かかった．しかも，当然工長になれない者の方が多いし，たとえ工長になれたとしても，昇進はよほどのことがないかぎり，ここまでで終りである．ところが官大・早慶大出の者の場合，入社半年で準社員となる．この準社員は地位としては上級工員ないし工長と同格である．つまり尋常小学校出の者が25年以上も働き続けてやっと上りつめた地位を官大・早慶大出の者はわずか半年で獲得してしまうわけである．そしてその後工員には出世の道は閉ざされるが，官大・早慶大出の者は一年後には社員となる．当然この社員は工長よりも地位は上である（西川, p.53. 麻生, p.12, pp. 30-31）．

初任給では，1919（大正8）年の三菱社員の場合，帝大法科と東京高商商業士が40円，東京高商普通と神戸高商が36円，地方高商と早大政経科が32円，慶大が28円，早大政経専門科が25円，県立商工甲種商と早稲田実業，三田商工が18円となっている。同年の日本郵船の社員の初任給では，帝大法科と東京高商商業士が50円，東京高商普通と神戸高商が40円，地方高商と早大政経科，慶大が35円，早大政経専門科が27円，早稲田実業と三田商工が20円，県立商工甲種

商が18〜20円となっている（竹内，1995, p.87）．また，1930（昭和5）年の住友合資の初任給は，帝国大学卒が70円，商科大学と早大，慶大卒が65円，専門学校卒が60円，中等学歴で35円であり，中等教育終了者の年間昇級額は3〜7円，高等教育修了者のそれは10〜15円となっている．なお，高等小学校出の初任給は15円であった（天野，1996, pp.237-238）．

　以上の例のように，学歴・学校歴（つまり教育資格）は，昇進においても，また給与においても，いちじるしい差を示していた．言い換えれば，これほどの差異を企業は提示することによって，優秀な人材，つまり高い教育資格を有する者を採用していったわけである．明治期には振り向きもしなかった大学出の者が，産業化の進展につれ，大正期，昭和初期に至り，続々と企業に入社していったのは，こうした教育資格と職業資格（昇進と高賃金）との連動が，企業においても出現したからである．ここに至って，わが国は欧米諸国以上の教育資格と職業資格との連動が成立したのである．

3. 資格化の現状とその病理

(1) 資格化の現状とその影響

　こんにち，医師，教員，弁護士はもちろんのこと，おびただしいほどの職種・技能に国家資格が定められている．公認会計士，税理士，中小企業診断士，司法書士，行政書士，弁理士，不動産鑑定士，等，きりがないほどである．国家はこうした資格認定を通して，技能の水準を維持し，人材を確保しているのである．言い換えれば，技能と人材を管理・統制しているのである．しかし資格付与は国家だけではない．各種団体や民間企業が行なう資格もある．そのなかには国または地方行政機関が認定しているものもあれば，まったく独自に行なっているものもある．そしてこれらすべてを総計すると現在1,300以上の資格となる．まさに現在は資格の時代といえる状況を呈しているのであるが，これらのことについてより細かくみていくことにする．

　資格化の現状の第1は，こんにちに至るまで未だに国家が資格を管理・統制

している，ということである．いやそれどころか，国家の管理・統制はますますさまざまな職業に及んできている．

すでにみてきた医師，弁護士，教師，公務員はもちろんのこと，公認会計士，税理士，中小企業診断士，社会保険労務士，危険物取扱者，労働安全コンサルタント，等々，国家が制定し，認定する資格の数はおびただしいほどあり，ほとんどありとあらゆる職業分野に及んでいるといえる．さらに国家は，ある種の職場には一定の資格保持者を配置するように義務付けを行なっている．こうして国家は資格制度を定めることにより，さまざまな職業分野での技能の水準と環境の保全，安全の確保など，管理・統制しているのである．

資格化の現状の第2は，未だに教育資格と職業資格とが連動している，ということである．しかも，職業の資格制度が広範囲化した分，この連動も広範囲化している．

医師になるためには，大学の医学部を卒業していなくてはならない．もちろん歯科医師とて同じであるし，歯科衛生士，歯科技工士，看護師，薬剤師，臨床検査技師，等の医療関係の資格も，学歴資格と一体化している．

法曹三者（弁護士・検察官・裁判官）になるためには，実質的には法学部を卒業していなければならない．しかも，2004年4月にはいよいよ法科大学院（日本型ロースクール）が開設され，2006年からは新司法試験が実施され，2010年をもって現行の司法試験は廃止されるという方向にある（角ほか，pp.243-309）．こうなると，法曹三者になるためには法科大学院に入らなくてはならなくなり，教育資格と職業資格とがほぼ完璧に一体化することになるのである．

福祉関係も職業資格と教育資格とが連動している．社会福祉士，介護福祉士，精神保健福祉士，保育士，等の職業資格を得るためには，原則として一定の教育資格を有していなければならない．

公務員になるためには，国家公務員ならば，Ⅰ種は大卒程度の学力が，Ⅱ種は短大卒程度の学力が，Ⅲ種は高卒程度の学力が必要とされる．しかし実際には，Ⅰ種に合格する者は大卒でもエリートの者であって，一般の大学生はせい

ぜいⅡ種が目標となり，短大生はⅢ種が目標となる．また地方公務員の場合は，県によっていくらか異なるが，上級・中級・初級ないしはⅠ種・Ⅱ種・Ⅲ種に分れており，これらもそれぞれ，大学卒，短大卒，高校卒程度の学力を必要とされるし，やはり国家公務員同様に，上級（Ⅰ種）はエリートの大卒者で，一般の大学生は中級（Ⅱ種）を目指すことになる．

　以上のように，現在でも教育資格と職業資格とが厳格に連動していることがわかる．職業の資格獲得には，獲得以前にそれに相応した教育資格の獲得が必要なのである．

　しかも，この連動は高卒，短大卒，大卒という学歴と連動しているだけでなく，学校歴とも連動している．2001年度の司法試験合格者数の第1位は東京大学，第2位は早稲田大学，第3位慶応大学，第4位京都大学，第5位中央大学であったが（山田，p.22），毎年，これらの大学を筆頭にした上位15校によって，ほぼ合格者は独占されている．また高級官僚にあっても，たとえば1958（昭和33）年の高級官僚の出身大学学部をみると，159名中117名（74％），1968（昭和43）年では170名中121名（71％）が東大法学部出であり（麻生，p.222），そして国家公務員Ⅰ種の合格者では長年第1位を東大卒生が占め，第2位を京大卒生が占めている．これらのことからも，学校歴との連動が理解される．

　他の資格も多かれ少なかれ教育資格と連動している．たとえば，建築士でも1級と2級では教育資格に差があるし，公認会計士では，大卒者は第1次試験を免除されるし，また，かなりの学力がなければ，実質的には合格することができない．やはりかなりの教育資格が実際には必要となる．つまり，現在おびただしいほどの資格があるが，これらの資格は取得の難易度によって序列化されており，教育資格（学歴・学校歴）の難易度による序列化とほぼ比例しているのである．

　資格化の現状の第3は，職業の資格化と資格の多様化が学校教育を大きくかえつつある，ということである．

　医学・薬学・社会福祉学系の学部・学科では，上記のように教育資格と職業

資格とは一体化しているわけであるが，その他の学部・学科においても，現在，どのような資格を取得できるかということが，学生を呼び寄せるセールス・ポイントの1つとなっている．現在の大学は「大学卒」という教育資格を取得する場というだけでなく，また，卒業後に職業資格を取得するための関門としてだけでなく，卒業と同時に資格も取得する場，と化してきている．

　教員免許の資格取得がその最たるものであるが，そのほかにも，社会教育主事，図書館司書，学芸員，社会福祉主事など，各種の資格のためのカリキュラムが，通常のカリキュラムとは別に組まれている．それは一面ではカリキュラムの多様性を導いてはいるものの，大学における学問とは何か，という大学の理念に問題を投げかけるものでもある．

　さらに，大学に通いつつ，資格を取得するために別の学校に通うという，いわゆる「ダブルスクール族」という現象も起きている．そして時に大学の学業が二次的なものとなり，資格の勉強が優先されることになる．こうした現象は，教育資格だけではもの足りず，学生の間にさらに職業資格も取っておこうという「ダブル資格」獲得欲望が蔓延化しつつあることを物語っている．

　資格の多様化は，職業高校にも大きな影響を与えている．職業高校の学力低下もしくは底辺高校化が問題にされているが，これには高学歴化の問題とともに，資格の多様化に対応しきれなかった職業高校の問題が横たわっている．職業技術を身につけるはずの職業高校が変化のいちじるしい産業構造・職業構造に対応しきれなくなり，職業高校卒という教育資格と職業資格との連動がかみ合わなくなった結果現象として，職業高校の低下もしくは底辺高校化を位置づけることができるのである．

　逆に，資格の多様化にたいしていち早く対応したのが，専修学校・各種学校である．これらの諸学校の成立と成長はまさに社会の資格化に対応したものであり，高校や大学では十分に対応しきれなかった産業構造・職業構造の変化に応えるものであった．それゆえに，これらの諸学校は職業資格と連動した新たな教育資格の供給として，また，中学・高校・大学と続く教育資格の代替とし

て機能したのである．しかし，こうした諸学校の成立と成長は社会の資格化に対応したがゆえに，逆に，社会の資格化をよりいっそう促進させたといえる．ちょうど明治期に資格認定制度が学校を発足させ，学校の発足が資格認定制度を強固なものに導いたのと同じことが，現在の資格化とこれらの諸学校についてもいえるのである．こうした点では，現在の資格化は，「第2次資格化」といえるであろう．

　資格化の現状の第4は，いままでは親方が弟子に個人的に資格を認定していた分野の職種や，内職や家内工業的分野にまで，資格制度が貫徹しだしたということである．具体的には，大工業，左官業，造園業，家具製作，建具製作，竹細工，陶磁器業，染色業，和裁，等といった職業分野での資格化である．これらの資格は「技能士」と呼ばれる国家資格であり，具体的な資格としては，建築大工技能士，とび技能士，左官技能士，れんが積み技能士，畳製作技能士，家具製作技能士，建具製作技能士，竹工芸技能士，染色技能士，和裁技能士，等である．

　このような技能士資格制度は，これらの職種において，伝統的な方法では技能の継承が難しくなったがゆえの帰結であり，また，技能修得の効率化と技術水準の向上を目指した改革の帰結である．したがって，こんにちの状況にフィットした制度改革ということになるが，逆に，奥深い，たぐい稀な腕をもった正真正銘の職人が育ちづらくなるといった危険性をはらんでいるし，また，なかには実技だけでなく学科試験もある（そのなかには，関係法規，安全衛生などという科目もある）ので，ペーパーテストに弱い人は職に付けないというおそれが生じる．「腕」ひとつで生きてこれた世界であったものが，そうではなくなってしまったわけである．

　資格化の現状の第5は，趣味やスポーツの分野，さらにボランティアの分野にまで資格化が浸透し，その結果，それらの分野にまで資格という権威が定着してきている，ということである．

　趣味における資格制度の典型は伝統的な芸道，すなわち華道，茶道，書道，

日本舞踊, 等である. これらの芸道は古くから資格制度が確立されており, この資格制度が組織の基盤となっている. しかし, このほかに, 囲碁, 連珠, 将棋, 麻雀, チェス, バレエといったものまで, 資格制度が確立されている. ごく少数のプロを除いて, 大半の人にとってこれらは趣味の活動として位置づけられるのであるが, こうした趣味の活動の領域も資格化されてきているのである.

スポーツの世界では, 柔道, 剣道, 弓道, 空手といったわが国古来の格闘技は言うに及ばず, スキー, スイミング, ゴルフ, ボウリング, サッカー, 野球, スキューバ・ダイビング, ハンググライダー, 等, ほとんどのスポーツに資格制度が導入されている. これらの資格制度には, プロになるためや指導員になるための資格制度も多々あるし, また, 危険なスポーツであるために資格制度を設けているのも多々あるが, 一方で, 趣味としてのスポーツの領域にまで, 資格制度を設けているものもある.

近年, ボランティアの領域にまで資格化が浸透してきている. 福祉の分野においては, その典型はホームヘルパーであろう. 1級, 2級, 3級の資格があり, 誰でも講習（講義と実技）を受ければ資格を取得できる. またベビーシッターも一定の講習を受けると資格が与えられる.

以上のように, 趣味やスポーツ, ボランティアの分野においても, 資格化が進行しているわけであるが, こうした資格の授与は権威と評価を生み出す. 認定証や段位を授与することにより, 授与する組織は権威化され, また認定証や段位を授与されることにより, 授与された個人も権威化されるのである. しかも, 資格の種類と資格の階位とにより, 評価が異なるという状況が, 言い換えれば, 資格の種類と階位によりその人の技能を評価するという状況が出現するのである.

資格化の現状の第6は, 組織内の昇進・昇級が資格化してきているということである. 古典的なものとしては僧侶の位がこの典型であろうが, 現在では公務員の昇進をその典型として挙げることができよう. 警察官を例に取ると, 巡

査, 巡査長, 巡査部長, 警部補, 警部, 警視, 警視正, 警視長, 警視監, 警視総監, と10階級（ただし, 巡査長のみ正式の階級ではない）に別れており, 昇進するためにはこの階級を一つずつ昇級していかなくてはならない. そして昇級のためには, 昇級試験を受け, 合格しなくてはならないのである. このように公務員においては, 昇進のための試験制度が存在し, 合格者のみ次のステップに行ける資格が付与されるのである.

しかし昇進に資格化があるのはなにも公務員だけではない. かなりの企業が社員に資格取得を要請・要望している. たとえば東京ガスでは, 社内の職種により異なりを示すが, どの職種にあってもかなりの資格取得が要望されており, その取得に際しては, 会社が費用を負担している.

以下その資格の一部を例示してみると, ガス主任技術者（甲・乙・丙）, 高圧ガス製造保安責任者（甲・乙・丙, 化学・機械, 1種・2種・3種, 冷凍）, 公害防止管理者（大気・水質, 1種・2種・3種・4種, 騒音・粉塵・振動）, 1級・2級・3級陸上無線技術士, 衛生管理者（第1種・第2種）, 特殊・1級・2級ボイラー技士, ボイラー整備士,（移動式）クレーン運転士, 電気通信主任（1種・2種電送）, 工事担当者（アナログ1種・2種・3種, デジタル1種・2種・3種, アナログデジタル統合種）, 電気主任技術者（1種・2種・3種）, ボイラータービン主任技術者（1種・2種）, 第1種・第2種電気工事士, 高圧電気技術者, 自家用発電設備専門技術者, エネルギー管理士（熱・電気）, 計量士一般, 環境計量士, 技術士, 危険物取扱者（甲・乙・1～6種・丙）, まだまだあるが, このくらいにしておく.

以上のように, 現代日本社会はまさに資格化の社会であり, この資格化という社会変動が, 単に資格を社会のすみずみにまで浸透・深化させたということだけでなく, 資格化の浸透・深化が, さまざまな変化を社会に及ぼしているのである.

(2) **資格化の病理**

資格化の病理は, いままで記してきた論述内容からおのずと導き出されてく

る．したがって，ここでの記述は，いままでの記述のまとめということでもある．

　資格化の病理，それを根底的に規定しているのは，能力主義の逆機能（dysfunction）であり，また能力の客観的評価主義の逆機能である．教育資格（学歴・学校歴）にせよ職業資格にせよ，資格制度は，能力によって人材を配分するという社会システムの一環として，出現したものである．したがって，資格制度は，封建制社会の身分による人材配分システムを打破するという，きわめてラディカルな制度として登場したわけである．このことに関しては，福沢諭吉の『学問のすゝめ』が当時いかにラディカルであったかを思い知れば，容易に理解しえることであろう．

　要するに，社会の資格化は，社会の能力主義にともなって出現したものであり，資格制度はそうした能力主義社会を維持し，発展させるきわめて有効な手段であったわけである．そしてさらに，資格制度はこの能力を客観的に評価するきわめて有効な手段でもあったわけである．近代化を進める西欧諸国が資格制度を確立させていったのも，またわが国の明治政府が資格制度を早急にしかも強力に推し進めていったのも，資格制度にこうした大きな機能があったからにほかならない．

　しかしその反面，資格制度にはまた多くの逆機能も存在していたのである．ところが，それにもかかわらず，資格制度の逆機能にはあまり目が向けられることなく，こんにちに至るまで資格制度が拡大・発展してきたがゆえに，資格制度の逆機能もまた，拡大・発展してきてしまったのである．まさにこのことが資格化の病理の基底をなしている．以下，資格化の病理について，記述していくことにする．

　資格化の病理の第1は，それが学歴社会の病理であり，かつ学歴社会の病理を連動させたところの病理ということである．

　この学歴社会の病理は，いまさら申すまでもなく，過激な受験競争を導き，学校を選抜機能そしてふるい分け機能の貫徹する場に化し，多くの落ちこぼれ

生徒を排出させ，そうした少年が非行や問題行動に走るとして，社会問題になっているものである．学校教育がこうした学歴の病理を出現させるその根底は，知育への偏重でも教師の生徒への無理解でもなく，学校教育が教育資格を与える唯一の機関であり，かつ，この教育資格が職業資格と連動しているからである．言い換えれば，明治以来こんにちに至るまで，社会的成功・立身出世の制度的手段を学校教育がほとんど独占してきたからである．

　資格化の病理の第2は，上記の第1の病理に加え，職業資格取得それ自体が社会的成功の制度的手段になっているということである．医師，弁護士，公認会計士といった資格を得ることは，まさに社会的成功の手段を得ることを意味しており，将来の収入の保証を意味するものである．それゆえに，教育資格とは別に，もしくは教育資格獲得後の延長として，激烈な資格獲得競争が出現するのである．また，昨今の大学における資格取得のための講座の設置，大学に通いながら資格取得のために別の学校に通うという「ダブルスクール族」の出現，さらに専修学校，各種学校の乱立状況など，社会的成功のための制度的手段としての資格取得がいかに広範囲化・激烈化してきているかを物語るものである．

　それゆえに，現在では，教育資格取得に加え，さらにそれだけではもの足りず，もしくは不十分であるために，職業資格をも取得し，社会的成功を目指すという状況が出現している．つまり，「学歴（偏重）社会」に「資格（偏重）社会」が付け加わった社会になってきているといえるのである．

　資格化の病理の第3は，資格という手段を通して国家の指導・統制が貫徹される，ということである．教育資格を通しては，学校教育の内容・方法の管理・統制，学校経営・運営の管理・統制，教える側の教師・教わる側の生徒の管理・統制が国家において行なわれ，職業資格を通しては，職業・企業の管理・統制，技術水準の管理・統制，そして資格獲得者の管理・統制が国家において行なわれるのである．

　もちろんこうした国家による管理・統制は，公平化，客観化，効率化，能力・

技術水準の向上化といった多くの優れた面をもつが，その反面，資格を付与する側（国家自体の場合も含む）も，資格を付与される側も，国家の管理・統制下に置かれ，何らかの国家意志がそこに貫徹されることは確かである．

　資格化の病理の第4は，徹底された能力主義化である．学歴のみならず，また公務員の任用制度のみならず，あらゆる職業分野の資格化は，現代社会の能力主義化の反映であり，また逆に，資格化はさらなる能力主義化を引き起こすものでもある．

　したがって資格化は，能力なき者とある者との区別を明確化させ，敗者と勝者を明確化させ，人を評価する基準を設定するものである．また，資格取得の難しい資格，比較的たやすい資格等，資格間に序列化を生み，その序列が人を評価する基準を形成するということになる．むずかしい資格を取得している人は立派な人，そうでない人はたいしたことない人，という人間評価が形成されるのである．

　しかもこの資格による能力の判定は，資格試験に馴染まない能力の持ち主や，短期間には能力を発揮できない人，ごく一部の優れた能力をもつ人，等を排除してしまう危険性をもっている．資格制度がなければ立派にその職をやっていける人をかえって排除してしまう危険性をもっているのである．

　資格化の病理の第5は，資格制度による組織・企業の構成員・社員への管理・統制である．このことは，資格化の病理の第3の国家による管理・統制の組織・企業版といえるが，組織・企業であるがゆえに，その管理・統制は直接的である．

　公務員では，階級を設定していたり，昇給試験に受からないかぎり昇進できない制度になっていたりする．組織・企業では，構成員・社員にたいして多種多様な資格を要請・要望し，それらの資格取得が，何らかの形で昇進の査定・給料の査定に組み込まれているのである．こうして構成員・社員は昇進のために資格制度に組み込まれ，組織・企業の管理・統制の下に入ることになる．しかも，組織・企業は「自己啓発」という名の下に，構成員・社員の仕事への情

熱・勤労意欲をかきたて，それを「自ら発意したもの」として，巧妙に管理・統制するのである．

　資格化の病理の第6は，資格による権威化ということである．資格は資格を付与する側も資格を付与される側をも権威化させる．このことは国家の資格であろうと民間の資格であろうと，また，職業資格であろうと教育資格であろうと，さらに娯楽・芸道・スポーツ・ボランティアの分野の資格であろうと変りない．医師，弁護士，教師の資格の付与は，付与された医師，弁護士，教師を権威化させるとともに，付与した国家をも権威化させる．国家が付与するから権威がある，というだけでなく，国家が主要な資格の認定権を独占しているからこそ，国家に権威があるのである．

　資格の権威化は，茶道，華道，日本舞踊といった伝統的芸道，そして宗教の分野においてとくに顕著である．これらの団体にあっては，資格認定権の独占こそが，ほとんど唯一の存在基盤になっているからである．もしこれらの団体が資格認定権の独占を喪失したり，資格認定権を別の団体・組織に奪われたとしたら，それらの団体の明日はないであろう．しかし，資格の権威化は，これらの団体だけでなく，あらゆる分野あらゆる団体についてもいえることである．スポーツ・娯楽・レジャー・ボランティアなどの分野の団体ですら，資格の付与は，付与する側にも付与される側にも権威を付与するのである．

　こうした権威化はそれ自体矛盾と問題をはらむものであるが，それだけでなく，権威の独り歩き，権威の形骸化，そして実のない肩書化という病理を引き起こす危険性を常に内在させているのである．

引用・参考文献

麻生　誠・潮木守一編『学歴効用論——学歴社会から学力社会への道——』（有斐閣選書）有斐閣　1977
麻生　誠『日本の学歴エリート』玉川大学出版部　1991
天野郁夫『教育学大全集5　教育と選抜』第一法規出版　1982
天野郁夫『試験の社会史——近代日本の試験・教育・社会——』東京大学出版会　1983
天野郁夫『学歴主義の社会史——丹波篠山にみる近代教育と生活世界——』有信堂　1991
天野郁夫『学歴の社会史——教育と日本の近代——』（新潮選書）新潮社　1992
天野郁夫『日本の教育システム——構造と変動——』東京大学出版会　1996
荒井　亨『資格の時代——企業はプロを求めている——』（日経新書）日本経済新聞社　1978
エイムズ，W. L. 著（後藤孝典訳）『日本警察の生態学』勁草書房　1985
キンモンス，E. H.（広田照幸ほか訳）『立身出世の社会史——サムライからサラリーマンへ——』玉川大学出版部　1995
コリンズ，R. 著（新堀通也監訳）『資格社会——教育と階層の歴史社会学——』有信堂　1984
新堀通也・加藤芳正ほか『教育社会学』玉川大学出版部　1987
角紀代恵・新美育文・蒲田　薫・高窪利一・鈴木重勝『ロースクールを考える——21世紀の法曹要請と法学教育——』成文堂　2002
竹内　洋『立志・苦学・出世』（現代新書）講談社　1991
竹内　洋『日本のメリトクラシー——構造と心性——』東京大学出版会　1995
竹内　洋『立身出世主義——近代日本のロマンと欲望——』（NHKライブラリー）日本放送出版協会　1997
ドーア，R. P. 著（松居弘道訳）『学歴社会——新しい文明病——』（同時代ライブラリー）岩波書店　1990
西川　忠『資格制度』（ダイヤモンド経営実務全書）ダイヤモンド社　1965
宮崎市定『科挙——中国の試験地獄——』（中公新書）中央公論新社　1963
山田剛志『法科大学院——日本型ロースクールとは何か——』（平凡社新書）平凡社　2002

10　国際化と環境問題

　1980年代後半は東西ドイツの統一から始まった東ヨーロッパでの自由化，さらに1990年代に入ってソ連邦の崩壊という大きな変動のうねりを世界は経験した．21世紀に向かって，われわれは歴史の転換期にたっていることを痛感する．

　地球環境の面でも環境問題への対応は歴史的な転換期にさしかかっている．こんにち，地球の温暖化，オゾン層破壊，酸性雨，砂漠化，海洋の汚染などの地球規模での環境問題の悪化が認識されるようになり，その対策が要請されている．それは，かけがえのない地球の環境が悪化し，生態系が破壊され，資源が枯渇し，近い将来，われわれの子孫が人類滅亡の危機にさらされるのではないかという危惧が広がっており，もう手おくれかもしれないが，今，方向転換しなければ地球を救うことができないという危機感の反映である．

　その意味で，1989年は画期的な年であった．たとえば，3月にはサッチャー英首相の提唱でロンドンにおいてオゾン層の保護のための国際会議が開かれ，さらに5月には，国連のUNEP（国連環境計画）が地球温暖化の防止に関する国際条約の採択にむけて動きだした．7月には，先進国首脳会議（サミット）がパリで開かれ，環境問題が中心テーマになった．そのためこの会議は「環境サミット」と呼ばれた．その他，9月には日本政府が主催する地球環境問題を討議する東京会議が開かれた．また，11月には，オランダのノールトヴェイクで約70ヵ国の環境担当大臣が集まり，地球温暖化を防止する具体的な取組みについて話し合った．その後も環境問題に対する国際協力は拡大されている．

　また，1992年の6月には，ブラジルのリオデジャネイロで，「地球サミット」が開催された．この会議では環境問題解決の第一歩として，どのような戦略が提起されるか注目されていた．このような環境問題の解決には，価値観の転換が前提とされる．すなわち，マクロ的にはこれまでの経済・社会開発の方向を転換するような価値観の転換が必要であり，さらにミクロ的には，われわれの

意識・行動・生活様式を変化させるような価値観の転換が不可欠である．

　環境とは，主体としての人間にとっての外的世界という意味がある．したがって，自然と環境とは同意ではないが，人間は自然そのものを人間的自然として支配下におき，自分たちの生活をより豊かにするために利用し，生産や消費などの活動をとおして自然を改造してきた．しかし，現在の高度に発展した産業社会の利潤追及は，自然破壊が人体の破壊に結びつくレベルまで到達し，人間にとって環境とは何なのか，あらためて問いなおさなければならない時期にきている．

　これまで環境が問題とされる場合，自然的環境と社会的環境を分離して取り上げてきたが，これからは人類社会に影響をあたえるものとして，文化的環境を含めて総合的に検討しなければならない．だが，人類社会の開発した「科学技術」は，とりわけ自然的環境にたいして，人間の生活諸資源を獲得する客観的諸力を高度化し，その影響力を深刻なものとした．すなわち，人類社会は自然に人工的な力を加え，自己の支配下においてきたが，その人工的自然のみならず，人類生存の基盤である母なる大地，つまり，海洋，河川，湖沼，土壌，大気にいたるまで環境は汚染され，その被害は広く波及している．そしてそれは，物質的な生態系の破壊として表出している．

　生物と環境の間には相互依存や相互媒介の関係があり，ある生物が環境に作用をおよぼすと，その影響をうけた環境が他の生物に作用をあたえる．このように生物間には発働と応働という共働関係が成立しているが，生物と環境，また生物間の相互作用は一瞬たりともとどまることなく，エネルギーの連鎖的な交換過程として，すなわち物質的な生態系としてそれ自身も統一的に運動するものとして存在している．

　以上のことをふまえながら，環境問題と国際化の関連について分析するばあい，2つのアプローチがある．その1つは環境汚染の国際化，すなわち国際問題化であり，もう1つは環境問題の対策の国際化，つまり国際協力化である．国際化とは，一国の国内だけでは対応できず，複数の国が国境を越えて，ある

目的達成のために人的・物的交流や情報交換の活発化，国際関係の緊密化などを進めていくことを意味している．

1．環境問題の国際レベルでの顕在化

(1) 環境破壊の国際問題化

まず最初に検討しなければならないのは，なぜ現在，環境問題が国際社会のなかでこれほど注目され，解決すべき優先順位の高い重要課題として位置づけられるようになったのか，ということである．それは第1に問題の拡大化，第2に問題の深刻化，第3に問題解明と対処能力の向上化，などが考えられる．

①問題の拡大化……環境問題がまず最初に顕在化したのは，国内問題としてであった．すなわち，日本を例にとると1970年代の高度経済成長の後に，公害問題として大気汚染，河川や湖沼の水質汚濁，地盤沈下などが表面化してきた．そしてそれが自然破壊に結び付いた．だが，1980年代前半になると，環境問題は一国の国内問題から国境を越えて他国に影響をあたえるような複数国間の国際問題として顕在化してきた．たとえば，ヨーロッパの酸性雨は，スウェーデン，ノルウェーの湖沼を魚が一匹もすめない湖沼に変えてしまった．その他，酸性雨による森林の樹木の立ち枯れや伝統的な建築の損傷をひきおこしている．これらの被害は工業化した諸国からの酸性化した大気汚染物質の長距離輸送とその物質を含んだ酸性雨の多量降雨によってもたらされている．

さらに，個々の環境問題は国際社会において特定地域化（regionalization）していて，一定の範囲にとどまっていたが，1980年代後半になると，オゾン層の破壊，地球温暖化，森林破壊などの問題はその被害が地球規模の範囲までグローバル化（globalization）していった．そのため，環境問題は地球の一部の地域の問題であったのが，地球全体の問題として認識されるようになったのである．

②問題の深刻化……地球規模の環境問題には，オゾン層の破壊，温暖化，酸性雨などの大気の汚染に関連する問題，海が油や有害物質などで汚される海洋

汚染，先進工業国で生じた産業廃棄物が開発途上国に持ち込まれ，不適当な方法で処理される汚染問題，これらはいずれも国境を越えて汚染がひろがっている．さらに，砂漠化や熱帯林などの森林減少，野性生物種の絶滅や減少なども国境を越えて広範囲にみられるようになった．この他，国境を越えた国際問題にはなっていないが，開発途上国に共通してみられる大気汚染，水質汚濁などの公害問題，これらの多様な環境問題が地球のいろいろな場所において一斉に吹き出し，これらが相互に作用し，地球の汚染は急速に進行し深刻な問題となっている．このような状況が環境問題を国際社会において解決すべき重要な課題として位置づけられるようになった理由である．

③問題解明と対処能力の向上化……地球環境の悪化は，現在，急速に進んでいるが，これは過去の汚染の蓄積の結果でもある．過去にも今日の地球温暖化などの環境破壊について警告した研究者はいたが，この可能性の仮説を実証することは非常に困難であった．だが，スーパー・コンピュータの発明によって，温暖化の進行過程をシミュレーションを設定して計量的に予測することができるようになった．このようなことはオゾン層の破壊などでも同様であり，人類の科学技術の向上により，南極のオゾン・ホールなどが発見され，オゾン層破壊の仮説が実証できるようになった（図10－1参照）．このような問題を発見し，その問題構造を解明し，問題の進行を予測し，評価・分析する能力の向上が，問題の深刻さを人びとに認識させ，国際世論をつき動かす力となったのである．

また，環境問題への対処能力の向上も，人類の共通の資産である地球をまもるために，国際ルールがつくられるようになった１つの理由である．たとえば，国際的な海洋や河川の汚染の防止，酸性雨の防止，野生生物の種の絶滅の防止などの条約がつくられるようになったが，特に1987年のオゾン層保護条約のモントリオール議定書の作成は画期的な意義をもっていた．この議定書は，オゾン層の破壊を未然に防止するために有害な物質の生産を制限しようというものである（『講座　地球環境１』pp.17－18）．

環境問題が国際的に関心をもたれるようになった，もう１つの理由は米ソの

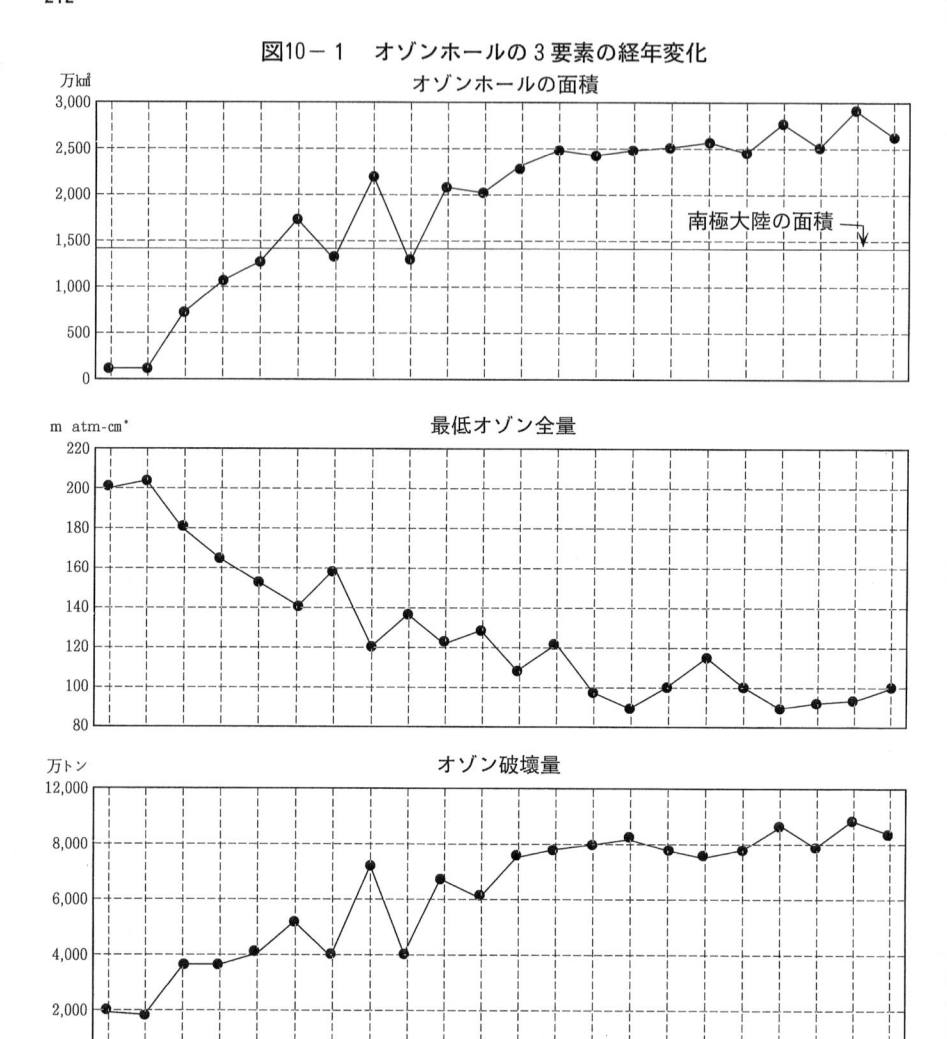

図10−1 オゾンホールの3要素の経年変化

オゾンホールの面積 (万km²)

南極大陸の面積

最低オゾン全量 (m atm-cm*)

オゾン破壊量 (万トン)

注) ・1980〜2001年のオゾンホールの3要素（オゾンホール南緯45度の面積，最低オゾン全量，オゾン破壊量）の年極値．オゾンホールの3要素は南緯45度以南で定義され，オゾンホールの面積はオゾン全量が220 m atm-cm以下の面積，最低オゾン全量はオゾン全量の最低値，オゾン破壊量はオゾン全量を300 m atm-cmに回復させるために，補充を要するオゾンの質量．NASA提供のTOMSデータをドブソン分光光度計による観測値と比較の上作成．1995年はTOVSのデータを基に求めた．
   * m atm-cm（ミリアトモスフェアセンチメートル）：オゾン全量を表す単位．
出所）気象庁調査

冷戦構造の崩壊による国際緊張の緩和がその背景にある．ゴルバチョフのペレストロイカ政策をきっかけにして，東欧の民主化が進み，ついにはソ連邦の解体にまで至り，国際緊張は大きく緩和されることになった．その結果，国際的に環境破壊のような問題に取り組む余裕ができたといえる．

(2) **地球環境破壊の現状**

地球規模の環境破壊には，いろいろな問題が顕在化しているが，ここではそのうち問題が深刻で，緊急に対策が必要とされるものをいくつか選んで簡単に説明していきたい．

1）オゾン層破壊

28億年前に水中に原始生命が出現し，光合成によって大気中に酸素が増え始め，この酸素からオゾン層がつくられ，太陽からふりそそぐ紫外線が遮断されるようになって，現在の地球の大気は水中の生物が陸上に上がることが可能になったと考えられている．そして3億年前に酸素濃度が現在のレベルに達するようになったといわれている．

このようなオゾン層は成層圏に存在し，太陽の光に含まれている短い波長の有害な紫外線を吸収し，生物を保護している．この重要な機能をはたしているオゾン層が，人工の化学物質であるフロンによって破壊されているとして問題視されるようになった．

フロンは，炭化水素の水素を塩素やフッ素などで置き換えた数多くの物質の総称である．この物質の特徴は，他の物質と反応せず，ほとんど無毒であり，種類によっては油をよく溶かしたり，圧力に応じて簡単に気化，液化をくりかえす便利な性質をもっている．そのため，冷蔵庫やエアコンの冷媒，エアゾールの噴射剤などに広く使用されている．最近では電子回路などの精密部品の洗浄剤として多く使われるようになっている．

ほとんどの種類のフロンは，普通の環境では分解されない安定した性質をもっているので，使用されたフロンは大気にたまっていく．そしてわれわれの生活している対流圏から長い時間をかけて徐々に成層圏に到達していく．成層圏に

は強い太陽が届いているが、フロンはここで初めて分解され、塩素を放出するが、これがオゾン分子を壊して酸素に戻してしまう。この反応によって、たとえ塩素一分子でも連鎖反応的に進行していくので、塩素分子が影響をあたえない他の物質に変化しない限り、多くのオゾン分子を壊してしまう勘定になる。したがって、今すぐフロンの放出を止めても効果がでてくるのはかなり先のことになり、その間、オゾンは確実に減少していくことになる（図10-2を参照）。

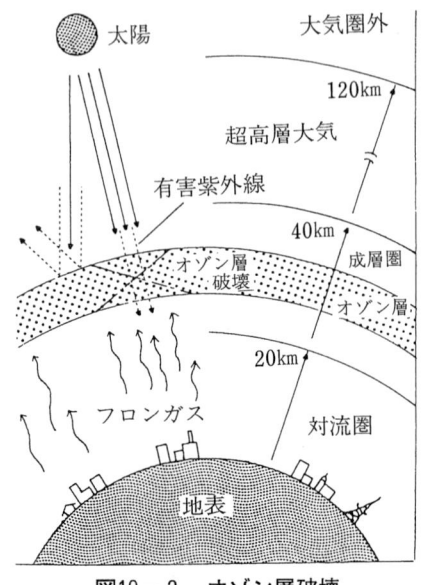

図10-2　オゾン層破壊
資料）本間慎『データガイド・地球環境』青木書店

そのため、今すぐ対策をこうじなければ2085年にはオゾン層は半分以下に減少し、オゾン層に吸収されていた有害な紫外線は現在の倍以上の量が地表に到達すると予測されている。その結果、皮膚癌や白内障の患者が増え、人間の健康に大きな影響をあたえる。さらに、海洋生態系の基礎となる浅海にすむ動植物プランクトンに致命的な打撃をあたえるといわれている。また穀物などの農業生産の大幅な減少が予想されるほか、光化学スモッグの悪化や気候の変動などが心配されている。

したがって、どこの国から排出されるフロンであってもオゾン層を破壊するので、その被害は直接・間接すべての国に及び、地球全体に大規模な影響をあたえるというのが、オゾン層破壊の環境問題の大きな特徴である。

2）地球温暖化

環境問題のなかでもっとも解決がやっかいで、なおかつ緊急に対策がこうじられなければならない問題である。先進国に長い間、利益をもたらしてきた経済的なアプローチを破綻させ、最悪のばあい、人類の生存すら危うくする恐れ

のある問題が，地球温暖化である．

地球温暖化とは二酸化炭素やメタン，フロンなどの赤外線をよく吸収する気体が大気中に増加することによって，地球の平均気温が上昇する現象をいっている．また，温室効果という現象が地球には生じているが，これは大気中の気体が地表から放射される赤外線を吸収して地球の表面温度を高める働きをさしている．したがって，温室効果は本来，水蒸気を主体とする大気中の気体によって地球を取り巻く大気のなかで起こっており，その作用によって地球は温暖な空気に包まれている．

温室効果の主因は化石燃料の燃焼によって排出される二酸化炭素であるが，その他にも数十種の温室効果ガスが知られている（図10－3を参照）．

地球温暖化の影響は各地で一様ではない．赤道では小さく，高緯度の地点では大きくなる．このため各地の気温が変化し，降雨量のパターンもかわり，その結果，各地の農業への適性も変化する．たとえば，ウクライナやアメリカ中

図10－3　各種の温室効果ガスによる地球温暖化への直接寄与度

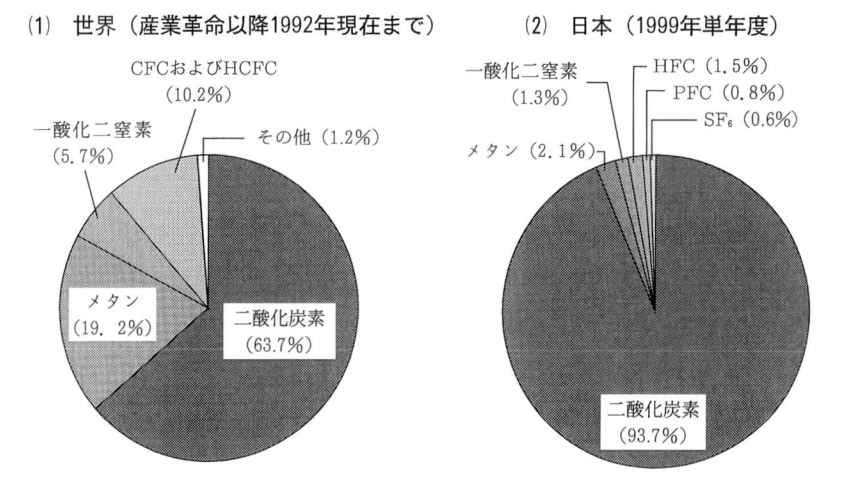

(1) 世界（産業革命以降1992年現在まで）

- CFCおよびHCFC (10.2%)
- その他 (1.2%)
- 一酸化二窒素 (5.7%)
- メタン (19.2%)
- 二酸化炭素 (63.7%)

(2) 日本（1999年単年度）

- 一酸化二窒素 (1.3%)
- HFC (1.5%)
- PFC (0.8%)
- SF_6 (0.6%)
- メタン (2.1%)
- 二酸化炭素 (93.7%)

注）CFC，HCFCが温室効果を有しているが，気候変動枠組条約に基づく排出量の通報を義務付けられておらず，右側の日本の寄与度については確立された排出量データがないため除外されている．
出所）環境省『環境白書』平成14年版

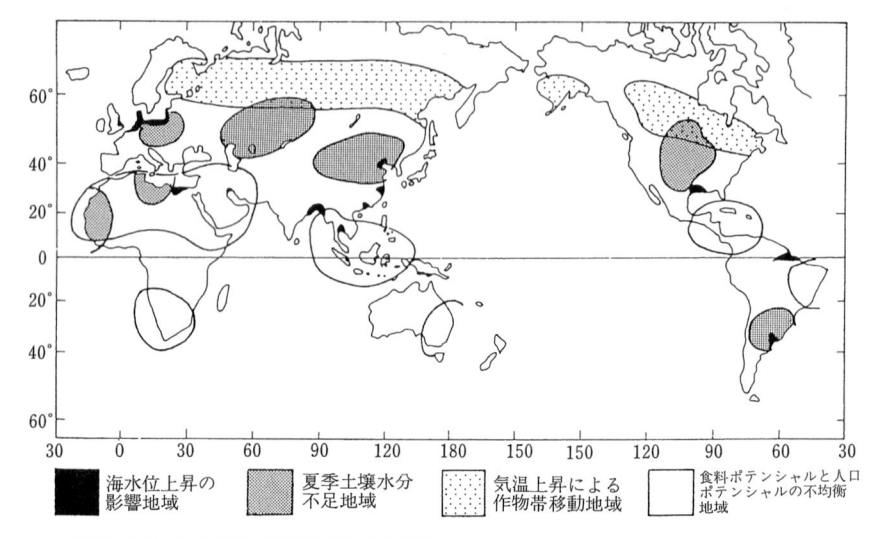

凡例）
- 海水位上昇の影響地域
- 夏季土壌水分不足地域
- 気温上昇による作物帯移動地域
- 食料ポテンシャルと人口ポテンシャルの不均衡地域

資料）『データガイド・地球環境』青木書店

図10-4　CO_2濃度倍増による気候変化の世界農業への影響（IPCC資料より内嶋作成, 1990）

表10-1　温暖化によるわが国の海面上昇の影響

（面積：km² 人口：万人 資産：兆円）

	現状			0.3m上昇		
	面積	人口	資産	面積	人口	資産
平均海面時	364	102	34	411	114	37
満潮時	861	200	54	1,192	252	68
台風または津波発生時	6,268	1,174	288	6,662	1,230	302

	0.5m上昇			1.0m上昇		
	面積	人口	資産	面積	人口	資産
平均海面時	521	140	44	679	178	53
満潮時	1,412	286	77	2,339	410	109
台風または津波発生時	7,583	1,358	333	8,893	1,542	378

出所）環境省『地球温暖化の日本への影響』2001

西部のような穀倉地帯が乾燥して農業に適さない土地になり，その反対にいままで雨が少なく農業に適さない地域が湿潤になるかもしれない．また気候の変化も激しくなり，台風やハリケーンが頻発するかもしれない．さらに雲の分布が変わり，地球全体や各地の気候の予測をすることがむずかしくなる．これまで主な気候調整要素であった熱帯モンスーンの動きは，大洋の海水温度の変化に敏感に反応していたが，このような変化がどうなるかわからなくなる．そのため世界の食糧の確保に不安が生じるようになるだろう（図10-4を参照）．

地球温暖化で気温が上昇すれば，海水が膨張したり，北極などの氷山が解けたりして海面が上昇して標高の低い地域は水没する．たとえば東京のゼロ・メートル地帯は水没し，居住可能面積が減少することが危惧されている．また，広範囲の地域が大潮や台風で洪水の被害にさらされるようになる．小さな島は完全に水没し，ガンジス川やナイル川の流域では重要な河川デルタが侵食され，多くの人びとが住む場所を失うだろう（表10-1を参照）．

3）酸性雨

酸性雨は主に化石燃料などの燃焼によって生じる硫黄酸化物や窒素酸化物などの大気汚染物質を含んでいる雨で，通常は PH（水素イオン濃度）5.6以下の雨をいう．

酸性雨の被害としては，雨が直接あたることや土壌が酸性化することによる樹木の立ち枯れ，酸性雨が流入することによって湖沼や河川が酸性化し，魚類が住めなくなり，生態系に重大な影響をおよぼしていることがあげられる．この他，都市の伝統的な建築や彫刻などの文化財などの腐食による被害が指摘されている．

北ヨーロッパ，特にスウェーデンやノルウェーでは1950年代から湖沼，土壌の酸性化が指摘され始め，1960年から70年代に降雨の急激な酸性化が進行した．1970年前半になって，これらの酸性化はイギリスやドイツなどの諸国からの大気汚染物質の長距離輸送によってもたらされていることが判明した．そのため酸性雨問題は国境を超えた多数国間の国際問題としてクローズアップされるよ

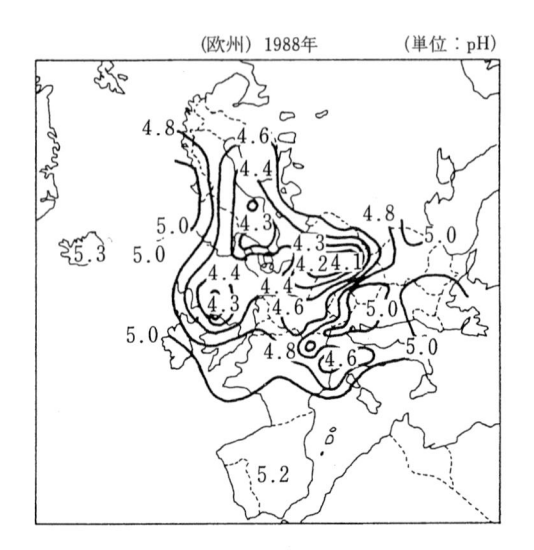

資料)『環境白書』(平成3年版)

図10-5 ヨーロッパの酸性雨の分布

うになった（図10-5を参照）．また将来，中国の産業が工業化したばあい，モンスーンによって酸性化された汚染物質がはこばれ，日本でも酸性雨が深刻な問題になることが心配されている（図10-6を参照）．

4) 森林破壊

人類は有史以来，さまざまな目的で森林の樹木を伐採してきた．その目的は燃料としてもやすためであったり，農地化するためであったり，住宅の建材として使用するためであったりした．この結果によって，人類出現時とくらべて現在の森林面積は半分以下に減少したといわれている．

森林破壊が最も顕著なのが熱帯雨林である．またその森林に半分以上の生物種が生息している．まさに生命の宝庫であった．だが，1981年に国連食糧農業機関（FAO）が実施した調査によると，ほとんどの国で植林される以上に伐採のスピードが急速であり，伐採と植林の比率は，アジアでは5対1であるが，アフリカでは29対1であり，その格差は驚異的ですらある．熱帯雨林全体では

10 国際化と環境問題　219

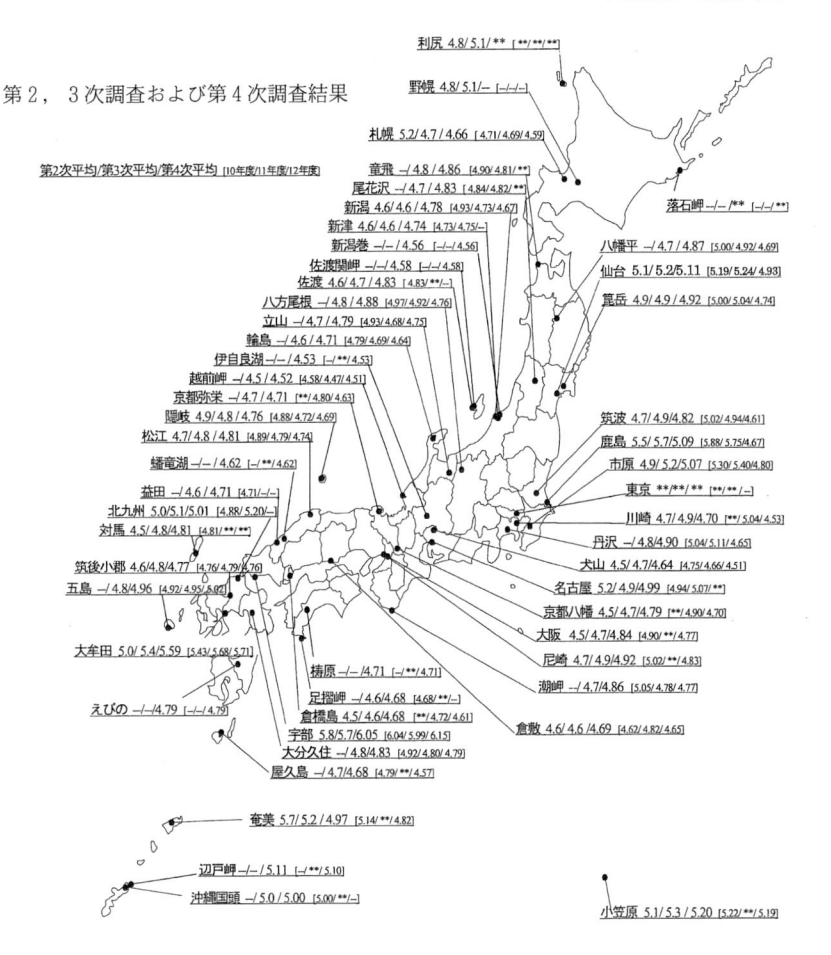

第2，3次調査および第4次調査結果

第2次平均/第3次平均/第4次平均 [10年度/11年度/12年度]

利尻 4.8/ 5.1/ ** [**/ **/ **]
野幌 4.8/ 5.1/ — [—/—/—]
札幌 5.2/ 4.7/ 4.66 [4.71/ 4.69/ 4.59]
竜飛 —/ 4.8 / 4.86 [4.90/ 4.81/ **]
尾花沢 —/ 4.7 / 4.83 [4.84/ 4.82/ **]
新潟 4.6/ 4.6 / 4.78 [4.93/ 4.73/ 4.67]
新津 4.6/ 4.6 / 4.74 [4.73/ 4.75/ —]
新潟巻 —/ —/ 4.56 [—/ —/ 4.56]
佐渡関岬 —/ —/ 4.58 [—/ —/ 4.58]
佐渡 4.6/ 4.7 / 4.83 [4.83/ **/ —]
八方尾根 —/ 4.8 / 4.88 [4.97/ 4.92/ 4.76]
立山 —/ 4.7 / 4.79 [4.93/ 4.68/ 4.75]
輪島 —/ 4.6 / 4.71 [4.79/ 4.69/ 4.64]
伊自良湖 —/ —/ 4.53 [—/ **/ 4.53]
越前岬 —/ 4.5 / 4.52 [4.58/ 4.47/ 4.51]
京都弥栄 —/ 4.7 / 4.71 [**/ 4.80/ 4.63]
隠岐 4.9/ 4.8 / 4.76 [4.88/ 4.72/ 4.69]
松江 4.7/ 4.8 / 4.81 [4.89/ 4.79/ 4.74]
蟠竜湖 —/ —/ 4.62 [—/ **/ 4.62]
益田 —/ 4.6 / 4.71 [4.71/ —/ —]
北九州 5.0/ 5.1 / 5.01 [4.88/ 5.20/ —]
対馬 4.5/ 4.8/ 4.81 [4.81/ **/ **]
筑後小郡 4.6/ 4.8/ 4.77 [4.76/ 4.79/ 4.76]
五島 —/ 4.8/ 4.96 [4.92/ 4.95/ 5.02]
大牟田 5.0/ 5.4/ 5.59 [5.43/ 5.68/ 5.71]
えびの —/ —/ 4.79 [—/ —/ 4.79]
椿原 —/ —/ 4.71 [—/ **/ 4.71]
足摺岬 —/ 4.6/ 4.68 [4.68/ **/ —]
倉橋島 4.5/ 4.6/ 4.68 [**/ 4.72/ 4.61]
宇部 5.8/ 5.7/ 6.05 [6.04/ 5.99/ 6.15]
大分久住 —/ 4.8/ 4.83 [4.92/ 4.80/ 4.79]
屋久島 —/ 4.7/ 4.68 [4.79/ **/ 4.57]
奄美 5.7/ 5.2/ 4.97 [5.14/ **/ 4.82]
辺戸岬 —/ —/ 5.11 [—/ **/ 5.10]
沖縄国頭 —/ 5.0/ 5.00 [5.00/ **/ —]

落石岬 —/ —/ — [—/ —/ —]
八幡平 —/ 4.7 / 4.87 [5.00/ 4.92/ 4.69]
仙台 5.1/ 5.2/ 5.11 [5.19/ 5.24/ 4.93]
箟岳 4.9/ 4.9 / 4.92 [5.00/ 5.04/ 4.74]
筑波 4.7/ 4.9/ 4.82 [5.02/ 4.94/ 4.61]
鹿島 5.5/ 5.7/ 5.09 [5.88/ 5.75/ 4.67]
市原 4.9/ 5.2/ 5.07 [5.30/ 5.40/ 4.80]
東京 **/ **/ ** [**/ **/ —]
川崎 4.7/ 4.9/ 4.70 [**/ 5.04/ 4.53]
丹沢 —/ 4.8/ 4.90 [5.04/ 5.11/ 4.65]
大山 4.5/ 4.7/ 4.64 [4.75/ 4.66/ 4.51]
名古屋 5.2/ 4.9/ 4.99 [4.94/ 5.07/ **]
京都八幡 4.5/ 4.7/ 4.79 [**/ 4.90/ 4.70]
大阪 4.5/ 4.7/ 4.84 [4.90/ **/ 4.77]
尼崎 4.7/ 4.9/ 4.92 [5.02/ **/ 4.83]
潮岬 —/ 4.7/ 4.86 [5.05/ 4.78/ 4.77]
倉敷 4.6/ 4.6 / 4.69 [4.62/ 4.82/ 4.65]

小笠原 5.1/ 5.3 / 5.20 [5.22/ **/ 5.19]

注）・———：未測定
・＊＊：無効データ（年判定基準で棄却されたもの）
・第2次，第3次調査は5年間の平均値（欠測，年判定基準で棄却された年平均値は計算から除く）
・東京は第2次調査と第3次調査では測定所位置が異なる
・倉橋島は1993年度と1994年度以降では測定所位置が異なる
・札幌，新津，箟岳，筑波は1993年度と1994年度以降では測定頻度が異なる
・冬期閉鎖地点（尾瀬，日光，赤城）のデータは除く

資料）環境省資料

図10－6　日本の酸性雨の状況（降雨中のpH値）

表10-2 世界の森林面積（2000年）とその変化

	2000年			1990年 (g)	1990-2000年	1990-2000年
	森林面積 (h) (1,000ha)	国土面積に占める割合 (%)	人工林 (1,000ha)	森林面積 (1,000ha)	森林面積変化 (1,000ha)	森林面積年平均変化率 (%)
アジア	547,793	17.8	115,847	551,448	-3,655	-0.1
南アジア	76,665	18.6	34,653	77,644	-979	-0.1
大陸部東南アジア	80,896	42.6	7,596	87,761	-6,865	-0.8
島嶼部東南アジア (a)	131,018	53.3	12,377	147,442	-16,424	-1.1
熱帯アジア計	288,579	34.0	54,626	312,847	-24,268	-0.8
西・中央アジア (b)	46,550	4.3	5,457	43,383	3,167	0.7
東アジア	212,664	18.5	55,765	195,218	17,446	0.9
温帯アジア計	259,214	11.6	61,222	238,601	20,613	0.9
オセアニア	197,623	23.3	3,200	201,271	-3,648	-0.2
熱帯オセアニア計	35,138	65.0	262	36,356	-1,218	-0.3
温帯オセアニア計 (c)	162,485	20.4	2,938	164,915	-2,430	-0.1
北中アメリカ	549,304	25.7	17,533	555,002	-5,698	-0.1
温帯北中アメリカ計	470,564	25.1	16,238	466,684	3,880	0.1
中央アメリカ・メキシコ	73,029	30.2	729	82,738	-9,709	-1.2
カリブ海諸国	5,711	25.0	567	5,580	131	0.2
熱帯・亜熱帯北中アメリカ計	78,740	29.7	1,296	88,318	-9,578	-1.1
南アメリカ	885,618	50.5	10,455	922,731	-37,113	-0.4
熱帯南アメリカ計	834,142	60.1	6,892	868,702	-34,560	-0.4
温帯南アメリカ計 (d)	51,476	14.0	3,565	54,029	-2,553	-0.5
ヨーロッパ	1,039,251	46.0	32,015	1,030,475	8,776	0.1
北ヨーロッパ	57,968	51.6	881	57,566	402	0.1
西ヨーロッパ	67,822	27.6	6,915	64,713	3,109	0.5
東ヨーロッパ (e)	913,461	48.0	24,219	908,196	5,265	0.1
アフリカ	649,866	21.8	8,036	702,502	-52,636	-0.8
西サヘル	43,570	8.2	546	46,818	-3,248	-0.7
東サヘル	92,422	19.2	1,114	104,168	-11,746	-1.1
西アフリカ	41,594	20.3	1,253	51,803	-10,209	-2.0
中央アフリカ	232,228	54.9	677	241,662	-9,434	-0.4
熱帯南アフリカ	212,485	38.4	657	229,610	-17,125	-0.7
島嶼部東アフリカ (f)	11,852	20.1	373	13,036	-1,184	-0.9
熱帯アフリカ計	634,151	28.2	4,620	687,097	-52,946	-0.8
熱帯以外アフリカ計	15,715	2.2	3,423	15,405	310	0.2
合計	3,839,455	29.6	187,086	3,963,429	-93,974	-0.2

注）(a) ブルネイ，インドネシア，マレーシア，フィリピン，シンガポール，東ティモールの6カ国
　　(b) アフガニスタン，アルメニア，アゼルバイジャン，バーレーン，キプロス，グルジア，イラン，イラク，イスラエル，ヨルダン，カザフスタン，クウェート，キルギス，レバノン，オマーン，カタール，サウジアラビア，シリア，タジキスタン，トルコ，トルクメニスタン，アラブ首長国連邦，ウズベキスタン，イエメンの24カ国
　　(c) オーストラリア，ニュージーランドの2カ国
　　(d) アルゼンチン，チリ，ウルグアイの3カ国
　　(e) ロシアを含む19カ国（アルバニア，ベラルーシ，ボスニア・ヘルツェゴビナ，ブルガリア，クロアチア，チェコ，エストニア，ハンガリー，ラトビア，リトアニア，ポーランド，モルドバ，ルーマニア，ロシア，スロバキア，スロベニア，マケドニア，ウクライナ，ユーゴスラビア）
　　(f) コモロ，マダガスカル，モーリシャス，レユニオン，セイシェルの5カ国
　　(g) 1990年の森林面積は，Global Forest Resources Assessment 2000以降，新しい情報が加味され更新されている
　　(h) FAOの定義する「森林」＝天然林と植林を含む．林冠面積が10％以上あり，樹高5m以上の連続した立木からなる木材生産の可能な林地

資料）FAO, State of the World's Forests 2001

表10－3　森林タイプごとの保護地域の面積および割合

(1,000km)

熱帯	森林面積	保護地域面積	保護地域の割合(%)	非熱帯	森林面積	保護地域面積	保護地域の割合(%)
低地常緑広葉雨林	7,296.9	1,006.7	13.8	常緑針葉樹林	8,045.9	1,116.8	13.9
低山樹林	622.2	71.8	11.5	落葉針葉樹林	3,616.0	36.7	1.0
高山樹林	717.3	119.6	16.7	針葉／広葉混合樹林	2,020.2	195.4	9.7
淡水湿地林	532.4	40.7	7.6	常緑広葉樹林	345.8	82.8	23.9
半常緑湿潤広葉樹林	1,109.6	92.7	8.4	落葉広葉樹林	3,873.4	355.9	9.2
針葉／広葉混合樹林	17.7	0.9	5.1	淡水湿地林	125.6	9.7	7.7
針葉樹林	56.0	5.3	9.5	硬葉乾燥林	754.5	146.2	19.4
マングローブ	216.4	29.9	13.8	人間の介入によって破壊された天然林	60.1	3.4	5.7
人間の介入によって破壊された天然林	838.9	29.9	3.6	樹林の散在する草地	5,823.2	469.6	8.1
落葉／半落葉広葉樹林	3,178.6	397.8	12.5	外来種植林	65.3	5.7	8.8
硬葉乾燥林	435.1	49.1	11.3	在来種植林	0.0	0.0	—
有刺樹林	257.1	15.3	6.0	樹種の特定されない植林	8.1	0.1	1.3
樹林の散在する草地	5,082.8	404.6	8.0	その他	264.5	14.5	5.5
外来種植林	18.3	0.8	4.6				
在来種植林	0.4	0.02	5.7				

出所）UNEP-WCMC (http://www.unep-wcmc.org/forest/world.htm) (2000)

10対1になっている．また最近の人工衛星による調査では，破壊の現状はさらに悪化している．国立リモートセンシング・センターの調査研究によると，たとえば，インドだけでも森林減少率のスピードは当初FAOが行なった推定の9倍以上の速さで進行している．

熱帯雨林は毎年何万平方キロメートルの割合で消滅している．この森林破壊によって，多くの開発途上国の貴重な自然資源が失われ，無数の植物や動物などの生物種が絶滅に追いやられている．熱帯林の減少は二酸化炭素の放出増加や水の蒸発量の減少を通じて，地球の気候の変化に大きな影響をもたらしている．

熱帯林破壊の2つの大きな要因は，非効率的な商業伐採と森林地の牧場や農

地への転換である．この背景には開発途上国の経済的な対外債務が存在しており，このような経済的苦境をのりこえるためにとられた政策であることが明らかにされている．この意味で先進国の責任も重いといわざるをえない．

こうした森林破壊は，人間を含む生態系に悪影響をおよぼすことになる．森林が無くなると土砂が流出し，樹木の根が無くなることで水の保持力が格段に衰える．その結果，洪水が頻発し，肥沃な土地はやがて砂漠化してゆくことが歴史的な体験によってわかっている．

5）有害物質の越境移動

欧米や日本の先進国からアフリカ，南米，アジアなどの第三世界諸国に，かなりの有害な産業廃棄物が送り込まれ，投棄されているという情報がマスコミによって報道されたことがある．たとえば，1988年以降，このような廃棄物を搭載した船が各国の港で入港拒否にあい，地中海やカリブ海をさまよい，これを受け入れようとした国ぐにで社会問題化した事件が幾つかあった（ナイジェリアの「ココ投棄事件」）．

こうした先進工業国の重化学工場などで発生するさまざまの有害廃棄物が，適切に処理する手だてを講じないままに開発途上国に送られ，その結果，地球の各地において環境汚染をひきおこしている．この問題は地球規模の環境問題として拡大化の傾向を示している．この背景には経済活動の国際化への進展や先進各国の環境汚染への規制の差異，あるいは先進国と途上国間の経済的な格差の存在，などの複雑な問題がよこたわっている．

先進工業国の石油化学工業，プラスチック樹脂製造工業，化学薬品工業，農薬製造工業などでは，工業原料や最終製品として多量の化学物質がつくり出され，あるいは製造プロセスから有害な化学物質を含む多量の廃棄物が排出されている．

だが，先進国では処理施設の不足，規制に適合する技術の未開発，処理コストの高騰などの理由から有害廃棄物を他国に送って処理してきた．さらに最近では廃棄物の越境移動の問題は，先進工業国から東欧やアジアなどの新興工業

地域にもおよび，世界中の国ぐにに拡大する傾向を呈してきている．

この他にも地球規模の環境問題はいろいろあるが，ここでは割愛することにする．ただ，グローバルな全地球的な環境問題は，これまで記述してきた個別な環境問題が相互に連関して，問題を複雑にし，錯綜させ，また新しい問題を発生させているという事実だけは指摘しておきたい（図10－7を参照）．

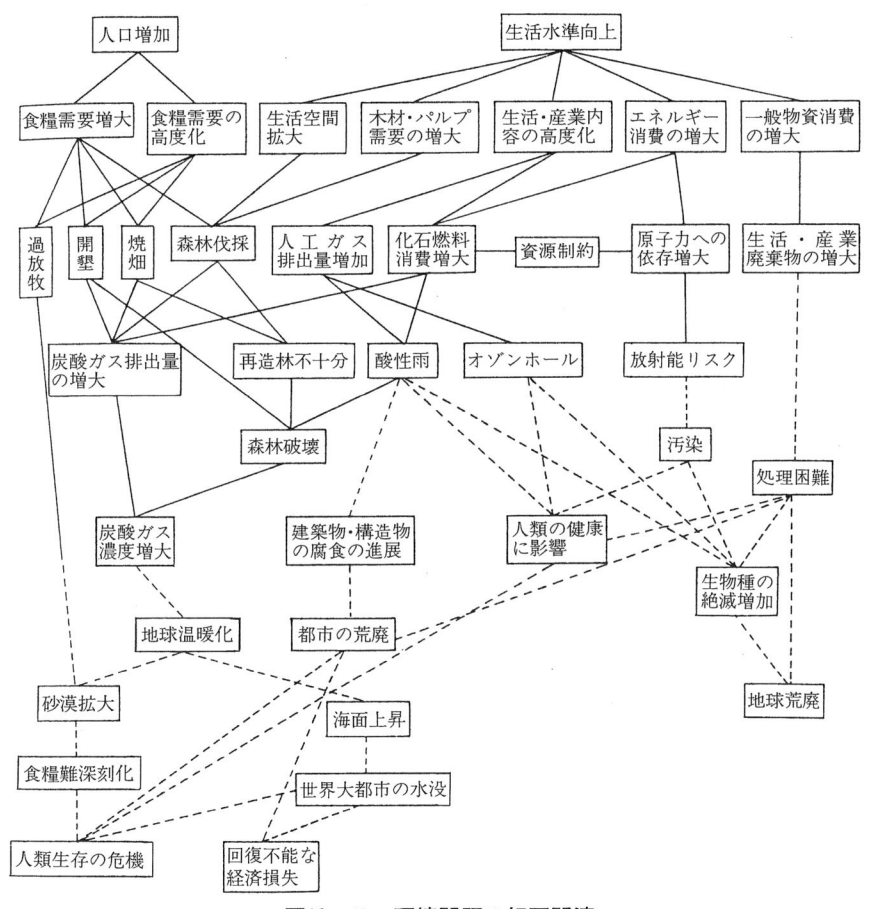

図10－7　環境問題の相互関連

資料）大来佐武郎監修『講座地球環境3　地球環境と経済』中央法規出版　1990年

表10-4 主要国の有害廃棄物の輸出入量

(単位：トン)

国名＼年	輸出 1989	1990	1991	1992	1993	輸入 1989	1990	1991	1992	1993
日本	40	0	—	—	—	5,125	397	—	—	—
アイスランド	—	90	151	—	—	—	0	0	—	—
アイルランド	13,808	118,416	108,466	145,556	142,709	—	—	—	—	—
アメリカ合衆国(a)	118,927	496	857	0	0	40,740	34,983	54,074	44,673	66,294
イギリス(b)	0									
イタリア(c)	10,800	19,968	13,018	21,627	19,365	0	0	0	0	0
オーストラリア	500	1,000	3,200	275	0	0	0	0	0	0
オーストリア	86,773	68,162	82,129	70,023	83,998	50,981	19,180	111,595	79,107	28,330
オランダ	188,250	195,377	189,707	172,906	163,180	88,400	199,015	107,251	250,355	236,673
カナダ	101,083	137,818	223,079	174,682	229,648	150,000	143,811	135,161	123,998	173,416
ギリシア	—	305	—	—	—	—	—	—	—	—
スイス	108,345	121,420	126,564	132,138	125,840	7,684	6,688	6,416	10,471	8,360
スウェーデン(d)	45,015	42,636	63,801	22,185	22,484	33,863	47,223	34,195	61,725	82,933
スペイン(e)	280	20,213	6,578	15,803	13,943	27,413	82,269	81,597	66,356	104,716
デンマーク	8,120	9,214	21,758	15,858	—	11,401	16,376	15,200	100,244	—
ドイツ(f)	990,933	522,063	396,607	548,355	433,744	45,312	62,636	141,660	76,375	78,219
トルコ	0	0	0	—	—	0	0	0	0	—
ニュージーランド	200	0	21	—	—	0	0	0	—	—
ノルウェー(g)	8,078	16,532	14,636	14,545	16,639	7,565	9,889	2,415	64,070	81,207
フィンランド	64,665	19,174	24,174	21,757	20,628	—	—	4,605	5,145	4,770
フランス	—	10,552	21,126	32,309	78,935	—	458,128	636,647	512,150	324,538
ベルギー(h)	176,983	491,784	645,636	37,278	34,073	1,036,260	1,070,496	1,021,798	208,052	236,010
ポルトガル	—	1,954	292	457	815	—	—	1,147	5,638	7,195

注）国ごとに有害廃棄物の定義が異なるため、データの利用には注意が必要である。
(a) バーゼル条約実施のための法律ができるまで、通告が必要なのは輸出についてのみ。
(b) 最終処理分のみ
(c) 1989年の輸出量は推定値
(d) 1991年の数値が高いのは、通告分が実際に輸出された量より多かったため
(e) 1989年から1990年にかけて有害廃棄物に関する法律が改正された
(f) 1989年と1990年のデータの差は、1990年のドイツ統一の影響
(g) 1992年の輸入量の増大は、再利用目的のアルミニウムスラグ分である
(h) 家庭から出る廃棄物やリサイクル可能な非鉄金属も含む

出所：OECD・Transfrontier Movements of Hazardous Wastes 1992-93 Statistics

2. 環境問題の解決困難な要因

　環境問題は，人類がこれまで地球の自然環境から享受してきた生活上の利便性や快適性を継続してこれからも受けられなくなってしまう特徴をもっている．環境は，人間の生活活動にたいして2つの機能を果たしている．その1つは，人間の生活活動に必要な資源などの供給である．もう1つは，人間の生活活動から生じる不用物を受け入れ，分解し，浄化し，同化する機能である．

　しかし，この機能には限界があり，環境から資源を無限に採取することもできないし，ゴミなどの廃棄物をあまり多く捨てると機能障害をおこし，生態系を破壊して環境の性質を変えてしまう．こうしたことが続けられると環境からの恩恵は期待できなくなり，逆に被害がもたらされるようになる．にもかかわらず環境問題の解決は困難をきわめている．とくに地球規模の環境問題はそうである．それは何故なのか，その要因をさぐっていこう．

(1) 先進国と開発途上国の利害対立

　環境問題に関連して，各国間に利害の対立があり，自国の利益を犠牲にしてまで問題解決の合意を形成することは非常にむずかしい．先進国間や途上国間にも利害対立は存在するが，とくに先進国と途上国間の環境問題をめぐる利害対立は激しいものがあり，国際協力による解決をむずかしくしている．1992年の6月にリオデジャネイロで開かれた「地球サミット」でも，南北の利害がはっきりと対立した．

　たとえば，開発途上国問題を扱っている国連開発計画（UNDP）顧問のパキスタンのウル・ハクは地球サミット初日の講演で，「温暖化やオゾン層減少でいま，多くの人間が死んでいるわけではない」（『朝日新聞』1992年6月4日朝刊）とのべた．すなわち，先進国は自分たちに影響がおよぶ地球環境問題を重視し始めているが，途上国の「声なき多数」にとっては，貧困や人口爆発など生存にかかわる基本問題こそが緊急だ，という指摘をしたのである．

　さらに彼は，「世界人口の五分の一の先進国が，世界のエネルギーの70％，

図10-8 途上国で安全な水と衛生施設を利用できる人の割合

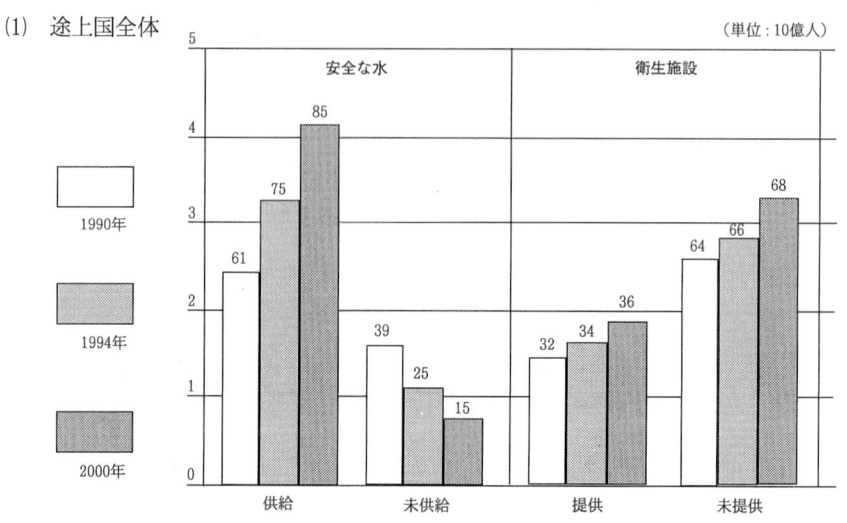

(1) 途上国全体 （単位：10億人）

凡例：□ 1990年　▨ 1994年　■ 2000年

安全な水
- 供給：61、75、85
- 未供給：39、25、15

衛生施設
- 提供：32、34、36
- 未提供：64、66、68

注）棒グラフ中の数字は当該年の全人口に対する割合（％）を示す
出所）国連, *Critical Trends/Global Change and Sustainable Development*

(2) 地域

地域			1990年			2000年		
			全人口	供給人口	供給率(%)	全人口	供給人口	供給率(%)
アジア	飲料水供給施設	都市部	1,029	972	94	1,352	1,254	93
		非都市部	2,151	1,433	67	2,331	1,736	75
	衛生施設	都市部	1,029	690	67	1,352	1,055	78
		非都市部	2,151	496	23	2,331	712	31
ラテンアメリカ・カリブ海諸国	飲料水供給施設	都市部	313	287	92	391	362	93
		非都市部	128	72	56	128	79	62
	衛生施設	都市部	313	267	85	391	340	87
		非都市部	128	50	39	128	62	49
アフリカ	飲料水供給施設	都市部	197	166	84	297	253	85
		非都市部	418	183	44	487	231	47
	衛生施設	都市部	197	167	85	297	251	84
		非都市部	418	206	49	487	220	45

注）図中の全人口は調査対象となった人口を示し、アジア、ラテンアメリカ・カリブ海、アフリカ地域の総人口のうち、1990年でそれぞれ88％、77％、72％、2000年でそれぞれ94％、99％、96％に相当する．
資料）WHO/UNICEF, *Global Water Supply and Sanitation Assessment 2000 Report*

食糧の60％を消費する一方で，途上国では13億人がきれいな飲み水を持たず，7億5千万人の子供が急性下痢症に苦しみ，4百万人が死んでいる」と，UNDPと世界サミット事務局がまとめたハーグ報告書をもとに，説明している．先進国のリーダーシップによってオゾン層破壊防止と温暖化防止の条約はできたが，安全な水を確保する条約も，貧しい人の農業を守る土壌保全条約もないという事実に残されたままである．

したがって，開発途上国にとっての環境問題とは，安全な飲料水の不足，淡水資源の量と質の悪化，都市の衛生状態や居住環境の悪化，薪などの再生可能エネルギーの枯渇，肥沃で生産に適した土壌の劣化と喪失，砂漠化の進行などを意味している．これらの問題が発生する背景には，貧困や低開発がある．そのため途上国の立場から環境問題をとりあげるなら，その原因となっている貧困，低開発，社会的不公正，不適切な自然資源の管理，一次産品の貿易条件の適正化などが議論されるべきとなるのである（図10－8を参照）．

さらに，現在の環境問題を深刻化させた原因の大部分は，先進工業国が大量生産や大量消費をともなう経済的な拡大政策のなかで生み出したものである．ところが世界的な規模での経済のグローバリゼーションによって得られた利益，すなわち経済成長の過程で蓄積された富と便益の大部分は先進国が独占している．それに対し途上国は，国民の必要な日常生活の基本的ニーズを充足させることに追われている．したがって，環境対策のために国家財政の資金をふりむける余裕はほとんどない．だから，環境保全のためには先進国から途上国に対し，開発に相当する規模の財政や資源を援助する必要があり，また環境汚染を防止するための最新の技術を移転する必要がある，と主張している．

地球環境問題が人類全体への脅威として顕在化した後，先進国グループでは，対症療法，あるいは技術的対応であっても，行政を中心として環境汚染に取り組み，状況の悪化や問題の深刻化は一応おさえられてきた．

だが多くの途上国では社会の発展と生存の基礎となっている自然資源と生態系の崩壊が進み，土地を失った貧しい農民たちが都市に移住し，スラム街を形

成し,都市環境の悪化に拍車をかけている.このためどの途上国の大都市でも急増する住民への安全な飲料水の供給,保健・衛生サービス,雇用機会の創出などの問題に忙殺されている.

途上国と先進国との間に存在する矛盾は,1兆3千億ドル（1995年当時）にまで増大してしまった累積債務に象徴される経済の従属的構造の拡大とそれによって生じるさまざまな問題の悪循環である.最近は先進国からの資金導入が,先細り傾向にあり,1984年以来,途上国から先進国へ向かう金の流れのほうが多くなる事態が続いている.

環境の視点から洞察するならば,多くの途上国の自然資源は,自国の発展のために使われるより以上に,資金を出し開発を支援している先進国に向けて輸出されている.多くの途上国では人口のごく少数の人が全国土の大部分を支配するといった不平等な社会構造を基盤に大規模な商業的農業が経営されている.つまり,貧しい人びとの生きるための食糧生産が縮小され,富める人びとに売るための商品作物栽培,輸出型農業の促進が,とくに世界銀行などの後押しのもとで進められてきたのである.

こうした輸出型農業の拡大は,貧しい農民の手から土地を奪い,彼らをいっそう条件の悪い荒地や森林地帯の開墾へと向かわせることで自然破壊を激化させる.あるいは農業を放棄した人びとは都市に流入し,スラムを拡大させることで,所得の格差や不平等,それによる貧困化を進め,地域社会の崩壊,公害問題,衛生問題を深刻化させている（古沢,p.72）.

以上のように途上国と先進国のおかれている状況の違いが利害の対立をうみだしている.また,地球環境問題の解決を本当にはかろうとするならば,各国が国益だけを追い求めるのではなく,地球を守るといった「地球益」や「人類益」の立場にたつことが,絶対に必要である.とくにその実現のためには先進国側に譲歩が求められる.

(2) 将来の世代のために現在享受している利益を犠牲にすることの困難性

地球規模での環境問題を解決するには,長期的な視点にたって対処すること

が必要である．たとえばオゾン層を破壊するフロンが地表から放出され，成層圏に到達し，紫外線に当って分解され，オゾンと反応をくり返しながら被害のない物質に変わるまでに100年程度の期間がかかり，そのくらいの長い時間的尺度で解決策を考えていく必要がある．また，いますぐ対策を取ったとしても，その効果があらわれてくるのは少なくとも10年以上先のことである．したがって，被害が明らかになってから対策を始めたのでは，その効果があらわれるまで被害は拡大化していく．これらのことは，なにもオゾン層破壊に限らず他の環境問題にも共通のことである．

こうした地球環境問題をおこした責任は，現代を生きているわれわれの世代にあるのに，その結果の悪影響や被害の多くは将来の世代が被らざるをえない．現代のわれわれが手をこまねいているうちに，対策に必要な時間的な余裕がなくなり，われわれの子どもや孫の世代に甚大な被害をもたらし，対策に必要とされる費用は膨大なものとなる．

現代の市場経済は，それに参加する人びとに効率的に資源を配分するのには有効であっても，市場に参加することのできない将来の世代と現代の世代との間の資源の分配については有効な解決策を示すことはできない．現在の世代が消費する資源や財の価格には，将来にわたって環境を守るために必要なコストまでは含まれていないからである．そのため，現在の世代は無自覚のうちに，目先の利益に追われ，対策を実施する犠牲を避け，後の世代に大きな不利益を課してしまう危険性が大きい．

(3) **不確実性のなかでの対応策を決定することの困難性**

地球環境問題の発生には多くの環境要因が関連している．このため，地球の環境は今後長い時間をかけて少しずつ悪化していくかもしれないが，またある日突然に急激に変化するかもしれない．しかも，その環境の悪化は人の力では元に戻せない不可逆性をもったものである可能性が強い．こんにちの科学の発達はめざましいものがあるが，まだまだ解らないことが沢山ある．われわれは環境の悪化過程について十分な科学的な知見をまだもっていないし，地球環境

を保全するための対応技術はあったにしても大変高価であったりする．だからといってそのまま環境悪化を放置するわけにもいかない．環境問題の因果関係が解明され，安価な代替技術が発明されるのを待っている間に手遅れにならないともかぎらない．また，実行可能な対策のための制度を整備する間にも環境悪化はいっそう進行するであろうし，一刻の猶予も許されない．

したがって，不確実性が存在していることを確認しながら，政策決定をすすめていかなければならない．なぜなら，科学的意味で，不確実性がゼロになることは考えられないからである（『講座　地球環境1』pp.25−27）．

3．地球環境問題への国際的な対応

(1) 永続可能な開発の視点から

環境問題を考える時，「地球を守る」ために，現在，世界中で使われている概念がある．それは「永続可能な開発」という概念である（この「永続可能な開発」という概念はsustainable developmentの訳である．日本では一般に「持続可能な開発」と訳されているが，時間の長短があいまいなため，本稿では「永続可能な開発」と訳すことにした）．この考え方は，「われわれの子孫の利益を損うことなしに，現在の人びとの要望を満たすような社会的，経済的，政治的発展を考える」という意味を含んでいる．また，この概念には「公平さ」という価値観が反映されている．すなわち，南北を問わず現在，世界中に生きている人びとの間に，さらには，われわれと将来の世代との間にできるだけ公平を実現するように努力することが求められる．

永続可能な開発を目標にして，われわれはこの地球を保持していかなくてはならない．そのためには，知識を集約し，協力して行動をおこし，資源を分かち合い，地球が永続可能な開発をする必要がある．換言するなら，人類が生き残れるような形で開発をし，地球を保持していかなければならない．

われわれ人間による経済開発と自然環境との相互作用によって地球規模の環境悪化という変化をわれわれは体験している．したがって，このような問題群

の発生を防止し，それらを意図的に制御しようとする時，われわれは今後，地球をどのようにしたらよいのか，価値観の選択をせまられている．

すわなち，生物の多様性を地球上でどれだけ維持すべきか，人口の増加率を地球環境保全のためにどれだけ抑制すべきか，どの程度の貧困がわれわれに許される範囲か，どの程度の気候変動なら受けいれられるのか，危険な産業廃棄物をどこに捨てるべきか，深海なら許されるのか，などなどである．

これらの問いに答えるには，われわれの価値選択が必要であり，その結果により利益を享受できるのはわれわれの子孫である．人によって住んでいる環境も価値観も異なっているから，価値選択も個人によって千差万別であろう．とくに貧しい人びとと豊かな人びとでは，経済成長と環境保全に対する優先順位の評価にも差異があらわれる．

環境と開発に関する世界委員会（WCED）では「永続可能な開発」を未来の世代の要求に即応できる可能性と能力を損なうことなしに実現でき，また同時に現在の要求に答えることができるような開発と定義している．

(2) **永続可能な経済開発の実現にむけて**

国連のWCEDの報告書は，世界経済のあり方についての考え方を基本的にかえることによって，現在の人びとの要求やニーズと未来の人びとのそれとを両立させることができると記述している（大来，1989）．

しかし，それを実現するために重要なことは「永続可能性」という視点である．現在の経済活動は，再生可能な資源や生態系が再生し，回復する速度よりも早くそれらを消費し，破壊している．これは永続不可能な開発を行なっている，といえる．そのため，資源や生態系を現在の状態より悪化しないように保持し，必要なら増加させていくような永続可能な開発に転換させていく努力が必要である．これは，われわれに与えられた課題である．

永続可能な開発に転換させるためには，社会の価値観と目標をかえ，意思決定の方法をかえていく必要がある．そしてそれに対応する政策の変更がせまられている．

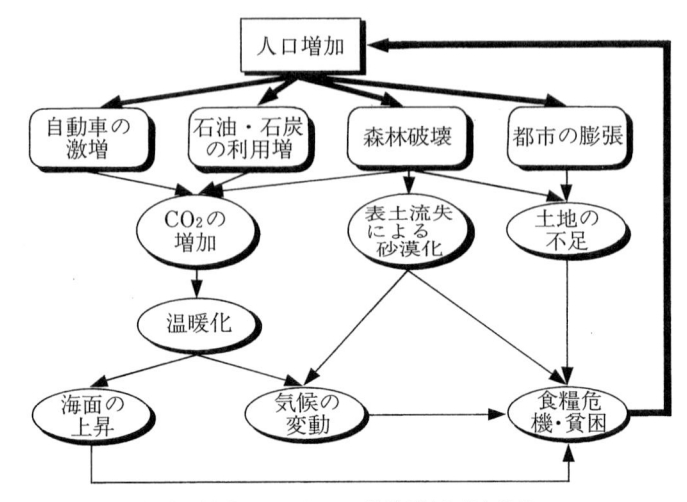

資料）本間慎『データガイド・地球環境』青木書店
図10-9　人口増加と環境問題の関係

　20世紀に入って地球の人口は3倍以上に増加し，世界経済は20倍に拡大し，化石燃料の消費量は30倍に膨れ上がった．その結果，工業生産量は50倍になった．そしてそのほとんどが1950年以降に増加している．このような驚くべき経済開発が，人類にこれまで経験したことのないような新しい問題を突きつけている．この経済開発によって人間の生活は驚くほど豊かになり，快適になった．しかし，その同じ経済開発が地球の環境を悪化させ，生態系を破壊させようとしている．さらに貧困に悩む人びとの数を増加させている（図10-9を参照）．

　1980年頃になって，各国の政府はようやく，かつてない規模と速さで進んでいる環境破壊が，地球上の生命を脅かしていることに気づき始めた．今後，50年間に予想される経済成長が，経済と生態系の両方を永続可能にするか，はわからない．永続可能性を実現するには，社会や政治のしくみや制度が障害になっているからである．

　環境破壊は世界の各地で限界点を超えている．だが，急激に増大しつつある世界の人口と貧困に悩む人びとの要望に対応するとしたなら，今後50年間で経

済成長を早め，経済規模を現在の5倍から10倍程度に拡大する必要がある．だが，その方法では地球資源の枯渇に拍車がかかり，それを抑止する方法はない．

もし，今後も現在と同じような経済開発が進むと仮定するなら，現在の人口のままであっても，途上国を先進国なみにするには，エネルギー使用量は5倍になる．この数値は先進国の現在の総消費量に相当する．これはエネルギーに限らず，住居，水，食品などの生活必需品でも状況は同じである．

しかし，1980年代になると，多くの途上国で経済成長がほとんど止まり，マイナス成長を示している国もある．このような衰退傾向は経済だけでなく，政治も生態系も同じである．とくにアフリカとラテンアメリカで顕著であり，累積債務が最大のネックとなっている．

それでは，現代経済を永続可能性という視点から再構築が可能なのであろうか．これは生き残るための問いかけでもある．再構築のためには，先述したように社会の価値観と目標を転換し，意思決定の方法や政策を変更しなければならない．そして再び成長を回復し，公平さを確保し，途上国の人びとの基本的な要求に敏感に対応していかなければならない．

そのためには，人口の増加を抑制し，基本的な環境資源をこれ以上減少させないことが必要である．

だが，拡大する世界経済の資源をこれ以上枯渇させないで再生可能な資源のストックだけでやっていけるのだろうか．これはむずかしい問題である．そのためには，先進国が汚染を防止し，資源を再生させるために，これまでの数倍以上の援助を途上国に実施しなければならない．

政策が変更されないかぎり，世界中における資源の急速な減退を組み止めることはできない．先進国は緊急に必要としていない農産物の援助ではなく，累積債務を解消させる資金的援助を中心にすべきである．また生産を刺激し，環境資源の破壊を防止する方向に構造転換するために，途上国の実情に合った援助をすべきである．

永続可能な開発のために必要なもう1つの条件は，生産という行為の本質に

かかわることだが，エネルギーと原材料の消費を大幅に削減しなければならない．

　資源消費を抑えた経済成長を考える上で，資源の再利用が不可欠である．資源のリサイクルを実施している国ぐにも多く出てきた．省資源や省エネルギーは生産のコストダウンにつながるし，環境の汚染物質や産業廃棄物を減らすことにもなる．つまり，汚染物質の排出を抑止することは，除去のための後処理をするよりはるかに効果があり，経費の節約になる．後処理技術は汚染物質を減らすことに役立っても，経済的効果には何も役立たない．省資源やリサイクルの環境面での効果は，経済システムの根幹にまで好影響をおよぼす．

　また，先進国は途上国に対して先進的な技術や生産工程の方法を移転させるための政策をとるはずである．最新技術によって途上国はエネルギー的にも資源的にも生産性を高め，汚染を減らし，その結果，国際競争力を向上させることができる．

　また，各国の政府はエネルギー政策をかえるべきである．従来のエネルギーから新エネルギーへ代替物の開発を行ない，再生可能なエネルギーに大幅に転換する必要がある．

　永続可能な発展のために，最も大切な条件は，意思決定のメカニズムのなかで，環境問題と経済問題が同じ土俵の上で同時に検討されることである．現実の環境問題を考える時，両者は切り離すことはできない．しかし，制度的には別々に扱われていることが多い．経済的な意思決定のなかで，環境面への配慮がなされることによって市場を刺激し，新しい方向へ転換させることができる．政策の決定者が環境におよぼす影響を考えるようになれば，資源が無尽蔵ではないこと，枯渇する以前に代替物を開発する必要があること，市場が環境に対するコストを負担すべきこと，に気がつくはずである．

　そのよい例が「汚染者負担の原則」である．企業や国がその生産活動で環境を汚染したなら，その企業や国が環境保全のためのコストを負担するのが，上に述べた原則の意味である．

この原則のよいところは，経済開発の環境コストを製品などの価格に反映させることができる点にある．価格にコストを上載せすることで，消費者は環境に悪影響をあたえることの少ない商品を選ぶようになる．だが，各国の政府は，この原則を実際に適用していない．その1つは消費者物価が上ることを恐れているからであろう．もう1つの理由は，産業界からの圧力であることは疑う余地がない．

　また，経済的な意思決定のなかに，開発に要する本当のコストを反映させるもう1つの方法は，経済的政策と環境政策を統合することである．現在の商品の価格政策も経済政策も経済活動の流れに関心をはらっているだけで，環境資源の変化は無視されている．2つの政策を統合することによって，政府は国内総生産の伸びを優先させるか，それとも環境の保護を優先させるかによって，森林の樹木，河川の水質，土壌の性質，海洋の水産資源などの資源をまもるべきか，決定することができる（マイサル，J., pp.123-133）．

(3) 永続可能な生活様式の実現のためのアクション

　われわれがとるべき最も重要な対応策は，永続可能な，かつ地球を大切にする生活様式への転換である．まず最初にわれわれ1人ひとりが地球の生命共同体の構成員であることを認識し，われわれの意思決定が他の社会や将来の世代，他の生物種に迷惑をかけないように考えて行動しなければならない．そのため，永続可能な生活様式を実現するための行動倫理を確立し，それを広めていかなければならない．

　永続可能な生活様式は，21世紀に生き残るための「地球サミット」の基本原則としても提言されている．永続可能な生活様式は，個人，集団，地域社会，全体社会といったあらゆるレベルで新しい行動規範となることが望ましい．新しい生活様式を採用させるためには，人びとの生活態度と習慣を根本的に変える必要がある．それを実現するには，永続可能な生活様式を倫理化し，教育計画に反映させ，啓蒙活動を実践することである．

　人間生活の質を高め，地球の活力と多様性を保持するような開発を実現する

ためには，永続可能な社会を建設することが不可欠な前提となる．永続可能な社会を建設する指針となる行動の基本原則とは次のようなものである．

1. 生命共同体を尊重し，大切にする．
2. 人間の生活の質を改善する．
3. 地球の生命力と多様性を保全する．
   ①生命を支えるシステムを保全する．
   ②生物学的多様性を保護する．
   ③再生可能な資源の利用は永続可能な方法で行なう．
4. 再生不能な資源の消費を最小限に食い止める．
5. 地球の収容能力を超えない．
6. 個人の生活態度と習慣をかえる．
7. 地域社会が自らそれぞれの環境を守るようにする．
8. 開発と保全を統合する国家的枠組みの策定．
   ①各地域を，陸地，大気，水，生物，人間活動の相互関係からなる1つの統合されたシステムとしてとらえる．
   ②それぞれのシステム（生態系・経済・社会・政治のシステム）は相互に影響を与え，受け合っていることを認識する．
   ③人間が各システムの中心要素であるととらえる．
   ④経済政策は，環境の収容能力を考慮してから決める．
   ⑤今ある資源から得られる利益を増大させる．
   ⑥資源をより効率的に利用するための技術開発を促進させる．
   ⑦資源を利用し，恩恵を受ける者に，そのためにかかる社会的コストを負担させる．
9. 地球規模の協力体制を創り出す．

現在，自分の国のみですべてをまかなえ，やっていける国は存在しない．地球規模で永続可能性を実現するためには，すべての国家間に強力な協力体制が構築されなければならない．現在の開発状況は各国間で格差があり，開発途上

国は開発の権利をもっており，低所得国の永続可能な開発と環境保全は先進国によって，援助されなければならない．そのとき，大気や海洋，それに広域の生態系などの地球規模で共有しあっている資源は，利用にあたって共通の合意が必要である．地球を大切にする倫理は，国家や個人のレベルだけでなく，国際レベルでも適用されるべきである．既述したこのような原則が守られなければ，すべての国が危機に直面するようになる（なお，行動の基本原則は，IUCN他，pp.20－23から引用した）．

引用・参考文献

アレキサンダー・キング，A.他著『第一次地球白書』（ローマクラブ・リポート）朝日新聞社　1992

IUCN（国際自然保護連合），UNEP，WWF編『新・世界環境保全戦略——かけがえのない地球を大切に』小学館　1992

大来佐武郎監修『地球の未来を守るために』福武書店，1989

大来佐武郎監修『講座　地球環境』第1～5巻　中央法規出版　1990

環境庁編『環境白書』（平成3年版）　1991

環境庁編『地球環境キーワード事典』中央法規出版　1990

「地球環境を守る」『別冊サイエンス』日経サイエンス社　1990

鳥越晧之編『環境問題の社会理論』御茶の水書房　1989

古沢広祐「持続可能な発展は可能か」『エントロピー読本Ⅵ　地球汚染を止めるために』（別冊経済セミナー）日本評論社　1990

本間　慎『データガイド・地球環境』青木書店　1992

マイサル，J.「持続可能な経済開発への道」『別冊サイエンス』日経サイエンス社　1990

レスター・R・ブラウン『地球白書』（88～89年版）（89～90年版）（2000年版）ダイヤモンド社　1989

索　引

あ　行
アジアの花嫁　68,69
アノミー　5,15
アノミー現象　24
天野郁夫　3
安全な飲料水　227,228
いじめ　176,179,180,181
逸脱　5-7
医療の専門家　25
永続可能性　231-233,236
永続可能な開発　230,231,237
永続可能な社会　236
永続可能な生活様式　235
永続可能な発展　234
OECD教育調査団　46
「老い」観　28,36
汚染者負担の原則　234
オゾン層（の）破壊　211-214,229
温室効果　215

か　行
「快」価値　114-120
外国人労働者　76,78
会社主義　96
階層格差　54,56
解体　5
学習社会化　22
学制序文　45
学制領布　44
学閥　48
学問ハ身ヲ立ルノ財本　44
学歴　44
　　実質的な——　43
　　手段としての——　61
　　レッテルとしての　43
　　——の効能　48
　　——の社会的地位決定力　47

学歴アノミー　61
学歴化　160
学歴至上主義的　48
学歴社会　43
学歴主義　44,46,159
学歴信仰　49
学歴による差　47
「学歴の身分化」現象　161
学歴偏重主義　62
学歴身分制社会　44
笠原嘉　15
過剰適応　104,105
価値の多元化　22
学校化　9,158
　　教育の——　158
　　子どもの——　158,162
学校化社会における価値意識　173
学校化社会における価値の制度化　172
学校教育歴　47
学校適応の儀礼主義化　178,181
学校的価値　164
学校的価値体系への適応　167
学校歴　44
　　獲得目標としての大卒学歴（——）　62
学校歴格差　61
家父長制家族制度　33,37
ガボール,D.　1
　　——の成熟社会論　4
加齢　29
過労死　21,96,99,100
環境サミット　208
環境・自然破壊　22
環境破壊　9,25,26,232
環境保全　227,237
環境問題　24,210,211,225,227,229,

　　　　230
官僚任用制度　191
企業社会　96
技術化　25
貴族主義　46
機能障害　5,6
機能不全　6
逆機能　6
共生　89
業績主義・効率主義　37
「景気変動部分」としての残業
　　　21
経済摩擦　71
健康神話　25
原因論的アプローチ　6,17,53
現象論的アプローチ　6,17,53
現代社会の病理　8
高学歴化　9,19,22,24,43,53,160
　　──の機能不全　53,59
　　──の逆機能　54,61
　　──の未成熟　53,54
高学歴化社会　43
高学歴志向者の増加にたいする受け
　　皿不足　57
「後期高齢者」　29
合計特殊出生率　141
校則　166
公的扶養　137
校内暴力　176,179
高齢化　9,28
高齢化社会　28,29
高齢化の推移　31
高齢社会　28-30
高齢者家族の核家族化　138
高齢者の家族的扶養　138
高齢者の性　39
高齢者扶養　137,138
国際化　9,10,23,25,65
　　労働力の──　23

国連開発計画　225
子どもの管理化　175

さ　行
残業
　　「恒常的部分」としての──　21
　　サービス残業　21
佐原洋　3,4,15
産業廃棄物　222,234
酸性雨　217
三無主義　59,63
資格化　9,161,188
　　──の現状　196
　　──の病理　202
資格試験・認定　192
資格主義　162
資格制度の歴史　190
資格の機能　188
資源の再利用　234
自己実現　120,121
自己本位主義　26
市場経済の論理　146
市場のメカニズム　147
市場の論理　155
私的扶養　137,138
持続可能な開発　230
時短　94,98,102,107,108
社会過程論的アプローチ　7,17,53
社会的反作用　5
社会的扶養・介護　136,140
　　──の機能障害　148,153
社会の学校化　158,171
社会病理　5
社会病理学　17,18
若年労働力　142,143
受験競争　48
　　──の制度化と過熱化　62
自由の尊重　24,26
純粋学歴効果値（係数）　47

索　引　241

生涯学習　59
　　——の普及　22
情報化　19,23,25
情報のフィードバック化　23
少子化　30
職業資格　189
職業資格認定　192
所定外労働　95,96,102,108
進学率　49
人口置換え水準　141
森林破壊　218,221,222
スポーツ参加　106-112,127,134
　　——の強制化　127-128
スポーツの商品化　131
スポーツの生活化　114
スポーツへの主体的社会化論　127
スポーツへの文化としての未成熟
　　124,125
生活指導員　148,149,154
生活の質　1
　　——の向上　13,21,22,25
成熟化　9,10,12
　　——の機能障害　18,26
　　——の基本的傾向　18
　　——の逆機能　19,24
　　——の社会病理　14
　　——の諸傾向　13,14
　　——の病理現象　15
　　——の未成熟　18,20
成熟化過程の逆機能　9
成熟化過程の病理性　17,18,20,24
成熟社会　1,3,4,7,9,12,14
　　——の機能不全　18,19
　　——の産物　8
　　——の特徴　59
　　——のネガティブな側面　26
　　——の病理　5-7
　　——の病理的側面　4
　　——のポジティブな側面　26

成熟社会論　3,14,16,17
生態系の破壊　209
成長期社会の社会問題　24
石油ショック　93-96
「前期高齢者」　29
専修学校　50
先進国病　4,14,17
属性原理　44

た　行
大学教育のレベルダウン　61,63
大学進学志向　50
大学進学率　49
　　——地域格差　54,55
　　——における階層格差　56
　　——における性別格差　54
　　——の社会的格差　54
大学生の学力水準の低下　61,63
大学の大衆化　63
大学のレジャーランド化　60,63
代替的進学　50
タイプA行動特性　105
竹内洋　59
他者との調和　22
ダブル資格　199
地球温暖化　214,215,217
地球環境問題　225,228,229
地球規模の環境破壊　213
地球規模の環境問題　210,222,223
地球サミット　208,225,235
長時間労働　93,95,96,99-104,107
デュルケム　26
同一労働同一賃金　152
同化　70,86
土地・住宅問題　21

な　行
日系人労働者　77,78,87,88
日本型(の)成熟社会　2,3

日本社会の未成熟　9
日本的経営　106
日本的成熟社会　4,15
日本的先進国病　15
日本の将来推計　136
入国管理政策　74
熱帯林破壊　221
農業化工業社会　3

は　行

働きすぎ　21,22
林雄二郎　2,4
病理現象　5,7,8
貧困問題　21
福祉・介護マンパワー　143,145-147,151
福祉マンパワー　144
藤竹暁　60
不登校　178,181
不法就労者　24,75
扶養・介護の社会化　140,141
文明の中の不安　4
偏差値　62
偏差値による一元的能力評価　63
ホームヘルパー　144

ま　行

慢性の病　16
マンパワー　144
村上泰亮　16
モントリオール議定書　211

や　行

山崎正和　15
UNEP(国連環境計画)　208
有害廃棄物　222
有害物質の越境移動　222
豊かな社会　24
要介護高齢者　136,137,141
余暇時間の増大　21

ら　行

来日外国人　21,23
立身出世主義　164
寮母　148,154
労働時間(の)短縮　93,108
労働市場　142,146,147,154
　——のメカニズム　147
労働条件　148,151,154
老老介護　140

編者紹介

米川茂信（よねかわしげのぶ）
1945年　生まれ
1976年　中央大学大学院文学研究科社会学専攻・博士課程満
　　　　期退学（社会病理学専攻）
現　職　淑徳大学教授　文学博士
主　著　『社会的アノミーの研究』（学文社）
　　　　『現代社会病理学』（学文社）
　　　　『学歴アノミーと少年非行』（学文社）

矢島正見（やじままさみ）
1948年　生まれ
1979年　中央大学大学院文学研究科社会学専攻・博士課程満
　　　　期退学（社会病理学，犯罪社会学専攻）
現　職　中央大学教授
主　著　『少年非行文化論』（学文社）
　　　　『男性同性愛のライフヒストリー』（編著，学文社）
　　　　『女性同性愛のライフヒストリー』（編著，学文社）
　　　　『生活問題の社会学』（編著，学文社）

改訂版
成熟社会の病理学

1993年 4 月10日　第一版第一刷発行
2001年 4 月10日　第四版第二刷発行
2007年 3 月20日　改訂第一版第四刷発行

編　者　米川茂信・矢島正見
発行所　㈱学文社
発行者　田中　千津子

東京都目黒区下目黒3-6-1 〒153-0064
電話 03（3715）1501　振替 00130-9-98842

落丁・乱丁本は，本社にてお取替え致します．
定価は売上カード，カバーに表示してあります．
印刷／新灯印刷株式会社
ISBN 978-4-7620-1204-4